佳寧神話

陳松青的造神毀神

鄭宏泰、李潔萍 著

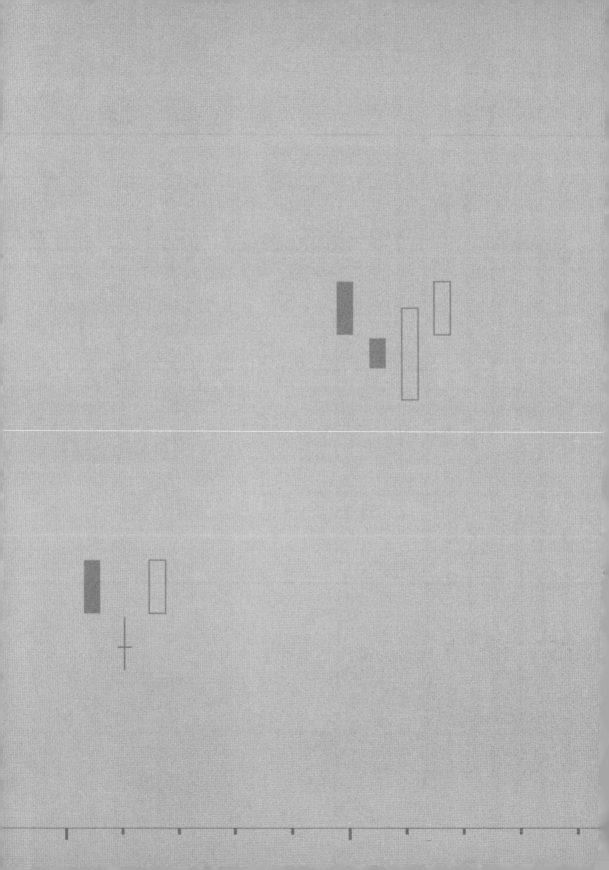

序

　　香港開埠初期，曾被英資企業龍頭怡和洋行的大班嘲笑為「荒山野嶺長不出盈利」，但這個缺乏天然資源的彈丸之地，卻創造了近代經濟及商業史上的奇蹟，在世界歷史的因緣際會中寫下傳奇。令香港創造傳奇的最大突破點，是政府近乎缺席的自由市場制度，說白了即根據物競天擇、大魚吃小魚的叢林法則，無數個體或企業在市場上各師各法、自生自滅、自食其力，政府不作太多干預，也不提供甚麼商業扶助或社會福利，結果反而造就商業蓬勃興旺，經濟不斷壯大，成就了「從小漁村發展成為國際金融大都會」的神話。

　　由於以商業掛帥，強調自由市場，「搵到食、賺到錢」便算本事、便是成功，「向錢看」的價值觀根深柢固，導致社會發展進程中，長期存在一股但求賺錢而不擇手段的習氣：經商者弄虛作假、警察官員以職權索取利益、律師會計師則運用專業鑽法律漏洞，甚至檢控官或法官亦難保公正清白。一般市民雖作為社會底層備受壓迫，但在「有油水可撈」時，少有人能抗拒誘惑。社會對此彷彿習以為常，不甚了了。

　　在香港這個冒險家樂園，有不少投機者憑藉個人才幹迅速壯大、揚名立萬，但轉眼又被不義之財反噬，消失無蹤。早年的例子有盧亞貴、高和爾（Daniel Caldwell，又名高三貴）。到 1970、1980 年代，則有葛柏（Peter Godber）、胡禮達（Warwick Reid）等，而最著名的例子，恐怕非陳松青與佳寧集團莫屬。佳寧集團驟升時被奉為神話，是「鐵股」、是股海避風港；急跌時被斥為罪犯、騙局，

被千夫所指。

陳松青的成敗經歷，很早之前已引起我們的研究興趣。陳松青乃早期俗稱「南洋幫」的代表人物，而「南洋幫」則是研究亞洲「四小龍」及海外華人家族企業發展歷史不能繞過的重大課題，所以自 1990 年起，我們已逐步搜集相關資料，希望一窺當中發展的乾坤勢。惟因涉及的人脈關係十分複雜，法庭訴訟長達十多二十年，故遲遲未能完成整理工作，揭開其神秘面紗。

無巧不成書，經過多年努力，終於把部份研究成果草擬成書之際，剛巧遇到電影《金手指》上映，正是以陳松青與佳寧集團為藍本，因此立即購票入場，渴望偷師，學習編劇與佈局的一招半式，印證研究成果。誠然，以戲論戲，主角配角演技吸引，場面精緻華麗，佈景與鏡頭調度呈現出那個年代紙醉金迷的繁榮景象，令人印象深刻。惟或因片長所限，只能點到即止，部份人物及情節草草收場，未能清楚交代這個複雜故事多條主線的來龍去脈。

在現實的佳寧事件，無論主角、配角的人生經歷、關係網絡、托價造市、收購合併、幕後黑手等等，均比電影更精彩，也更荒誕，這正是無數香港故事有血有肉的原因所在。由是之故，筆者急不及待地聯絡三聯書店編輯李毓琪和寧礎鋒，爭取他們支持，及早把研究成果出版，與讀者友好們分享我們的研究發現與觀察，在通過不同程序的評審後，本書得以付梓。

回望過去近半個世紀，會更清楚地看到社會廉政風氣、價值觀念與法律制度的進展，須經歷漫長過程，難以一蹴而就。我們更清楚，任何人都是自身時代與社會環境下的產物，其行為與應對，難免受社會與時代環境所局限。因此，無論是陳松

青或與他同時代的人物或企業，若只抱著事後孔明的角度、以「上帝視覺」批評或稱譽他們的所作所為，未免有欠公允。我們爭取此書出版，主要是想將事件盡可能還原，與讀者分享那個時代的強項、短板與特質，梳理社會、商業及法制發展進程中的寶貴經驗，推動多方互動和完善。因此，本書的討論、敍述或評論，無意針對任何人、任何企業或機構，更不是想挖人私隱、揭人瘡疤，若有任何冒犯之處，那實屬無心之失，非研究之本意。

無論如何，本書能夠成功出版，實與黃紹倫教授及其領導的研究團隊的啟發有關。在研究進程中，長期與黃教授及研究團隊成員們有不同層面的學術交流，黃教授給予的指導尤其重要，他一直叮囑我們要專心做學問，不要分心，要腳踏實地，別作非份之想。在當前人心浮動的環境下，這是對有志從事研究者的最好提醒，亦是本研究得以順利完成的關鍵所在，在此向黃紹倫教授致以最衷心的感謝，當然還有研究團隊成員們的支持和砥礪。書稿草擬期間，陸觀豪先生曾給予很多寶貴意見，豐富了全書內容的不少觀察和分析，在此致以衷心謝忱。

本書能在短時間完成出版工作，李毓琪、寧礎鋒及三聯書店出版團隊的努力居功不少，因此亦須作出衷心致謝。至於搜集資料的過程中，更要感謝香港歷史檔案館、香港公共圖書館、香港中文大學圖書館、香港大學圖書館的信任和支持，尤其是在這些組織工作的前線朋友，他們為我們提供很多有用資料，表現專業、友善，是香港研究者的最強後盾。雖無法向他們逐一致謝，但他們的耐心及協助實在令我們萬分感激，謹此鳴謝。

無論造神或毀神，圍繞著陳松青和佳寧集團的故事，不少曾屬報章的頭版新聞

或廣告，十分吸引讀者視野，本書擷取當中部份作為附圖，希望能讓讀者領會那時代的新聞或廣告的轟動，掀起熱潮。另一方面，因應連串人物的舊照片較難取得，亦風格不一，乃作出新嘗試，以繪圖方式描繪牽涉其中的各個主要人物，為全書添加一些趣味，希望能給讀者留下一個全新印象。在此，向繪畫全書插圖的許婉萍致以謝忱。

雖然得到各方友好和機構的大力幫助，但仍因沒法完全掌握時局的急速轉變、市場的風浪起落、企業興衰和人生順逆，以致出現不少糠粃錯漏；對於某些疑而未決、含糊不清的地方，雖努力求證，但仍沒法做到完美無瑕，這雖是不願看見的，卻很難避免，但望讀者有以教我，指正批評，讓研究可以更紮實、豐富。如對本書有任何意見，請致函香港新界沙田香港中文大學香港亞太研究所或電郵 vzheng@cuhk.edu.hk 聯絡。

鄭宏泰、李潔萍

1983 年 7 月 19 日，香港新界大埔公路十四咪半松仔園與大埔滘附近一個蕉林的斜坡草叢位置，發現一具男屍，相信死去不超過 24 小時，身材健碩，約三四十歲，身穿恤衫、西褲、皮鞋，結有領帶，頸部纏有打了死結的浴袍腰帶，身無財物，亦沒有身份證明文件，但褲袋遺留一枚馬來西亞錢幣。由於死者長褲臀部被磨爛、草叢四周有清晰踐踏足跡，警方估計該地為棄屍位置，列作謀殺案處理（《華僑日報》，1983 年 7 月 20 日；*South China Morning Post,* 20 July 1983），而這一案件則成為揭開香港一位曾經叱咤一時人物及其企業走向敗亡的序章。

在任何社會，牽涉人命的重大案件必然較一般刑事案件更引起執法部門高度重視，香港亦不例外。警方隨即展開偵查，並迅速拘捕了疑犯，接著的盤問和審訊發現，案件牽連層面極廣，涉及社會名人與大型機構，矛頭尤其指向一直被認為背景神秘卻是香港十大企業之一的佳寧集團領軍人陳松青。警方雖無法單憑疑犯的一面之詞檢控陳松青，卻成為對他本人及其機構展開全面偵查的突破口。

日後，案件不斷發展，一環扣一環地揭發出其他糾纏複雜的

商業操作，部份法律訴訟過程尤其漫長，寫下香港歷史上案件訴訟日子最長、商業詐騙牽涉最廣的紀錄（廉政公署，沒年份），亦成為廉政公署推進香港廉政建設的里程碑，具歷史性意義。儘管此謀殺案的內情和資料十分複雜，帶出的問題亦十分多，且影響深遠，部份問題更因種種原因沒暴露於公眾面前，但仍值得作出較詳細的介紹。為了便於了解此案及其他扣連案件的來龍去脈，書末有事件發展歷程表及人物關係表可供參考，這裏集中分析此案所引伸出來的突破口——即希臘神話中的所謂「阿基里斯腳跟」（Achilles' heel）效應。

自 1980 年代以還，與此案相關的研究、討論與出版極多，甚至有拍成電視或電影者，惟多從設局謀殺、貪污舞弊、商業詐騙及股票造市等方向入手，且多從單一案件或特定問題作探討，較少從個人事業與家族企業發展碰到問題的角度作分析，或是從謀殺案背後黑手到底是誰作推斷，遑論有全盤細緻的抽絲剝繭、深入研究。本專著的研究方向，是藉著這個重大個案，了解導致問題不斷惡化、最後掉進死局的關鍵所在，從而汲取教訓，作為不同個人或家族打拚事業、思考傳承的借鑑，以免歷史重演，同時亦嘗試從代理人理論的角度，分析幕後或者另有操盤力量的可能性。由於案件直指陳松青，在分析他為何捲入其中之前，不妨先從較易理解的歷史時序角度，看看此人的家庭背景、出生成長及早年事業進程。

大埔蕉林發現男屍
今晨大批警員
仍在現場搜索

【本報訊】本年度第四十七宗兇殺案，發生於大埔公路十四咪半，死者是一男子，被棄屍於一處蕉林內。警方今晨仍調派出大批警員，於現場搜索。

大埔坳昨發生兇殺案
男子疑遭勒死棄屍
頸部有布帶舌頭伸出死狀恐怖
年約卅歲身上沒有財物及證件

【本報訊】大埔坳昨日發生一宗命案，一名男子屍體在山頭被發現，死狀恐怖，頸部伸出，死者舌頭伸出，明顯傷痕。

大埔蕉林男屍身世大白
馬大財團派來核數
遭人殺害棄屍荒郊
一間大財務公司曾被死者查賬

友人認出死者身份
現場並未尋獲兇器
身上財物証件均已失去

目錄

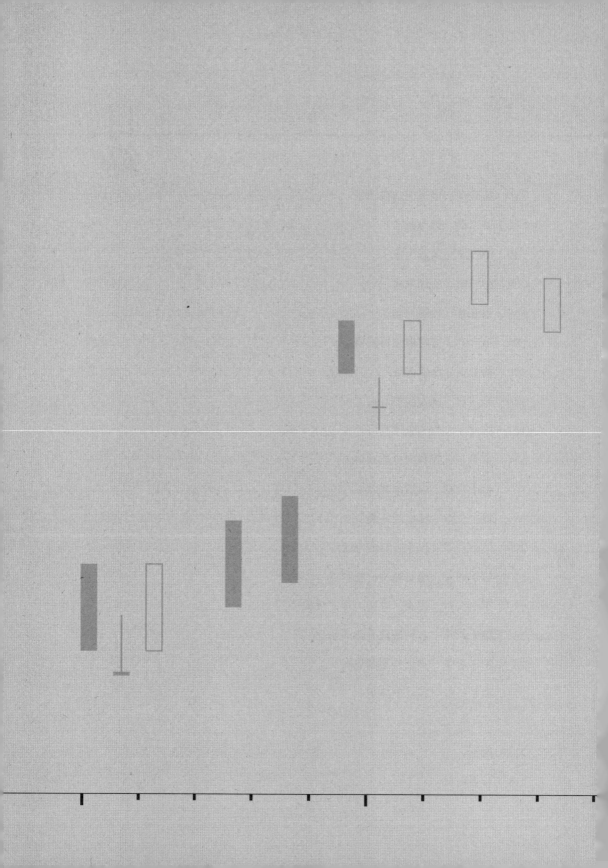

第一章 出生與成長背景

● 有關佳寧集團創辦人陳松青的家庭背景、出生與成長等公開資料，一直十分缺乏，且眾說紛紜，莫衷一是。這些資料的來源，主要包括陳氏本人曾接受過的各種訪問、報章的偵探報導，以及他被控告上法庭時的各種呈堂文件。但不知是陳氏本人的記憶有誤，還是他故意說得含糊不清以混淆視聽、製造假象，令其說法與政府記錄及報章偵探報導等有不少矛盾之處，予人神秘掩藏的感覺。首先是其姓名，有報導指他原名「陳選仁」，後來才改名為陳松青（《南洋星州聯合早報》，1983 年 11 月 15 日）。●

綜合現有資料，陳松青祖籍福建，但其出生時間及地點並不確定，有多個不同版本。據「新加坡護照顯示，他在 1933 年 12 月 10 日生於福建，但他卻自稱於 1938 年在砂拉越（Sarawak，又稱沙勞越，簡稱沙州）出生」（馮邦彥，2013：44），另一個說法指他生於新加坡（霍禮義，1992：70），還有一篇報章特稿，指他於 1938 年在福建興化縣莆田石頭村出生，六歲時到馬來西亞砂勝（撈）越州詩巫（Sibu）新珠石山鎮生活（《南洋星州聯合早報》，1983 年 11 月 15 日）。

先說出生年份，官方文件清楚地指出，他生於 1933 年，但陳松青多次接受報章訪問時都表示自己生於 1938 年（*Insight*, January 1982;《工商晚報》，1983 年 1 月 31 日），與護照資料相差長達五年。雖說早年移居香港的人士為了方便找工作或入學，不少人會將年齡報大或報小，政府官員亦甚少查證核實，但這種情況多在申請入境時才會發生。陳松青是成年後持新加坡護照入境，一切已清清楚楚地印在護照上，沒理由會記錯甚至是多次「口誤」，難免令人懷疑他在不同時期出現故意誤導的情況，不想別人循線索找到他過往的記錄乃其中一個可能。故按法庭文件及他接受教育、獲取專業資格及闖蕩事業等經歷來看，他較大機會生於 1933 年。[1]

| 陳松青

至於出生地點是福建、新加坡或砂拉越皆有可能，尤其當時福建人遠赴南洋謀生普遍，馬來半島及砂拉越所在的婆羅洲歷史上分分合合，大家可能只是籠統稱之（*Insight*, January 1982; 齊以正，1983：39）。無論他生於何處，應很早便在南洋一帶生活求學，因為他精通南洋語言，不似是長大後才學習的外語，而且他有深厚南洋圈子與網絡，被視為「南洋幫」核心人物，反映其父母應屬早期闖蕩南洋的一群。

家庭背景方面，有報導指他幼時被收養，養父名為陳文秀，是一名牙醫（《南洋星州聯合早報》，1983 年 11 月 15 日）。[2] 而據 1980 年代的訪問記錄，陳松青稱自己為家中長子，父親是接受過美國訓練的執業牙醫，但沒有提及自己是否被領養（*Insight*, January 1982; Bowring and Cottrell, 1984: 60）。而在另一次訪問中，他則稱其父名陳文秀，「於星馬兩地經營『樹榕山』，即等如在本港投資新界地」，由於買賣得法，家族賺到第一桶金（《經濟一週》，1981 年 9 月 7 日：8）。他至少有兩名弟弟，二人後來均在佳寧出任高職。陳松青成長的小鎮，那時人口只有數

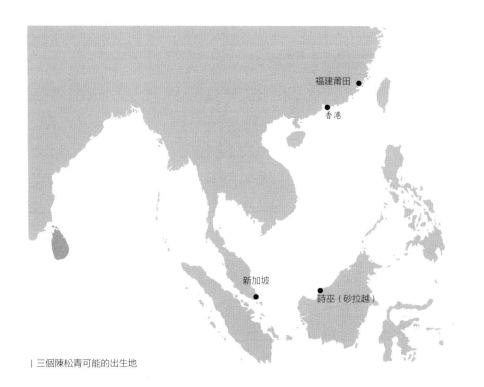

福建莆田 ●

香港 ●

新加坡 ●

詩巫（砂拉越）●

| 三個陳松青可能的出生地

千，大多是興化人（《南洋星州聯合早報》，1983 年 11 月 15 日）。除此以外，沒有更多有關他童年及青年成長時期的資料。

陳松青的成長缺乏資料，與普通或中產家庭的孩子鮮會留下深刻經歷的情況基本一致，亦可能與砂拉越在陳松青成長的時代經歷了不少戰亂與衝突，資料難以保存有關。當然，也可能是陳松青故意保持低調，不讓訊息公開有關。無論如何，時局動盪，家族名不經傳，應該令他的成長過程相當波折，相信亦形塑了他的人生哲學、處理原則和價值觀念，從而影響了他經營事業的方法，故在下文會簡述砂拉越現代歷史的發展及其獨特的文化。

資料顯示，自 16 世紀，砂拉越由汶萊蘇丹統治，到 1841 年，當地發生動亂，英國冒險家詹姆士・布洛克（James Brooke）憑著船堅炮利協助汶萊蘇丹平亂，隨後獲得賞識，取得砂拉越部份地區的管轄權，並憑著自身武力劃地為王，成為砂拉越首位「白人拉惹」（Raja，意即王公），不斷擴張領土，建立起布洛克家族皇朝（Barley, 2002）。到 1864 年，由於砂拉越屬白人政權，獲美國和英國先後承認為主權獨立國家。

| 詹姆士・布洛克

到底詹姆士·布洛克這位英國人為何會跑到千里之外的南洋，協助汶萊平亂？這便與 18、19 世紀興起的冒險家行為與意識有關。社會學者 Henry Lethbridge 指出，自拿破崙在滑鐵盧戰役敗北至第一次世界大戰爆發的一個世紀間，歐洲如雨後春筍般出現了很多不同類型的冒險家，他們不願留在家鄉，決意到世界各地尋找刺激或發展的機遇，其中東南亞及中國均是他們心中的「冒險樂園」，包括後來被英國殖民管治的香港。他進而提到，根據法國大百科全書的定義，冒險家一詞原本只指賭博者，後來演變為泛指具有某些特徵的社會群體，如碰運氣的士兵、投機者、騙子，甚至是一些用機智謀生的人，他們的分別只是主動與被動而已，即是一種人是自願選擇犯險，另一種人是被迫投身其中。Lethbridge 還特別提到：

> 冒險者並不因為共同信仰或意識形態如無政府主義者、布爾什維克主義者或女權主義者構成一個群體，而是極端個人主義者，他們的個人主義思想或自我主義思想促使他們在社會急速轉變、脫序、邊界模糊，甚至在政治矛盾叢生時，採取野蠻手段。（Lethbridge, 1978: 260）

對於那群在社會急速轉變時期採取野蠻手段，靠冒險行為突圍而出，最後發財致富的人，Lethbridge（1978: 261）稱之為「暴發階級」（parvenu class），指他們尤其醉心頭銜與身份，因這些榮譽能為冒險家們帶來更多利益，或爭取社會認同。另一方面，Lethbridge 又指出，由於資訊不流通、溝通欠暢順，讓那些背景不良的冒險家得以瞞天過海，或自吹自擂，利用自己掌握的西方知識與科技等優勢，在那些剛被西方殖民統治但又尚未完全開發的地方大展拳腳。而詹姆士·布洛克能在砂拉越稱王，便是其中成功的例子。

詹姆士‧布洛克一生未婚，[3] 由於沒有子女，他早已決定將拉惹大位傳給外甥，讓皇朝的統治大權繼續由家族的血脈承傳，當然，在中國的傳統觀點看來，皇朝已算是落入外姓人手中。到 1868 年詹姆士‧布洛克去世後，拉惹之位經過一番波折，由外甥查理斯‧莊臣（Charles Anthony Johnson，又譯查爾斯‧約翰遜）繼承，[4] 而查理斯‧莊臣去世後再由其子維那‧莊臣（Charles Vyner Johnson）繼承。[5]

布洛克家族靠冒險突圍，統治砂拉越近一個世紀，其成功故事或多或少影響著當地民眾的思考。此外，由於他們來自英國，統治期間引入不少英國制度、事物及文化，令當地社會民風起了不少變化，因此砂拉越雖不是受歐美國家殖民統治，但西化的程度不弱。陳松青的童年若在當地度過，他的生活亦應充斥著英國事物，同時也在耳濡目染下，形成了透過冒險而取得成功的價值觀念。

1941 年 12 月至 1945 年 8 月，砂拉越為日軍佔領，突如其來的戰火與日軍的高壓統治打斷了陳松青平靜的童年生活，那時他應是高小學生，相信已能感受到戰爭的殘酷與命不由己的恐怖。日軍投降後，布洛克皇朝統治者維那‧莊臣無力接管，將管治權轉交英國政府，砂拉越從此成為英國殖民地，按時間推斷，陳松青當時應該就讀中學。由於資料不足，無法肯定陳松青一家是否仍在砂拉越生活，或已轉居他處，但從他日後的事業發展看來，陳松青應該仍生活在英國統治下的地方，接受英式教育，因坊間不同介紹均甚為一致地指出，他曾「負笈英國，在倫敦大學攻讀土木工程學」（馮邦彥，2013：44）。

與今天不同，在那個年代，放洋出國實屬十分困難之事，陳松青在完成中學課程後能夠到名揚世界的倫敦大學繼續升學，攻讀土木工程學位，反映他的成績應該

相當理想，同時家庭財政能力不俗，才能負擔海外升學的昂貴學費與開支，側面證實其父乃執業牙醫、他來自中產家庭說法的可信性。據陳松青自己所言，他的家族在南洋具有一定財力（齊以正，1983：39）。

陳松青完成倫敦大學的學業，取得英國土木工程專業資格後並沒有留在英國，而是與當時不少華人精英一樣，選擇返回家鄉，這個決定相信與當時東南亞政治環境急速變化有關。二戰後，英國綜合國力急墜，大小屬地或殖民地如印度及馬爾代夫等先後爆發獨立運動，馬來亞、沙巴、新加坡和砂拉越等海峽殖民地亦出現相同聲音，加上共產主義思潮與活動在全球急速發展，令大英帝國陷入了左支右絀、窮於應付的困窘。

到了 1957 年，馬來亞脫離英國獨立，但仍然為英聯邦成員國，與英國維持良好關係，而砂拉越、沙巴及新加坡等則保持殖民統治，不過爭取獨立及反殖民的聲音不絕於耳。至 1960 年代，英國政府已無法遏止各地獨立浪潮，故退而求其次，推動馬來亞聯邦計劃（Federation of Malaya），將砂拉越、沙巴及新加坡等殖民地併入馬來亞，組成聯邦國家，[6] 在確保英國利益最大化的同時，亦以之抵擋共產主義思潮散佈。

雖然東南亞政治環境波濤洶湧、風雲色變，但這反而吸引不少在該地出生成長的高學歷華人精英回國，期望能為國家貢獻所長，或在時代巨變中找尋可發揮的空間。如李孝式、李光耀等便在名牌大學畢業後回到馬來亞半島，投身政治，而取得了土木工程師資格的陳松青則選擇走專業及商業之路。

資料顯示，學成歸來的陳松青有一段時間先為人打工，內容相信與其專業相

關。到摸索出門路並建立起一定人脈網絡後，則開設自己的工程公司，馮邦彥指他於「20 世紀 60 年代在新加坡和馬來西亞工作，曾在新加坡從事小規模土木工程生意」（馮邦彥，2013：44）。另有報導則指陳松青在 1960 年代重返砂拉越，在首府古晉工作，約於 1965 年曾承建古晉的中央醫院，出任地盤工程監督，是當地知名人士，「幾乎無人不識」（《南洋星州聯合早報》，1983 年 11 月 15 日）。

雖然無法確定陳松青回到南洋後是在新加坡還是砂拉越創業，又或是在兩邊走動，但無論如何，有幾點值得注意之處。首先，陳松青並不滿足於當一名專業人士，享受安穩富足的中產生活，而是對下海經商賺大錢更有興趣，由於是新手上陣，故以其熟悉的建築工程作生意的起步點，是相當穩紮穩打的選擇；其次，他當時剛開始工作不久，創立公司的資金來源除個人積蓄外，部份亦可能來自家人的支持，反映其家族有一定財力；第三，新公司亦應具一定規模，才會有資格及能力承建首都醫院。

不過，儘管有高學歷，投資的生意又屬他本人的專業，但陳松青初試啼聲的創業，卻很快以失敗告終。香港資深文化人齊以正指他：「1966 年（新加坡）小型投資公司失敗倒閉，自然有些潦倒」（齊以正，1983：40）。由於資料不足，無法得悉生意失敗的原因，但按時間推斷，這裏指的「小型投資公司」，很可能是那間有份參與古晉醫院建造的公司。

公司倒閉後，陳松青有一段時間去向不明，或許是在馬來西亞及新加坡等地遊走打工，努力發掘適合自己打拼事業的場所。這段時期，馬來半島的政局又起變化，新加坡因人口組合及政見分歧，於 1965 年被驅逐出馬來西亞聯邦，獨立建國，

展開東南亞歷史新篇章。從陳松青來港時持有新加坡護照可見,他當時應該離開古
晉到了新加坡,但不知是在打工還是繼續創業。

再找到與陳松青相關的資料時,已是 1974 年了,那時他的名字出現在新加坡
法庭上。有資料指他因生意失敗而被債權人告上法庭,並於該年被新加坡法庭頒佈
破產(Robinson, 2014: 306)。不過,他對破產一事另有說法。1983 年,有報章
揭露陳松青破產之事,他接受記者訪問時指報導並不全面,真確性成疑,但要待公
司債務重組後才能作詳細回應。他簡單解釋事件「純屬誤會」,只是他在 1970 年
前於新加坡為友人借貸 1.6 萬多美元(約 12.5 萬港元)作擔保人,後來他來了香港,
朋友沒有還款才連累到他,當佳寧集團將生意推展至新加坡時得知此事,他在知悉
事件後已經即時還款。[7]

另一篇報導則直接引述他的說辭:「是的⋯⋯因擔保一位同事貸款三萬三千
坡幣,後來我到了香港,而佳寧其後打算在新加坡開設旅行分社,律師對我提及破
產的案件,我說道:『還債好了!』後來,新加坡法庭無條件撤銷此案,這僅是三
萬三千元吧了,並非三百三十萬,何況這是個人事件」(《工商日報》,1983 年
1 月 22 日;《工商晚報》,1983 年 1 月 31 日)。

到底是生意失敗導致破產,還是為友人擔保而生的一場「誤會」?按道理較
大可能是前者,陳松青後來的解釋相信是經過美化的版本,帶有想將大事化小的意
味,並具把問題推到別人身上的色彩。因為就算陳松青在 1974 年離開了新加坡,
但被頒令破產並非小事,法庭絕對會在判決前通知被告,他有家人朋友留在當地,
不可能對事件一無所知。而且,陳松青的新加坡護照在不久後過期,他卻多年沒有

回去續期，寧可留在香港做「非法居留人士」，反映他可能心裏有鬼，知道自己一回國即會被追債，否則難以解釋其行為。說到底，證件何時過期、怎樣續領，是任何持有人必會知悉，且會自己跟進的事情。

要知道，破產極影響個人誠信，尤其是對看重信譽的專業人士及商人而言，失去誠信是寸步難行的，若欠款只是 1.6 萬多美元，數目不算龐大，為何他不盡快解決？會否是他當時所欠的金額巨大，並非區區萬多美元；又或者他因生意失敗掏空了資本，連 1.6 萬多美元也付不出，只能遠走他方，到香港重新開始事業，以免留在當地背負破產的污名？

無論如何，首次創業即遭遇滑鐵盧，又沒能當機立斷解決問題，反而拖拖拉拉，最終更被頒令破產，這次失敗可算相當慘烈，且不甚光彩。或許不少人會因此不敢再度踏足商海，選擇回頭當專業人士安穩度日，但陳松青的冒險家精神顯然不可低估，在靜待一段時間後，便看準機會再次出擊，力圖東山再起。事實上，若按他生於 1933 年推算，被頒佈破產時才 41 歲，正值壯年，如能從失敗中汲取教訓，絕對有機會擺脫「潦倒」，時至而行。

從陳松青有能力到英國升學，學成投身社會，數年已能創立一定規模的公司，且爭取到跨國的工程合約看來，他的家族背景與人脈網絡應該不弱。事實上，他生於中上家庭，無論在南洋或英國的時代，身邊的朋友和同窗，雖未至於「往來無白丁」，但相信不少都是具實力或財力者，陳松青與他們相識多年，互信程度自非泛泛之交。在那個翻天覆地、吐故納新的時代，發展空間大增，當陳松青在香港成功另起爐灶，再與舊友聯絡，「有錢齊齊賺」，亦是相當合理之事，故陳松青的南洋背景，可說是他日後迅速崛起的重要資本。

1 據多份報導引述法庭資料，陳松青於 1984 年時為 51 歲，即生於 1933 年 (《大公報》，1984 年 5 月 23 日；《華僑日報》，1984 年 5 月 23 日)。

2 除這篇報導外，沒找到更多資料證明陳松青是被收養的，相信是傳聞或記者的一面之詞。

3 儘管有說法指詹姆士‧布洛克曾結過婚、養有情婦，甚至有私生子，但更多證據則指他是同性戀者。

4 按安排，拉惹大位本來應傳給長外甥 John B. Johnson，但因雙方的意見及立場有衝突，最終長外甥被廢，改由次外甥查理斯‧莊臣接位。

5 按照詹姆士‧布洛克生前規定，接任拉惹大位的外甥及其後嗣子孫，姓氏須加上布洛克，用中國傳統說是易姓改宗，但這符合盎格魯撒克遜 (Anglo Saxon) 文化傳統，所以第二、第三任繼承人分別改名為 Charles A. Johnson Brooke 和 Charles Vyner Johnson Brooke。

6 1963 年，馬來亞、砂拉越、沙巴及新加坡組成馬來西亞聯邦，惟在 1965 年，新加坡被逐出聯邦。

7 在 1983 年 10 月 15 日前，美元兌港元匯價浮動，在 1 美元兌 5 港元至 8 港元的區間上落，1983 年 10 月 15 日，掛鈎美元的聯繫匯率制度開始實施，定於 1 美元兌 7.8 港元的水平 (香港金融管理局，2000)。為了便於計算，本書不同時期的匯率，均以 1 美元兌 7.8 港元簡單計算，提供一個本地幣值上的參考，因為現實上，當年 1 元的實質購買力和今天情況，已截然不同了。

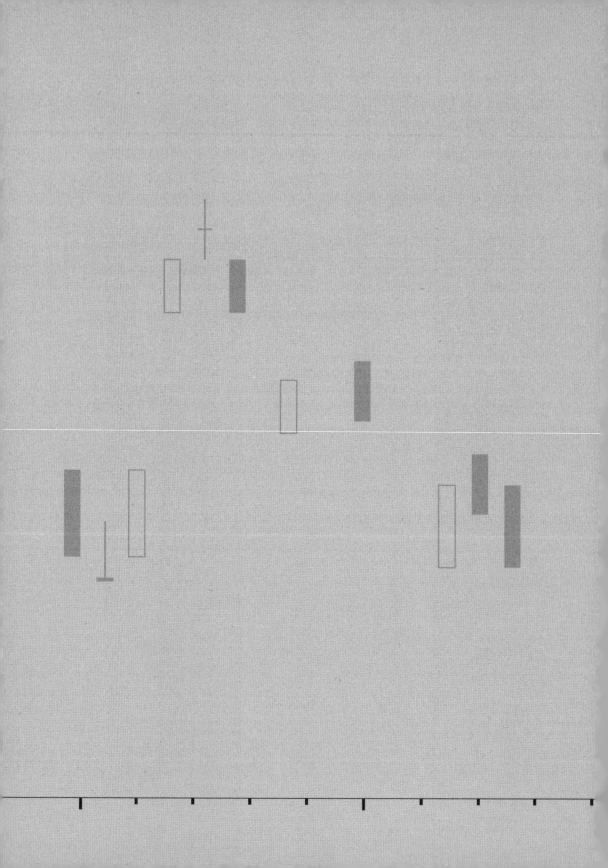

第二章

轉戰香港

● 生意失敗，又被債權人告上法庭，或許陳松青認為留在新加坡難有發展，故決定另覓地方重整旗鼓。事實上，對於不少海外華人移民精英而言，此地不留人，自有留人處，能夠讓他們發揮的才是好舞台，其他都是次要考量。那時的陳松青之所以選擇香港，一來或許是香港當時受英國殖民管治，典章制度都是他熟識的，且其專業資格在香港獲承認，能夠繼續執業。但更重要的原因，或許是那時香港（1972 年）股票市場一片興旺，吸引了他的目光，覺得在這裏會有巨大的發展機遇。當然相信也與香港社會較新加坡自由，他又在香港有一定人脈網絡有關。 ●

要了解陳松青為何選擇香港，便要先理解香港當時的社會經濟狀況。香港的股市與樓市在 1970 年代急速發展，原因是自 1950 年代香港走上工業化，經歷近 20 年的深耕細作，不少企業已成長壯大，有意作更多元化的發展，民間社會亦從戰後的一窮二白走向富足，希望有更多更好的投資方式。換言之，一方求財若渴，需要更多資金擴大投資；另一方則想利用餘財增加收入，「以錢搵錢」，兩者一拍即合，導致股票市場急速發展。

　　股票交易所由原本只有香港證券交易所（香港會），在 1969 至 1972 年增加了三間乃最好說明。那時新增加的交易所，分別是遠東交易所（遠東會）、金銀證券交易所（金銀會）及九龍證券交易所（九龍會），因此形成了「四會鼎立」局面，令企業有了更多集資融資的上市平台，普羅市民則有了更多投資的渠道和選擇（鄭宏泰、黃紹倫，2006）。由於交易所之間競爭激烈，爭相推動大小企業上市，除輕工業的廠商，更有不少物業地產開發與投資公司，而火熱的股票市場則成為建築與地產業蓬勃發展的最大力量源泉。

　　失意新加坡的陳松青，就在那個環境下到了香港工作，但他到底是何時抵港，亦有三個不同說法。據陳松青一次接受報章訪問，自稱於 1971 年從馬來西亞來港（《工商晚報》，1983 年 1 月 31 日）；第二個說法則是 1972 年 6 月（Robinson, 2014），另外陳松青的代表律師亦曾在法庭上表示，陳松青於 1972 年到港之後從沒離開過（*South China Morning Post*, 5 October 1983），兩個時間雖略有不同，但相差不遠，仍可歸咎於記憶有誤。但第三個說法與前兩個差異甚大，多份中文報

章引述法庭上檢控官指，陳松青於 1976 年 6 月 26 日從新加坡到港（《大公報》，1983 年 1 月 31 日；《工商日報》，1983 年 1 月 31 日；《華僑日報》，1983 年 1 月 31 日），令不少人存疑。[1]

對於陳松青到港發展事業的經歷，亦有不同說法。有研究指他進入鍾奕莊家族旗下的益大發展公司，出任土木工程經理（馮邦彥，2013：44），相信是因為剛經歷生意失敗，損失不少，加上人生路不熟，故沒立即重投商海，而是選擇先為人打工。另一說法來自陳松青的憶述，他說自己來港初期十分低調，只「與一些地產商達成一些甚少人知道的交易，當時物業價格十分便宜，七七年組成佳寧集團」（《工商晚報》，1983 年 1 月 31 日）。不過，無論他再低調，頻繁參與地產交易始終會引起市場注意，但這段期間關於他的記錄卻近乎空白一片，故較大可能是他曾在鍾氏家族旗下工作，接受訪問時卻略去不談，一方面或許是覺得無關宏旨，也可能是受訪時鍾氏家族的企業已出現大問題（詳見下文討論），他不希望與之扯上關係。

無論是受僱於人或低調營商，以陳松青的性格，應不甘雌伏太久，在摸清香港的商業環境後，他便開始再戰江湖，而與他東山再起有密切關係的正是鍾奕莊家族，故在討論陳松青的發展前，先略述鍾奕莊家族的背景。資料顯示，鍾奕莊又

| 鍾奕莊

名鍾奕擇或鍾銘選，祖籍福建安溪，約生於 1891 年（有多個說法），據說於 1921 年已到了馬來半島等南洋一帶營商，憑經營首飾、銀樓及僑批等生意起家壯大。他亦如不少華人富商般妻妾子女成群，育有 16 名兒子、12 名女兒，在商場上為人認識的便有鍾金科、鍾金榜、鍾金獅、鍾金豹、鍾江海、鍾明輝、鍾輝煌、鍾炯輝及鍾正文等（陳克振，2004 及 2010）。新中國成立後，鍾奕莊把中國內地的業務轉到香港及新加坡，並鑑於香港踏上工業化道路，對工廠大廈需求殷切，率諸子自 1960 年代起投身興建工廠物業以供應市場，贏得「工廈大王」的稱號（Lo，2017）。

鍾氏家族大力發展地產與建築生意，需要各類專業人士協助，陳松青既擁有英國土木工程師的專業資格，又同樣是來自新加坡的福建華僑，不排除兩家在當地早已認識，而據陳松青所言，其岳丈跟鍾奕莊交好（《經濟一週》，1981 年 9 月 7 日），

| 《華僑日報》，1979 年 9 月 11 日。

| 《華僑日報》，1979 年 11 月 2 日。

　鍾氏家族在七十年代刊登的租售工廠廣告

因此當陳松青失意敗走香港時，鍾奕莊便安排他到自己公司工作，提攜一下後輩。陳松青亦不負所望，以其專業能力協助鍾氏家族發展地產建築業務，表現出色，獲得鍾奕莊的信任與重用。期間，他亦結識到鍾奕莊諸子，與部份成員一拍即合，日後更一起「拍檔」（合夥）做投資。

從商業發展的角度看，1970 年代初香港股票市場突然開放與一片火熱，造就了不少華資企業的崛起和壯大，財力雄厚的鍾氏家族也沒錯過那個黃金時機，先後將集團旗下多家企業上市，吸納公眾資本以支持業務開拓。下表是鍾氏家族 1970 至 1973 年間上市企業摘要，可以看到，這些公司都是由鍾氏父子擔任主席或董事，顯示家族財力雄厚，且對企業有最大的掌控權。

打頭陣上市的是凱聯酒店，於 1970 年上市，籌集資本為 11,680 萬元（本書所記貨幣，如無特別標明者，都指港元），主席之職由鍾奕莊長子鍾江海出任。相信由於成效理想，到 1972 年，家族再推動五家企業上市，分別是萬邦投資、漢國置業、益大發展、國際酒店及益福有限公司，其中國際酒店及益福有限公司兩家，由那時已年逾 70 歲的鍾奕莊本人擔任主席，鍾明輝、鍾金獅及鍾正文三名兒子則擔

鍾氏家族 1970 至 1973 年上市企業摘要

企業名稱	籌集資本（萬元）	主要業務	上市年份	主要負責人
凱聯酒店	11,680	酒店	1970	鍾江海
萬邦投資	12,500	地產	1972	鍾明輝
漢國置業	1,200	地產、信貸	1972	鍾金獅
益大發展	2,600	地產、貨倉	1972	鍾正文
國際酒店	5,639	酒店	1972	鍾奕莊
益福有限公司	700	債券、投資	1972	鍾奕莊
多盈利置業	1,000	地產	1973	鍾明輝
怡東地產	1,100	地產	1973	鍾江海
華廈置業	5,600	地產	1973	鍾江海
港九海運	4,116	地產、船務	1973	鍾正文

資料來源：鄭宏泰、黃紹倫，2006：270-278

任餘下三家公司的主席。接著的 1973 年，家族再成功將四家企業上市集資，分別是多盈利置業、怡東地產、華廈置業及港九海運，[2] 其中鍾江海擔任怡東地產及華廈置業主席，鍾明輝主持多盈利置業，鍾正文則打理港九海運。至此，鍾氏家族合共掌控十家上市公司，業務遍及地產、酒店旅遊、船務及證券投資等，風頭一時無兩，引來不少艷羨目光。

陳松青能與財雄勢大、擁有眾多上市公司的鍾氏家族結交，參與不少地產建設項目，甚至可能曾幫手籌備將公司上市，又因同鄉之誼及個人能力等原因獲家族成員信任，再加上外圍的股票市場火熱朝天，這樣的環境尤如為他原已濃烈的冒險家精神添柴加薪。因此，這段經歷不但擴大了他的商業視角、個人網絡與生意門路，同時亦成為他下一階段發展的重要助力。

| 鍾奕莊家族旗下的萬邦投資公開發售股票啟事。《工商日報》，1972 年 8 月 21 日。

1　由於這三篇報導的內容接近完全相同，很大機會是一家記者筆誤，另外兩家搬字過紙時出錯。早年報章人手不足時，各報記者會分工合作輪流採訪，然後互相「分享」報導。而英文報章則指據檢方所言，他是 1982 年入境（*South China Morning Post*, 31 January 1983）。

2　港九海運的主要投資者應為邱德根家族，鍾氏家族投入較少，但主席一職仍由鍾正文擔任，應是一種互讓、爭取支持的表現，亦反映了兩家之間的深入交往。

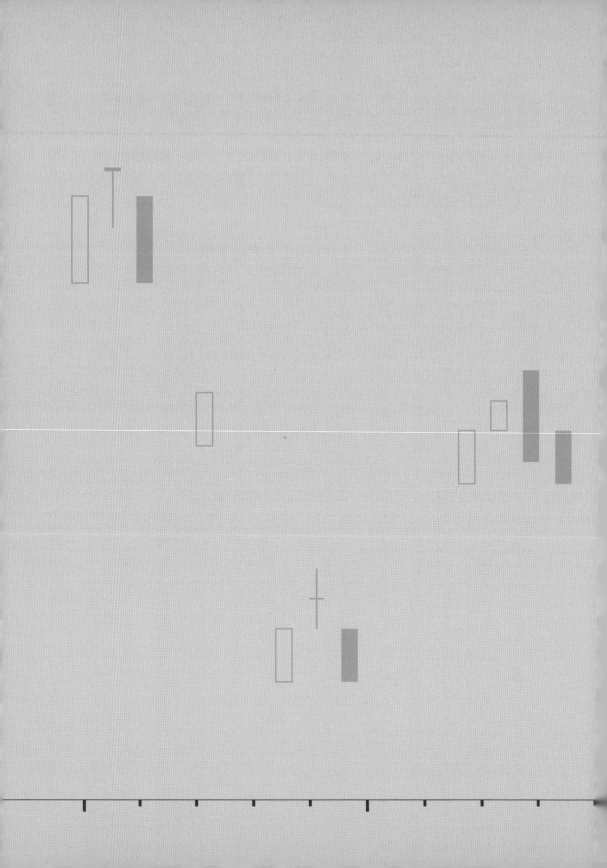

第三章

伺機出擊

● 花無百日紅。股市熱浪到了 1973 年 3 月初迅速爆破，物業市場同步急跌，緊接著的全球石油危機，又令重要物資與能源均依賴外部供應的香港經濟受到進一步打擊，企業投資迅速萎縮，倒閉與失業浪潮湧現，物業及地皮價格持續大幅滑落（鄭宏泰、黃紹倫，2006）。覆巢之下無完卵，鍾奕莊家族的生意和投資亦難免受到衝擊，在接著兩三年間承受巨大壓力，但當時陳松青卻沒太大損失，甚至趁股票市場處於低潮期擇肥而噬，先人一步出手「掃平貨」，結果一鳴驚人，拉開了「佳寧神話」的序幕。●

從資料看，恒生指數在 1973 年 3 月 9 日達至 1,774.96 點的歷史高位，然後市場傳出有假股票的消息，股價應聲急降，並在接連的負面消息影響下，輾轉跌至 1974 年 12 月 10 日的歷史最低點——150.11 點，即在一年多時間內，恒生指數由最高點跌逾九成，是香港史上最大規模的股災，無數投資者虧損慘重（鄭宏泰、黃紹倫，2006：316-345）。就在股票市場仍哀鴻遍野之時，蟄伏多年的陳松青便看準時機出手了。有分析這樣介紹：「1975 年，陳松青開始自立門戶，他與鍾氏家族的另一成員鍾鴻生合作創辦德力生公司，[1] 以 250 萬港元購入養和醫院現址一塊地皮，一年後以 620 萬港元售給港府有關部門，首宗交易即旗開得勝，且獲利甚豐，這無疑給陳松青以極大的鼓舞」（馮邦彥，2013：44）。

這次投資有數個值得留意的重點：其一是陳松青重上營商之路已非由小生意做起，而是有財力參與地皮買賣；其次，他甚具冒險家精神，在市場低位時勇於「撈底」，相信高風險高回報，既反映他看好地產市場前景，亦充分展露出他認同富貴險中求的信念。其三，他確實具敏銳的目光，能找準市場與時機，在 1975 年地產市場最低潮時入貨，短短一年間轉手已升值近二倍多。不過，這樣大幅度的地皮增值應是他曾對地皮做了些資產包裝，否則難以在短時間內升值如此巨大，可惜現在已找不到相關記錄，不清楚他下了甚麼功夫，無法了解竅門所在。

更重要的，是這宗交易帶出一個由始至終貫穿佳寧集團的謎團——陳松青的資金到底從何而來。用來購買地皮的 250 萬元在當時並非一個小數目，他一年前才被頒令破產，據稱涉及債項 1.6 萬美元，即約 12.5 萬港元，雖說他可能利用香港與新加坡兩地訊息不流通的漏洞，轉移了部份資產，但之前的生意失敗相信已令

他掏空了本金，要重頭再來，單靠打工，就算工程師薪高糧準，也不可能在短短數年間賺逾 200 萬元。陳松青日後接受記者訪問時曾多次提及這次令他翻身的投資，惟時間與金額上有些出入，如他曾提及其家族在南洋有一定財力（齊以正，1983：39），亦說過他來香港時家族曾給他 500 萬元起動資金，後來增至 1,000 萬元（*South China Morning Post*, 2 April 1982;《工商晚報》，1983 年 1 月 31 日）。

另外，有資料記述「陳氏家族於 1970 年代初至 1975 年間轉移到了香港，家族投入 200 萬元，與夥伴創業，主要是購入地皮與物業」（Bowring and Cottrell, 1984: 60）。由於不清楚陳松青與鍾鴻生合創德力生公司時投入的資本有多少，故無法斷定二人的股份分配比例，但若此公司是專為養和醫院地皮的買賣而成立，即代表鍾鴻生出資 50 萬元左右，陳家注入 200 萬元，應為大股東。

奇怪的是，若陳松青家族真的那麼有錢，陳松青當初為何又會因 1.6 萬美元的債務而破產收場，要遠走香港？第一個可能是如他後來的解釋，他對債務毫不知情，但就如上文討論，這個可能性較低；第二個可能是他所欠的金額並不只是區區數萬元；第三個可能是其家族根本不是如他所說的那麼有錢，他的資金另有來源。當然也可能是這次投資資金主要來自合夥的鍾氏家族，不過日後陳松青有意無意間略過對方的貢獻，將功勞歸於自己。無論如何，從陳松青第一宗可確認的地產交易中，已看到不少矛盾與糾纏，難怪當時他常與謎團、神秘、奇蹟等字眼拉上關係。

「首宗交易即旗開得勝」對陳松青而言意義重大，不但一洗他創業敗北、被迫破產的恥辱與頹勢，更因為進賬甚豐，令陳松青背後的支持者更信任他的投資眼光及辦事能力，令他可以乘勝追擊。不過，雖說參與地產投資的利潤極為豐厚，但在

香港這個寸土尺金的地方，無論地皮或物業皆價值不菲，而且由購入地皮、規劃設計到落實動工興建，再到物業竣工、公開銷售，最後資金回籠，整個投資流程往往需時三五七年，期間亦要墊支利息及工程費用等，涉及資金極為龐大。因此，就算明知投資地產可獲巨利，一般人亦無能力可以染指。

不過，資金對陳松青而言似乎不是問題。據他所言，他一方面獲得鍾氏家族及東南亞的雄厚資本支持，有足夠實力參與地產買賣；另一方面，他的策略是盡可能快買快賣。簡言之，他的投資是「短炒」為本，長線發展並不多，自然不會有長期積壓資金的困擾。正因如此，首戰成功後，他立即開始下一輪大規模地產投資，買賣頻繁。有分析因此指：「所謂食髓知味，這就決定了陳氏以後數年的路向，決定了他要在房地上大炒特炒」（齊以正，1983：41）。

相信是資金充裕讓陳松青雄心更盛，在炒賣地產之餘，他從 1977 年末開始建立自己的多元化商業王國。首間註冊的是佳寧殺蟲專業公司（Carrian Pest Specialist Ltd.）；11 月，成立了佳寧控股有限公司（Carrian Holdings Ltd.）；一個月後再成立佳寧發展（Carrian Development）、佳寧聯營（Carrian Joint venture）及佳寧財務有限公司（Carrian Finance Ltd.）等。

公司註冊處資料顯示，1978 年 2 月，陳松青成立了佳寧代理人有限公司（Carrian Nominee Ltd.），之後都是以這間私人公司為核心，控制整個集團。公司一開始由陳松青及其弟陳鴻恩（Jonah Tan Hong Oon）出任董事，註冊資本為 100,000 元，後來加入高景琬（Kao Keng Wan）及鄔開莉（Carrie Woo Hoi Lee）成為董事，[2] 前者為陳松青的妻子，新加坡籍，後者為陳松青的秘書。公司股權分

佈上，99,999 股由陳松青持有，1 股由鄔開莉持有。

對於佳寧初創，亦有研究指「初期註冊資本是 500 萬港元，後來增至 1,000 萬港元」又說「佳寧集團成立初期，主要是經營建築材料貿易（木材）、殺蟲服務生意，並指該公司有馬來西亞、新加坡、泰國及菲律賓資本」（Semack, 1980），不過，這一說法未能找到佐證，似乎是根據後來陳松青的訪問而來。較肯定的是，「公司在 1978 年收購了一家有困難的旅遊公司——健的旅業，將業務擴展到旅遊業」（馮邦彥，2013：44-45）。1978 年 12 月，首次看到健的旅業的廣告於報章上出現，並標明為佳寧集團旗下，當時分行有兩間，分別設於中環連卡佛大廈及尖沙咀星光行（《華僑日報》，1978 年 12 月 1 日）。

要知道，建築材料貿易、殺蟲服務及旅遊等，均屬「搲石仔」的生意，工多利薄，且需花不少精力於營運和應對客戶上，到底怎會吸引喜做大買賣、具冒險家個性的陳松青安下心來，深耕細作呢？相信是當時由於資金充足，故分散投資，將生

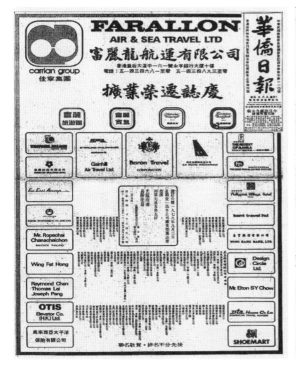

| 佳寧旗下旅遊公司擴張營業，裕民財務刊登廣告祝賀。《華僑日報》，1979 年 9 月 3 日。

意朝多元方向發展，期望分攤成本達至協同效應，又可對沖地產投資風險。而在業務類別增長的過程中，他更掌握到企業間獨立又互相依存的特性，弄清了收購合併的程序或手續，有利他下一步大展拳腳。換言之，殺蟲、旅遊生意雖沒為陳松青帶來巨大利潤，但卻有助他摸清香港企業制度及商業運作模式，成為他日後不斷成立新公司進行買賣的利器。

當然，在創建各項生意的同時，陳松青也沒忽略利潤豐厚的地產投資。資料顯示，佳寧成立後首宗地產交易是在 1978 年，他以 1,850 萬元於新界元朗購買了一幅地皮（霍禮義，1992：71），有後續報導指這幅地皮會用作興建向日葵中心（《工商日報》，1980 年 1 月 13 日）。至於陳松青以佳寧集團名義推出的第一個物業，則為赤柱濱海花園，項目位於赤柱灘道 22 號，佔地 26,000 平方呎，為兩幢兩座相連的建築，提供八個複式單位，每個單位建築面積為 2,606 平方呎，附設獨立停車位、私家花園或天台，售價高達 800 萬元。[3]

為了打響頭炮，集團在各報章連續十多天刊登大版廣告宣傳，強調屋苑為「地位與財富的象徵」，設施齊全，配備頂級豪華的裝修，如 24K 鍍金水龍頭等。根據廣告資料，屋苑發展商除佳寧集團旗下的佳寧發展有限公司外，還有一家新力發展有限公司（《華僑日報》，1979 年 10 月 12 日至 1979 年 10 月 27 日）。[4]

赤柱濱海花園項目一推出，即引起市場注意，因為單位數目雖不多，但呎價高達 3,070 元，創下別墅式洋房最高發售價紀錄。更令市場驚訝的是，項目在 10 月 22 日公開預售（《華僑日報》，1979 年 10 月 16 日），僅僅一日後，有報導指已

有四個單位被預購，集團高層洗杰樑表示由於反應熱烈，預料會超額認購，需以抽籤決定花落誰家（《大公報》，1979 年 10 月 23 日）。有研究則引述另一位高級職員何桂全之言，指集團已因應市場情況將物業價格定高，準備買主還價，預計打折後公司仍有可觀利潤，想不到市場復甦較預期更快，「前來訂購者全部照價認購，八個複式洋樓沒幾天就賣光了」（齊以正，1983：41）。

不過，亦有研究者質疑項目並非如此搶手，更稱那八個豪宅的買家其實全是佳寧旗下的附屬公司（馮邦彥，2013：46），目的相信是造勢及抬高物業價格。佳寧的確隨即在報章大賣廣告，推出另一個同樣位於赤柱的樓盤項目「詩韻苑」，地址為赤柱灘道 6 號。據報導及廣告刊出的資料，這個樓盤是由佳寧發展獨立投資的（《華僑日報》，1979 年 11 月 2 日），「七座獨立花園三層高複式別墅，每座建築面積 5,599 方呎，另私家花園 2,000 方呎，天台 1,500 方呎，每座售價為 1,200 萬至 1,300 萬元」（《大公報》，1979 年 10 月 23 日），可見呎價雖低於濱海花園，但總價格則大幅提高。若買家相信高價物業的市場需求真的如此熾烈，為求買得心頭好，自然會果斷入市，那時佳寧又可在二手市場以更高價將濱海花園賣出，為公司帶來更多進賬。若兩個項目全數按原價售出，保守估計，已能為公司帶來近 1.48 億元的收入。

雖然，濱海花園全是由佳寧內部購買的說法未能找到實證，但事實上，陳松青這段時間推出的樓房項目，確實有不少令人疑惑之處。首先，集團推售濱海花園時連續十多天刊登大篇幅的廣告，詳盡描述物業優點，但到推售價格更高的詩韻苑時，廣告卻只佔報章一小角落，且除屋苑名稱、地址及發展商外沒有其他資料，更

A	B
C	D

A｜《華僑日報》，1979 年 10 月 12 日。

B｜《華僑日報》，1979 年 10 月 13 日

C｜《華僑日報》，1979 年 10 月 22 日。

D｜《華僑日報》，1979 年 10 月 16 至 20 日。

　赤柱濱海花園發售，連續多天刊登大幅廣告。

沒作半點推銷，不符合佳寧集團愛大肆宣傳、刊登全版廣告的做法；其次，詩韻苑的廣告在 1979 年 11 月初刊登了數天後便消失無蹤，既不見公開發售日期，也沒有任何後續報導，根本不知銷情如何，或項目是否已經轉手，甚至是否曾真正推出市場，亦成為疑問。

更令人困惑的是，在濱海花園開售前一天的 10 月 21 日，佳寧在報章刊出全版廣告，指集團與新力發展合作的三幢大廈，包括位於灣仔駱克道 88-92 號的多銀隆商業大廈、堅尼地道 29-31 號的富麗台及九龍界限街 161-163 號的騰龍閣「全數售罄」，感謝各界垂注云云。據廣告資料，灣仔項目地下四層為商場，樓上十多層為寫字樓；灣仔堅尼地道及九龍項目同為單幢式多層豪宅，單位面積上千呎（《華僑日報》，1979 年 10 月 21 日）。[5] 但令人奇怪的是，在此廣告刊出之前，卻不見這三個項目在報章作任何宣傳，也找不到公開發售等資料。

要知道，此三幢物業位於繁華地段，如全幢售出，涉及金額龐大，加上佳寧發展在當時完全是一個陌生的名字，相關交易應如赤柱項目一樣引來注意，但市場卻毫無反應。更神奇的是，後來何桂全在接受訪問時，卻指這三個項目「尚未推出」（《華僑日報》，1980 年 1 月 22 日），到底是記者記錄出錯，是何桂全口誤，還是根本這個「全部售罄」的廣告也只是宣傳技倆，純粹為了促銷濱海花園呢？相信不少人會心中有數。

無可否認，若物業落成推出市場時碰上樓市向好，除可迅速售罄令資金回籠外，物業價格也定然更高，公司獲得更大利潤，是眾口稱賀之事。由於佳寧的赤柱

項目初試啼聲即一鳴驚人，引來市場關注，報章亦開始刊載集團消息及投資動向。如在 1979 年 12 月，多份報章以大篇幅報導佳寧集團用 3,000 萬元，購入澳洲悉尼市中心歷史悠久的華爾登酒店，並以「專發展高價樓宇見稱」來形容佳寧集團（《工商日報》，1979 年 12 月 7 日；《華僑日報》，1979 年 12 月 11 日）。這反映佳寧在香港的地產界已打響名堂，同時集團在旗開得勝後，已急不及待向海外拓展業務，擴張氣勢甚盛。

另一份報導引述何桂全的談話，指華爾登酒店是集團購入的第一間酒店，將會進行翻新工程，且已聘用經驗豐富的專業人員接手管理，有意將之打造成為澳洲一流的大酒店。何桂全又指，集團還在洽購澳洲另一物業及在馬來西亞洽溝酒店，令集團旗下酒店遍佈東南亞各地，以配合旅遊業務發展。他同時提到公司旗下的航運公司，為當時香港最大的航運包機公司，佔來往香港與菲律賓的旅客總額75%（《華僑日報》，1979 年 12 月 11 日）。由此可見，佳寧在發展香港地產之餘，海外物業、酒店、運輸及旅遊業務亦發展得火熱。

| 赤柱詩韻苑項貝廣告只佔報章一小角，不見宣傳字句，且只刊四天便失去蹤影。《華僑日報》，1979 年 11 月 2 日。

若報章的消息全部屬實，則佳寧集團由 1977 年末成立後不過短短兩年，單在 1979 年已成功出售三幢物業、一個樓盤，手上資產還有一個赤柱項目、一幅元朗地皮，以及澳洲悉尼市一間中型酒店，業務範疇甚廣，包括高價物業、酒店旅遊、財務貿易、傢俬滅蟲、航運包機等，不但發展極速，資金亦顯得相當充裕。不過，這顆新星雖然猶如平地一聲雷突然冒起，但當時只是在業界受到注意，直至接下來的連串矚目交易，才令佳寧一躍而成人人注意的耀眼明星。

| 宣稱全部售罄的三個商業及住宅樓宇項目。
《華僑日報》，1979 年 10 月 21 日。

1　據霍禮義記述，與陳松青在 1975 組成合營公司的，是鍾奕莊幼子鍾正文（霍禮義，1992：70）。另有報章指公司名為「得力生置業有限公司」，創立於 1975 年 5 月，最初股東包括鍾鴻生、鍾青雲、鍾日昇、林建煌、鍾清帝及高景琬，陳松青於 1976 年 7 月才正式入股，但之前已是公司董事局成員（《天天日報》，1983 年 10 月 3 日）。

2　各董事的中英文姓名，常有一些不同變化，估計乃早期中英文寫法沒有固定統一所致，未必是申請人刻意為之。

3　該地址現為喜蓮花園。從建築物座數及單位數目，加上入伙日期為 1982 年推斷，喜蓮花園應為濱海花園改名而成，是少數佳寧經手而真正落成的建築項目。

4　後來資料顯示，新力發展由鍾鴻生家族持有。

5　若這三幢大廈在 1979 年 10 月 21 日前已售罄，其出售日期則理應更早，代表它們才是佳寧首批推出市場的地產項目。灣仔項目現址為「駱克道 88」，其餘兩項現為單幢住戶樓宇。

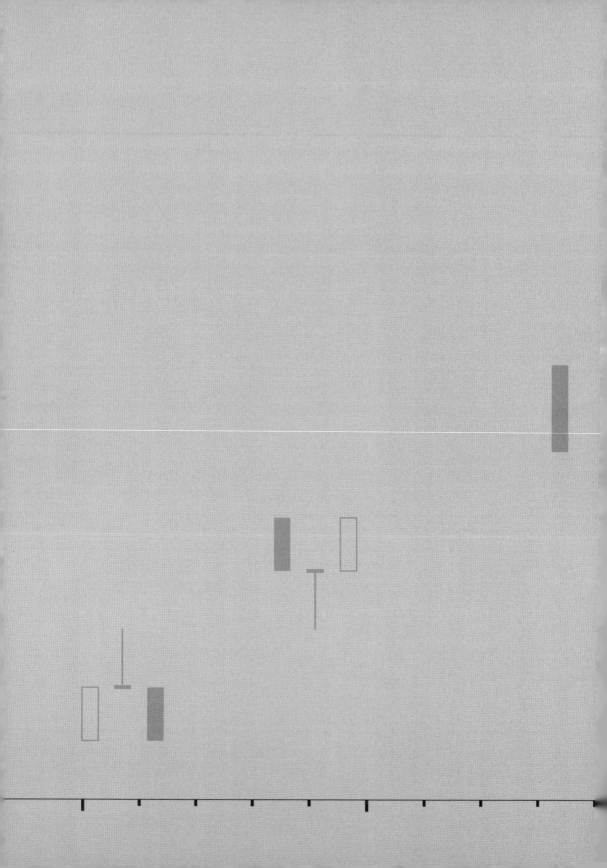

● 作為高舉自由市場旗幟的商業社會，香港常有各種巨額財富轉移，或不同商人與家族的身家地位驟升急跌等新聞，不同族裔的商賈在香港來來去去、大舉投資或撤資亦見怪不怪，因此佳寧集團雖有物業被「搶購一空」，或有大筆資金購入澳洲酒店等事，算是在香港商界嶄露頭角，引起市場關注，但與一眾百年洋行或戰後崛起的華資財團相比，佳寧只是一間算不上頂尖、尚未進入商界核心的企業。因此集團雖然茁壯成長，但陳松青顯然並不滿足，要想方設法爭取更上層樓。憑其靈敏觸角，他很快找到突破點，在1979 年末至 1980 年初完成了兩宗涉款極大的交易，令陳松青及佳寧集團的名字迅速傳遍金融界，成為傳媒及公眾目光的焦點。 ●

1979 年 12 月 30 日，黃子明家族控股的鐘錶生產商寶光製造廠有限公司（Stelux Manufacturing，下文簡稱寶光）連同旗下美漢企業有限公司（Mai Hon Enterprise，下文簡稱美漢），與佳寧集團旗下的 Filomena Ltd. 透過報紙刊登聯合公告，表示三方已達成協議，寶光將手上持有的美漢 8,120 萬股，即全部發行股票的 52.7%，以每股 6 元轉售 Filomena Ltd.，總交易額為 4.87 億元，並已繳付一成首期，餘款連利息將於 1981 年 6 月前分三期繳付（*South China Morning Post*, 30 December 1979）。

公告亦提到這三間公司在股份交易前進行了一連串的物業買賣，包括美漢將位於九龍的寶光製造廠大廈及荃灣德士古道的地盤售予寶光，前者售價為 6,000 萬元，後者約為 3,652 萬元。在出售美漢股權前的 12 月 18 日及 20 日，佳寧亦從美漢手上購入位於清水灣的 16 座複式洋房，以及尖沙咀加拿芬道的京華銀行大廈，收購價分別為 2,860 萬元及 2.68 億元。通告最後一段提到，美漢及 Filomena Ltd. 將會根據合併守則，無條件以每股 6 元收購小股東手上的股票，並委任寶源投資有限公司作為是次收購顧問（《工商晚報》，1979 年 12 月 30 日；《華僑日報》，1979 年 12 月 30 日）。

佳寧與寶光發出聯合通告，宣佈佳寧購入美漢企業。
《華僑日報》，1979 年 12 月 30 日。

其實，在此收購消息公開前，寶光及美漢的股價均突然大升。如美漢在 12 月 17 日的收市價為 1.5 元，24 日升至 2.57 元，至 27 日中午已狂漲至 3.8 元，引來證監處（即日後的證監會）及市場關注，兩間公司亦於 27 日中午申請停牌（*South China Morning Post*, 28 December 1979；《工商晚報》，1979 年 12 月 28 日）。三日後，佳寧高價收購美漢的消息公佈，大家才恍然大悟，不過卻引起新一輪疑問，到底美漢有何吸引之處，令陳松青願意以高於市價近四成的價錢收購？在討論這個問題及交易詳情前，先簡單介紹寶光、美漢及 Filomena Ltd. 這三間公司的背景。

寶光成立於 1963 年，乃鐘錶代理及製造商，在鐘錶業界具領導地位，創辦人黃子明為泰國華僑，祖籍潮州，與陳松青可能早已相識。據公司註冊處資料，美漢成立於 1971 年，是一間小型地產發展投資公司，1973 年 1 月被寶光收購，隨即於 3 月上市。在美漢公開發行新股時，香港股票市場正值火熱，加上母公司寶光持有多幅地皮及數項已落成出租的物業，美漢董事局成員又為寶光的原班人馬，如黃子明、黃創保等，營商經驗豐富，故不少人認為 1 元的股價「超值」，申請十分踴躍，認購量超額數倍，凍結資金近 30 億元。正式上市初期亦氣勢如虹，曾一度升至 6.7 元，可惜股市泡沫爆破後，地產市度低沉，雖然美漢盈利及派息一直不俗，但股價乏善可陳，最低曾跌至 4 角，大幅貶值，之後維持在 1 元上下徘徊（《工商日報》，1973 年 1 月 29 日；《華僑日報》，1973 年 3 月 17 日及 1973 年 3 月 24 日；《工商晚報》，1977 年 12 月 22 日）。

Filomena Ltd. 由佳寧集團及鍾鴻生合夥組成，佳寧集團持有八成股權（*South China Morning Post*, 10 April 1980）。雖說佳寧在過去一年發展極為迅速，但始

終只是一家沒甚名氣的私人有限公司而已，當市場人士看到佳寧收購美漢時出價如此闊綽，自然極感好奇，四處探問交易的來龍去脈。有報章以「南洋財團覬覦港地產」作標題形容是次交易，並提到佳寧乃南洋及香港財團組成，董事何桂全、高景琬及鄔開莉等雖都名不經傳，但是次收購代表了南洋資金進軍香港（《工商晚報》，1979 年 12 月 30 日）。[1]

向來穩打穩紮卻相當低調的美漢，為何會引來陳松青垂涎呢？原因至少有兩個：一是為了美漢的資產，據 1979 年初的資料，公司當時持有的出租物業包括尖沙咀加拿芬道京華銀行大廈、新蒲崗大有街國際銀鏡大廈、德輔道中的商業大廈、窩打老道的住宅、清水灣的高級住宅，以及數幢位於葵涌、荃灣及油塘等地區的住宅及工業大廈等，每年帶來的租金收入有 1,700 多萬元。另外，美漢還有兩個尚未落成的工業大廈地盤、一幢 16 層高正在放售的屯門工業大廈（《工商日報》，1979 年 2 月 28 日）。換言之，美漢本身有「家底」，尤其十分值錢的物業地皮等，另一方面，當陳松青收購美漢後，可以不用另作發展，便可即時提升或豐富集團的資產組合，並獲得穩定租金收入，實在「除笨有精」，乃明智之舉。

第二個也是更重要的原因，應是陳松青看中美漢的上市公司地位。由於當時香港物業市場走向復甦，陳松青需要更多資金進軍地產界，要獲得大筆資金，可以透過向銀行借貸或上市集資，而明顯後者做法優於前者，不但無須抵押，集資金額可以隨需要而定，且無須繳付利息，股息多少亦是在獲利後由自己決定。可是，自經歷 1973 年股災之後，政府收緊上市條例，上市手續已不如 1970 年代前簡單，因此陳松青想到收購美漢來借殼上市。據霍禮義（Robert Fell）引述《南華早報》的

評論，認為佳寧透過這方式上市，便「不必經過正式上市所需正常公佈程序」（霍禮義，1992：75），明顯是一個漏洞，政府應汲取教訓避免有心人重施故技，惟在那個年代，這卻是無法避免的制度缺陷。

事實上，不但有財經評論員對收購感到不妥，據霍禮義之言，其實當時監管機構對是次交易亦有疑慮。證監處在 12 月 27 日接到收購通知，但當時物業交易已完成，佳寧亦已購入美漢 52.6% 的股權，雖然對這項「進行前毫無估價、專業建議或者股東會議」的交易「感到不安」，但受當時法例所限，證監處可做不多，只能裁定 Filomena Ltd. 要進行全面收購。Filomena Ltd. 後來聘用了寶源投資有限公司作收購顧問，據寶源獲得的資料，佳寧是以遞延付款的方法收購美漢的物業，又同樣以遞延付款的方法收購美漢的股份（霍禮義，1992：74-75）。

雖然 Filomena Ltd. 根據證監處要求進行全面收購，但期間另有一事引起證監專員注意，那就是在 Filomena Ltd. 向小股東發出正式收購建議書前的 1980 年 1 月至 2 月期間，美漢股價出現異常升幅。1979 年 12 月末，美漢曾因收購傳聞令股價狂升而停牌，但當收購消息公佈後，股價已穩定下來，1979 年最後一個交易日為 3.6 元。想不到新一年一開市，不但交投量大增，股價更跳升至 5.75 元，之後一直維持 6 元左右的高位（《工商日報》，1979 年 12 月 28 日、《工商日報》，1980 年 1 月 3 日）。有關美漢及佳寧置業股價變動，參考書末附件之「1979 年 12 月至 1982 年 12 月佳寧股價與成交量」股價變動資料及相關的恒生指數走勢圖，下文有關股價變化，可隨時查核該表，不另作說明。

證監處翻查接管收購期的買賣記錄，發現 Filomena Ltd. 於市場不斷以略低於

6元的價格吸納美漢股份，令股市不尋常上升，認為事有蹊蹺，故按收購合併守則，要求公司持續呈報美漢股份買賣的情況，並由證監處於報章公開，這做法維持了一段時間，至收購書發出後才停止。霍禮義指除 Filomena Ltd. 外，還有一名姓「簡」及一名姓「詹」的股票經紀，以及一間名為 Extra Money 的私人公司大手收購美漢股份，但當時沒證據證明陳松青與兩名經紀有關，也無人知悉 Extra Money 是否陳松青控制的公司，故不足以指控陳松青「托市」（霍禮義，1992：74）。

為甚麼全面收購前要將美漢的股價維持在高位？霍禮義估計「這樣便不用購入不必要的股份，增加支出」。他還透露一個重點，裕民財務的經理伊伯拉希・賈法（Ibrahim Jaafar），在收購期間曾獲得十萬股美漢股份，當時同樣沒有公佈（霍禮義，1992：74-75）。從事態發展來看，除了想減少支出外，陳松青「托市」或許另有目的，亦牽涉了不合適手段，此點留在最後一章再作探討。

至2月中，佳寧透過獲多利有限公司（Wardly Limited，簡稱獲多利，為滙豐銀行附屬公司）向小股東發出正式收購建議書，提出以6元收購美漢股份。建議書提到 Filomena Ltd. 為一間香港註冊的私人公司，佳寧透過若干全資附屬公司擁有其 80% 股份，佳寧則為佳寧代理人有限公司之全資附屬公司，全部股本由陳松青及其家族持有。Filomena Ltd. 餘下 20% 股份由新力發展有限公司及 Bottin Development Co. Ltd. 持有，這兩家公司則由鍾鴻生及其家屬等人持有。據建議書所言，之後美漢將保持上市公司的地位，集團亦會致力令美漢在市場上維持活躍（《工商晚報》，1980年2月18日）。

公司互相收購在股票市場內是常有之事，特別是美漢這類中型企業，除少數

相關投資者外，市場大多不太關心。不過，原來陳松青在收購美漢的同時，還左右開弓、分途並進，於 1979 年末與英資龍頭怡和洋行（Jardine Matheson & Co.）接洽，商討收購其控股公司香港置地名下、位於金鐘與中環之間新建成的地標性甲級寫字樓金門大廈（Gammon House，即現今的美國銀行中心，Bank of America Tower），令市場極為震撼。

　　陳松青當時透過名下一家叫 Extrawin Ltd. 的公司向置地接洽，經多輪討價還價後，最終在 1980 年 1 月，以 9.98 億元的價錢達成交易（*South China Morning Post*, 11 January 1980）。這家用於收購金門大廈的 Extrawin Ltd.，股份組成亦如 Filomena Ltd. 一樣，由陳松青與鍾氏家族的成員合夥，不過這次合作對象變為鍾正文，股權上陳松青佔 75%，鍾正文佔 25%（馮邦彥，2013：47；*South China Morning Post*, 6 March 1981）。

　　當收購協議公佈後，佳寧發言人接受訪問，指金門大廈每平方呎的價格為 27,600 元，較早前收購尖沙咀京華銀行大廈的平均每呎 34,932 元還低，「證明購入金門大廈的價格極為便宜」。[2] 由於金門大廈位置優越，故集團將一反過去購入

| 陳松青以 9.98 億購入金門大廈，令其聲名大噪，該大廈現已改名為美國銀行中心。

後發展再出售的做法，保留作出租之用，除非價錢極吸引，否則物業會用作長線投資。發言人又稱公司的海外股東對香港前途有信心，未來將會有更多大手筆的投資（《工商晚報》，1980年1月11日）。此番言論，暗示佳寧集團不但水源充足，且有海外實力後台，將投放更多資金到香港，令市場相當興奮。

陳松青接連出手，1979年12月末先從股實華商手中購入上市公司及物業，翌年1月初再從百年龍頭洋行手中購入昂貴物業，不到一個月動用了超過17.8億元。但大家對於這個出價闊綽、實力雄厚，能動用天文數字資金的集團認識不多，一時間各種傳聞與揣測百出，有人指他背後有財雄勢大的「金主」，為他提供「大水喉」（資金），傳聞中的「金主」候選人，包括菲律賓馬可斯家族、中東酋長或蘇聯（即俄羅斯前身）政府等（Semack, 1980; Bowring and Cottrell, 1984: 6-7）。集團雖然否認自己是馬可斯家族或蘇聯資金的代理人（*South China Morning Post*, 13 January 1981），卻對資金來源含糊其詞，在找不到答案下，大家均以「神秘」（mysteries）或「謎團」（enigma）等詞語來形容佳寧與陳松青。

除陳松青個人或家族背景，以及資金來源成謎外，金門大廈的發展歷程亦充滿

| 興建金門大廈的金門公司 1979 年刊登的廣告。
South China Morning Post, 31 Jan 1979.

傳奇，由建築至落成入伙的過程充滿波折，並成為各方爭奪對象，數度易主，令這次交易更添談資。

金門大廈本為金門（香港）有限公司（Gammon H.K. Ltd，以下簡稱金門香港）一手籌建並全資擁有的物業，乃該公司扎根香港的標誌性建築。由於位處黃金地段，租戶非富則貴，多為商業巨企、各國領事或各地財團的代表處。而金門香港的母公司金門公司，據說由土木工程師 J.C. Gammon 在 1919 年於印度創立（Liu, 2014），乃當時印度、巴基斯坦、海峽殖民地一家具實力的英資工程公司，曾承建多項重要工程，其中以馬來亞機場及新加坡樟宜機場最受注目。1949 年，香港政府決定重鋪啟德機場跑道，並進行公開招標，金門公司因為具有興建機場的重要經驗而雀屏中選，於 1958 年在香港成立了金門香港專責該項工程，亦開始植根香港（*South China Morning Post*, 16 November 1949）。

自 1960 年代起，配合香港基建及地產發展，金門香港的業務擴展更速，因其技術水平優秀，能承建各類型的工程，訂單應接不暇，規模不斷壯大並成為行業龍頭。1969 年，金門香港吸納怡和洋行旗下的怡和工程為策略股東（*South China Morning Post*, 4 December 1969），然後於 1970 年初香港股票市場興旺時，在香港交易所掛牌上市，集資 8,000 萬元，以期有更進取的發展（*South China Morning Post*, 26 March 1970）。

1973 年 3 月，香港股市掉頭向下，但此時金門香港剛購入紅棉道與夏愨道交界一塊地皮，並宣佈將建成一座樓高 37 層、建築面積達 42.5 萬平方呎的甲級辦公室大樓，那便是金門大廈（*South China Morning Post*, 4 April 1973）。工程期間，

股票市場一瀉千里，金門香港的股價由高位每股 63 元（1973 年 4 月初），大幅下滑至 1975 年 4 月下旬的 12.7 元（*South China Morning Post,* 12 April 1973; 24 April 1975），加上樓市同步下滑，公司發展受到巨大打擊。

在那個環境下，不少建築工程公司都陷入困境，如當時同為行業龍頭的保利工程公司，便被迫走上破產之路，轟動社會。一些原本由保利承包的政府工程，包括連結啟德機場的道路等項目，不少交由金門香港接手（*South China Morning Post,* 11 and 22 January 1974）。雖然承接了更多工程，但由於整體經濟疲不能興，就算以金門香港的實力，仍處於水深火熱之中，業務持續出現嚴重虧損。

在公司股價仍十分低迷的 1975 年 3、4 月間，怡和洋行向金門香港提出全面收購，令其股價止跌回升，亦帶動低迷股市重展升浪。最後怡和洋行以近 5 億元將金門香港全面私有化，成為洋行旗下全資附屬公司（*South China Morning Post,* 24 April , 4 May and 5 June 1975）。同時，金門大廈工程亦基本完成，到了「平頂」階段，同年年底正式落成入伙，隨後股市與樓市有了顯著上升，經濟更明顯復甦，大廈亦成為怡和洋行的貴重資產。

當租戶陸續遷入時，恒生指數顯著地從谷底回升，金門大廈的租金與市值亦同步上揚。到了 1978 年 12 月，怡和洋行進行內部資產重組，以 7.15 億元將金門大廈轉售予旗下子公司香港置地，發揮更大協同效應（*South China Morning Post,* 4 April and 10 May 1979; 馮邦彥，2013：47）。不過，置地收購大廈時，曾向銀行貸款 7 億元，由於當時利率高企，每月利息支出估計高達 9,000 萬元，但租金收入卻只有 4,500 萬元，對置地構成沉重負擔。如今，佳寧以 9.98 億收購整幢大廈，

有報章計算，單是賬面上置地已賺得 2.15 億元盈利，賺錢之餘又能減低利息開支，置地與怡和洋行當然笑不攏嘴（《工商晚報》，1980 年 1 月 11 日）。

藉著收購美漢與金門大廈的交易，陳松青在極短時間內揚名立萬，佳寧集團由寂寂無聞的中型公司，一躍而成能與商界龍頭怡和洋行交手的大企業，大眾對它自然極感好奇，紛紛打探其來歷。1980 年 1 月，有報章對佳寧集團作出專訪，相信是公司首次接受華文媒體大篇幅的報導，亦自此經常出現在公眾面前。

文章一開始即以「觸目的彗星」來形容佳寧，又指它與本港其他有規模的集團最大分別，是集團首腦「鮮為一般市民所知曉」。當時代表集團接受訪問的，是早前已常接觸傳媒的物業經理洗杰樑。[3] 訪問中，他除重申集團看好香港地產前景、投資金門大廈是用作長遠發展、有多元化業務等說法外，還提到佳寧當時有十餘個計劃興建中的地盤，並已在香港投資了 30 億至 40 億元。至於人人好奇的資金來源，按其說法一半是來自東南亞華僑，另一半為本地華資持有 （《工商日報》，1980 年 1 月 13 日）。

據報導，當時佳寧系旗下公司有 12 家，剔除上文曾介紹過的，還有佳寧集團有限公司、佳寧發展有限公司、佳寧貿易有限公司、佳寧建築有限公司、歐佳有限公司、恒德基置業有限公司、多銀隆有限公司、富麗龍航運有限公司，至於興建中的地盤或樓宇，則計有元朗向日葵中心、青山道海灣花園、跑馬地毓秀街富麗屋及油塘組合大廈。記者又據註冊資料，指集團最大股東為佳寧代理人有限公司，持有普通股 99.99%，餘數由鄔開莉持有；優先股方面，佳寧代理人持股約六成，餘數由陳松青、高景琬、陳婉玲、陳秀玲及陳美玲持有，[4] 其餘股東還有鄔開莉、陳仕

海及黃佩翰，當中多人為新加坡籍。記者指 1977 年佳寧集團成立時的註冊資本為 500 萬元，當時的資本則為 13,888,888 元（《工商日報》，1980 年 1 月 13 日）。

數日後，另一份報章亦訪問了佳寧集團的董事何桂全，何氏趁勢宣傳，首先提及佳寧高價購入金門大廈並非「不明智」，指該大廈無論位置、面積等各方面均令人滿意，又稱雖然當時租金收入只有 4,000 多萬，但近半租約將在 1981 年到期，有很大的加租空間。至於其他地產投資方面，他除提及早前已推出的赤柱濱海花園及詩韻苑外，集團手上還有龍盤灣 16 間別墅，尚未推出的堅尼地道、界限街、駱克道、巴丙頓道等多個項目，以及油塘的工業大廈，雖然以投入資金數目論，商業

| 何桂全

| 佳寧高層接受記者訪問。《工商日報》，1980 年 1 月 13 日。

佳寧神話——陳松青的造神毀神

樓宇佔比最大，但將有 20 多個住宅樓盤陸續推出，數目亦不少，反映集團在住宅及商業樓宇的投資各有千秋。何氏更稱，因集團名下樓盤眾多，有意進軍傢俬市場，正與一間英國公司商討合作，在港設廠生產傢俬（《華僑日報》，1980 年 1 月 22 日）。何桂全這一番話，當然是想強調集團慧眼識珠，投資是作長遠計而非一時炒賣，亦顯示集團扎根香港、財力雄厚且投資多元化，洗刷佳寧來歷不明或投機炒作的形象。

事實上，對於這個突然從天而降卻又財力驚人的集團，市場自然流傳不少真真假假的小道消息。就在佳寧不斷透過 Filomena Ltd. 吸納美漢股份時，有消息指佳寧財務狀況出問題，已將 5,000 萬股美漢抵押給銀行。這次輪到陳松青親自上陣，召開記者會澄清，他指當時雖已購入 68% 的美漢股權，但大部份交由獲多利托管，手上根本沒有 5,000 萬股可作抵押。記者會上，他還透露收購美漢，是有意將該公司持有的物業出售，增加現金作未來投資，若將股份抵押會造成龐大的利息開支。當然，他亦不忘宣傳，指集團當時手上有 30 多個地盤，且在各大銀行均有不少存款（《工商晚報》，1980 年 2 月 15 日）。言下之意是集團財力雄厚，毫無借貸之需要。

比較這三篇報導，會發現集團這段時期的物業資產正以一個近乎不可能的速度膨脹：1 月中洗杰樑的訪問指佳寧有十餘個地盤興建中；數日後，何桂全稱未計算商業及工廠大廈，集團手上還有 20 多個將推出的住宅項目；發展至 2 月的記者會，陳松青指集團手上有 30 多個地盤。假設記者沒有筆誤或聽錯，代表佳寧在 1980 年 1 月中至 2 月中，短短一個月內購入了超過十個物業項目，而當時集團才剛收購

了金門大廈、美漢的物業及近七成美漢股票，已投入的資金——據冼杰樑所言——高達 30 億至 40 億元。到底集團真的是財源不絕，且出手極快？還是三人計算方式有別，導致數目差距甚大？又或者其實他們所說的並非真實情況，只是覺得大眾會隨聽隨忘，故利用報導誇大吹噓集團的實力？答案不得而知。但現實是，股市中的確有不少「羊生羊太」，他們不會細心分析或研究條文細節，只習慣跟風，隨市場氣氛或媒體分析員吹捧，便作出買賣股票的決定。

1 高景琬為陳松青的妻子,與陳松青同為新加坡籍。鄔開莉則從浸會學院畢業後不久,便於 1977 年加入佳寧,身份介乎陳松青秘書和辦公室經理之間(霍禮義,1992:71)。由於她在集團成立時已入職,又出任多間佳寧公司的董事,故曾有傳言指佳寧的英文名 Carrian 是來自她的英文名 Carrie,但遭陳松青否認。

2 兩日後,佳寧高層冼杰樑在訪問中澄清,指金門大廈價格便宜之說,與公司意思「有多少出入」,但仍稱該廈位置難得(《工商日報》,1980 年 1 月 13 日)。

3 霍禮義稱冼杰樑為「地產專家」(霍禮義,1992:71)。

4 陳婉玲、陳秀玲及陳美玲為陳松青與高景琬的女兒,據 1983 年陳松青接受訪問時指,女兒正在新加坡讀書,反映佳寧代理人有限公司成立時她們應該甚年輕,沒有參與公司運作。

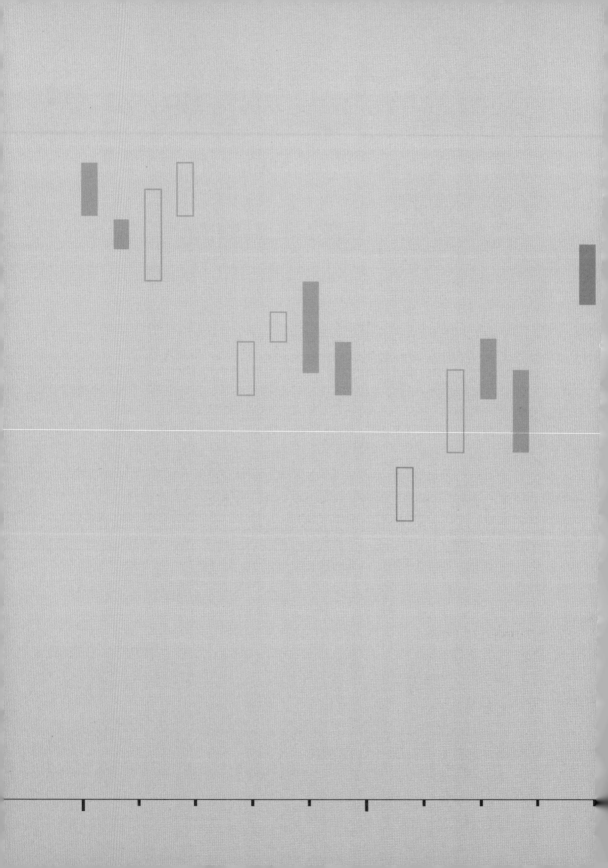

第五章 佳寧神話

● 收購美漢及金門大廈後，佳寧高層接二連三親自接受訪問，明顯要給市場一個清晰信號：集團不但財雄勢大，更對未來發展充滿信心，目的自然是想吸引公眾投資者支持，增加股份的成交量，令股價保持升勢。不過陳松青的如意算盤一開始打得並不順利，或許是公眾對集團仍感陌生，對其印象除愛大手筆收購外，有盈利的交易不多，已推出市場的只有赤柱兩個別墅項目——濱海花園與詩韻苑，沒有太多往績可考，賺錢能力成疑，因此交投並不活躍。除年初收購期間股價曾超越 6 元外，其餘時間大多在 4 元至 6 元之間，且交投疏落。直至 6 月下旬，市場傳出佳寧將有大動作，股票開始上升，之後佳寧不斷發表買賣消息，就如連環的重磅炸彈將市場炸開了鍋，陳松青和佳寧集團自始成為股壇新貴、耀目明星。 ●

1980 年 3 月，佳寧集團公佈已完成收購美漢，取得公司 75% 的股份，並由鄔開莉出任主席，何桂全任執行董事。市場估計用於收購的金額逾 6.97 億元，整個集團的總資產值已躍升至 9.29 億元，惟當天美漢的收市價略為回落至 5.7 元（《工商晚報》，1980 年 3 月 11 日；霍禮義，1992：71）。5 月時，相信由於美漢股份在市場的成交量未如理想，為了刺激成交，公司決定降低入場門檻，將交易單位（每手）由 2,000 股減為 1,000 股，指申請已獲交易所同意，同時又將佳寧名下四間公司售予美漢，但沒公佈價錢（《工商晚報》，1980 年 5 月 3 日；《大公報》，1980 年 5 月 6 日）。雖則如此，美漢股價並無大變動，至 6 月 24 日前一直未曾超越 6 元，相對年初高位，算是呈輕微跌勢，且不少日子的股份成交量只有數萬股，不受市場或投資者重視。

6 月最後一個星期，有消息傳出佳寧會將金門大廈注入美漢，美漢股價開始上升，由 6 月 23 日的 5.05 元升至 6 月 30 日的 6.85 元，一星期內的升幅超過 13.6%。至 7 月份，佳寧再公佈已全數付清 9.98 億元尾款，金門大廈正式易手（《大公報》，1980 年 7 月 11 日），市場又是一陣起哄，當日美漢收市價已升至 7.1 元。這段時期股份成交量亦大升，更數度成為市場內最活躍股份的前十名。

數天後，執行董事何桂全在美漢董事會上宣佈業績，指截至 3 月 31 日，除稅及少數股東權益後，公司純利為 1,000 多萬元，但有非經常性溢利 3.1 億元，綜合純利為 3.21 億元，較 1979 年 3,640 萬增幅近 10 倍。建議派發末期息每股 0.21 元，連同已派發的中期息 0.07 元，全年派發股息為 0.28 元，較去年增長了 133%，並

會每 5 股送 3 紅股。他同時宣佈，於 9 月的特別股東會上，建議將美漢改名為佳寧置業（《工商日報》，1980 年 7 月 16 日）。

公司獲巨利又派發股息，小股東當然開心，更令小股東欣喜的是，何桂全證實了早前傳聞，宣佈佳寧集團將會把 Extrawin Ltd. 持有的 75% 金門大廈資產，以 1 元轉售美漢，等同將約值 7.49 億元的物業資產無償地「送」給對方，做法前無古人，因此震撼市場。這個極為重磅的消息，令金門大廈交易再出現峰迴路轉的發展，有市場分析指此舉有助壯大美漢的資產及盈利能力，因日後出售金門大廈的利益將全歸美漢所有，而美漢轉名為佳寧置業，則有助佳寧集團整體發展（《大公報》，1980 年 7 月 16 日）。

心水清的人都會明白，陳松青這次轉手只是左手交右手的數字遊戲而已，他非但不是做慈善，亦沒有分毫損失，而且受 1 元「轉售」金門大廈的消息刺激，美漢的股價再度上升，在消息正式公佈當天的收市價為 7.6 元，較當初收購美漢時上升了 27%，成交量躍升至第一位，公司的法定資本由 2.5 億元增至 6 億元（*South China Morning Post*, 17 July and 5 September 1980）。之後的整個 7 月及 8 月，公司股價持續上升，交投亦十分活躍，一改美漢轉手前一潭死水、暮氣沉沉的氣氛，大小股東自然笑逐顏開。

| 金門大廈以 1 元易手，吸引傳媒報導。《工商日報》，1980 年 7 月 16 日。

不過，這次「買賣」的最大贏家，仍是陳松青，因為假設股份總數不變，陳松青及其家族仍持有 75% 美漢股份，股份的價值便由原來的 6.97 億元大增至 20.9 億元，身家多了 13.93 億元，金額比 7.49 億元的金門大廈還多出 6.44 億元。[1] 更重要的是，1 元轉讓金門大廈資產的做法，為陳松青及集團帶來極大宣傳效果，令集團更廣為人知，他亦成功樹立起具商業頭腦、財技高超的形象。而且，由於美漢股價大升，吸引公眾投資者的熱情與期待，亦令那些早前已出售或過戶的股民大感後悔，覺得當年太早離場，錯失了發財機會，日後若見股價略跌，便可能再次購入，持貨後亦會「死心塌地」，不易拋售，成為股價的強大支持動力。

試想想，若非陳松青採用這種令人目眩的投資「絕招」，公司怎能迅速攀上商界的頂端？怎能吸引那麼多內外傳媒爭相報導，令更多人樂此不疲、熱切期待地買入並持有其股票，令公司股價的升勢一浪接一浪？因此，1 元轉讓金門大廈的舉動，可視為陳松青刺激股價、博取市場目光的一舉多得宣傳奇技，令佳寧在股票市場中突圍，成為公眾投資者的新寵兒，他則有更多方式融資集資，既可透過不斷發行新股、供股、配股或以股代息等手法，從股票市場吸納資金，也可以將不斷升值的股票當作「現金」，與其他公司的股份互換，收購更多資產；當然也可以逐步減少持股套現，也可以透過大幅派息，令家族可以坐收現金，進可攻退可守。

從後續的發展看來，陳松青最常採取的做法，是用交投活躍的股票作抵押品，向銀行借貸，以及直接將之當成現金購買資產。先說將股票當現金的例子，最出名的當然是 1981 年，他購入上市公司其昌保險及維達航業時，大部份是以佳寧旗下公司的股份支付（詳見下文討論）；另一個較鮮為人知的例子，則是 1980 年初，

收購賀嘉（Halkirk）公司五成股權時，[2] 成交價 8,450 萬元，其中只有 3,250 萬元為現金，餘額則以港九海運（Hong Kong Barge Ltd.，僑聯前身）、佳寧置業及另一間公司的股票支付。至 1981 年他再購入另外 50% 股權時，成交價升至 1 億元，但全部以佳寧置業及僑聯地產的股票支付，即前後接近 1.85 億元的資產，陳松青只需付出 17.6% 的現金，便可以將之納於旗下，被收購者亦樂意接受（《大公報》，1986 年 4 月 16 日）。反映在佳寧勢盛時，其股票的確可以「當錢使」，印股票如印銀紙，令股票市場變成他的「提款機」。

在佳寧神話興盛時期，股票作抵押借貸的例子，可謂多不勝數，先不說借貸政策較寬鬆的財務公司或永隆、友聯等中小型的華資銀行，就算是跨國大行如滙豐、渣打、柏克萊等大型銀行，全都曾接受陳松青以佳寧集團的股票作抵押，批出小至數千萬大至過億元的貸款，據後來負責重整佳寧債務的獲多利報告，截至 1982 年年尾，佳寧有 6.5 億港元貸款是以集團的股票作押（齊以正，1983：45）。難怪有人如此形容：「對銀行家來說，出於羊群心理（即看見很多人這樣做自己也照辦的「羊生羊太」效應），這些股票是近乎完美的抵押品。對於被收購的公司股東而言，陳松青的股票看似更勝現金」（霍禮義，1992：78）。

金門大廈的交易，令陳松青與佳寧成為傳媒的新寵兒、股民的財神，之後集團每個舉動都引來報章大篇幅報導，有時是確實的交易，有時不過是洽談中的項目，但都會在有意無意間被「洩漏」出來，成為帶動投資或買賣風向的消息，令佳寧的名字一次又一次在市場及市民心中烙下印象，成功打造出佳寧神話。佳寧置業股價持續攀升，令無數股民痴醉，陳松青亦從原來的神秘人，逐步變成神乎其技、點石

成金的煉金術師，或是電影所塑造的「金手指」，甚至有形容指「陳松青是金錢的代名詞」（George Tan likes cash）（*Straits Times*, 1 June 1982），陳松青真的成了中國民間人人稱頌的財神爺化身。

在 1 元出售金門後數天，陳松青又有動靜。報導指佳寧以 1 億多元將周大福商業大廈（現址為遠東發展大廈）地下至五樓售予交通銀行。據報導，這幢位於中環德輔道的大廈樓高 24 層，美漢於 1979 年底以 2 億多元購入其中 19 層，大部份早前已售出，當與交通銀行的交易完成後，手上單位已全數沽清，估計獲利 8,000 多萬元（《大公報》，1980 年 7 月 27 日及 1980 年 7 月 29 日）。受消息刺激，美漢的股價在星期一開市後由 8 元升至 8.7 元。不過，這宗交易有些地方尚待釐清，若相關報導準確，則代表佳寧在高價收購美漢及與置地洽購金門大廈的同時，還買入了一幢中環物業，但令人疑惑的是，佳寧購入該大廈之事未能找到任何佐證，早前成功出售大部份樓層亦不見任何報導，只在所有單位沽清後才順帶提到，似乎不符合佳寧每有買賣必高調通告天下的作風。

到了 7 月末，集團宣佈與 Ximenes Estate Ltd. 達成協議，合作發展一幅觀塘工業用地，地皮面積為 45,700 平方呎，兩家公司各佔股 50%。[3] 據報導，Ximenes 成立於 1979 年，乃置地與遠東發展有限公司共同營運的地產發展公司，它們計劃投入 2 億元興建一座 16 層高的工廠大廈，預計 1983 年初完工推出市場，並由 Ximenes 作工程顧問及經銷代理（《華僑日報》，1980 年 7 月 30 日）。由此可見，自金門大廈交易後，陳松青的人脈及商業圈子迅速擴展，並能與老牌洋行及華資企業扯上關係，合作開拓市場。[4]

8 月，以製作電影及生產服裝著名的繽繽集團，傳出被佳寧收購的消息，集團董事長葉志銘隨即否認，表示公司是與佳寧及遠東兩個集團商討合作，興建戲院商場項目。[5] 數日後，報章刊出一則簡單通告，指葉志銘與遠東、佳寧組成新的聯營公司，並購入繽繽全部股本，而集團日後將繼續製衣、時裝、戲院及影片發行等業務（《工商日報》，1980 年 8 月 6 日；《華僑日報》，1980 年 8 月 11 日）。有資料指當時佳寧與遠東因繽繽出現財務及人事困難而入股，各購入 33% 股權，後來兩間公司佔股比例逐步增加，估計佳寧一方總注資額為 1,800 萬元。至 1981 年，佳寧退出，由邱德根以家族旗下的「西泰馬」收購繽繽全部股份（《工商日報》，1981 年 4 月 29 日及 1981 年 5 月 10 日）。

除了上述的投資外，陳松青的成名作——金門大廈亦不斷傳出有新買家收購的消息，且價錢一次比一次高。自 1980 年 4 月起，陸續有報導指金門大廈的租客接獲通知，租約屆滿後將不再續租，傳聞直指大廈即將轉手。由於金門大廈租客除一般商戶外，還包括伊朗、日本、委內瑞拉等領事館，故引起不少市場關注，如伊朗駐港領事便曾向報章「訴苦」，指大使館租用金門大廈面積約 1,000 平方呎的單位，月租 7,500 元，租約即將到期業主卻不允續約，面臨「逼遷」，已向本國滙報事件及向香港政府尋求協助，成為交易事件的一段小插曲（《工商日報》，1980 年 11 月 20 日及 1981 年 7 月 1 日）。

至 7 月時，傳出有外資公司以 15 億元購入金門大廈，更保證會在一個月內付清貨款。受到消息刺激，美漢股價在星期一開市後，即由 8.2 元急升至 8.7 元收市，成交額亦是眾上市公司之首（《大公報》，1980 年 7 月 29 日）。8 月中，佳寧宣

佈集團及益通置業有限公司（Eastern Realty Ltd.），已與百寧順公司（Bylamson & Associates [Nominee] Ltd.，下稱百寧順）達成初步協議，將金門大廈75%的業權以11.8億元售出，並已收取了訂金，整項交易將於9月13日完成。至於金門大廈餘下的25%業權，則盛傳佳寧正與阿拉伯財團議價中，這一重磅消息公佈後，美漢股價再升至9.3元，市場反應熱烈除因大廈高價售出反映地產仍然興旺外，亦因有傳言指背後買主其實是中國財團，令市場憧憬將會有更多資金流入，更代表國家看好香港前景（《大公報》，1980年8月15日；《工商晚報》，1980年8月15日）。

9月初，金門大廈的交易再次生變。在9月5日，美漢發出通告，指已與買家百寧順達成新協議，將以16.8億元把整幢大廈售予百寧順及曾氏家族（Tsang family），交易將於1980年10月31日完成。在短短不足一年間，物業升值168%，若佳寧持有的75%業權比例沒變，則已獲利近5.19億元。市場再度沸騰，星期一開市後，股民爭相購入美漢股票，公司股價直飆至14.5元（*South China Morning Post*, 5 and 7 September 1980;《華僑日報》，1980年9月6日）。

到底以高價接貨的買家是甚麼來頭呢？美漢通告只簡單介紹「是次交易，Bylamson 乃與曾氏家族及其聯號共同進行」（《大公報》，1980年9月5日）。

| 《華僑日報》，1980年9月4日。 | 《華僑日報》，1980年9月6日。

金門大廈以16.8億元售予百寧頓，再次在市場引起哄動。

翻查資料後，百寧順是一家由林炳炎於 1976 年成立的公司，英文名 Bylamson 乃林炳炎英文簡寫 BY Lam 加上及 son（兒子）合組而成，公司當時由林秀峰和林秀榮兩兄弟打理（陶世明，1983），至於消息中所指的曾氏家族，相信應是指當時出任永亨銀行董事的曾永康家族，[6] 不過，這個曾氏家族由始至終沒有出現在公眾或傳媒面前，有誤傳之可能。

金門大廈交易宣佈後還不到三個月又傳出轉手消息，再次成為市場話題焦點。11 月下旬，美國銀行公佈從百寧順手中，購入該大廈其中 15 層，總面積約 55,000 平方呎，大廈並將改名為「美國銀行大廈」，作為該銀行在亞洲區及香港的總部，這次已是金門大廈兩年內第四度易手了。雖然確實的交易金額沒有公佈，但市場估計為 6 億元，即百寧順一轉手已賺得天文數字利潤。交易再次帶動中區甲級寫字樓的估價及租金上升，如毗鄰的和記大廈兩年來也升值兩倍（《工商日報》，1980年 11 月 26 日及 1980 年 11 月 27 日）。

金門大廈高價成交後，佳寧未有停下拓展的腳步，但陳松青首先要做的，則是為美漢正名，將之正式納入佳寧品牌之下。9 月美漢的股東會上，一致通過將美漢易名為佳寧置業有限公司（Carrian Investments Ltd.），故自 9 月 8 日起，美漢的名字從各股票市場消失，由佳寧置業代之，完成了陳松青將集團上市的計劃。為了擦亮招牌，佳寧集團在 9 月內進行四項矚目投資，先在 9 月 7 日宣佈以 1,220 美元向保華航業購入一艘三萬噸的貨輪「先進號」（後改名「佳寧一號」），又向日本和西德訂購四艘乾貨輪，並宣告成立佳寧航業（Carrian Shipping Ltd.），正式進軍航運行業（馮邦彥，2013；《工商晚報》，1980 年 9 月 8 日）。

同月，佳寧置業再以 1.03 億元向世怡發展有限公司購入赤柱山莊（Stanley Knoll）28 個豪宅單位（《大公報》，1980 年 9 月 8 日）。翻查資料，世怡發展乃置地及遠東發展的聯營公司，赤柱山莊共有 37 個單位，第一期於 1978 年落成推出市場，第二期於 1980 年 1 月出售，當時每幢售價為 520 至 550 萬元，公司透露首兩期 14 個單位已「全部認購」，第三及四期亦已建成，即將推出（《華僑日報》，1980 年 1 月 15 日及 1980 年 1 月 18 日），惟其後卻沒有任何發售消息。如今佳寧購入 28 個單位，相信等如購入第三、四期全數物業，再加上首兩期餘下約三分之一的「貨尾」。由於佳寧大手買貨，置地等亦樂意給予更大折扣，平均每幢價格為 368 萬元。這次交易，多少反映豪宅需求並不如發展商宣稱的「渴市」，亦可見地產商吹噓的反應踴躍、全部售出等，往往是宣傳技倆，不可盡信。

　　9 月底，佳寧置業發出通告，指與泰國 Rama Tower Co. Ltd.（簡稱 Rama）達成換股協議，佳寧以每股面值 100 泰銖認購 Rama 發行的 200 萬新股，佔 Rama 25% 的股權；同時，Rama 以每股 17.3 港元現金，認購佳寧新發行的 2,888,888 股，兩間公司互購所費的金額相等。通告中稱 Rama 為泰國上市公司，其業務包括空運、保險及財務公司，更是泰國最大的酒店業主及經營者（馮邦彥，2013；《華僑日報》，1980 年 9 月 29 日），相信佳寧是借助其力量擴展泰國的旅遊業務。

　　不過，當時眾多投資之中，總金額最大也最引人關注的，相信是一項在美國的地產買賣。佳寧在 9 月初稱將與益大集團聯手，動用 5 億美元接管「美國之香港計劃」。該地產項目位於美國加州，原本由當地發展商新利地產在 1978 年提出，[7] 由於總投資額極為龐大，且有助振興當地經濟，受到屋崙市（即奧克蘭）政府及當

地金融機構的歡迎及支持。在香港預售時,由香港金門地產出任代理,當時反應亦甚理想。可惜至 1980 年 3 月,新利地產突然聲稱因興建困難之故,擱置計劃,且因涉款甚巨,連市政府亦介入調停(《華僑日報》,1978 年 11 月 14 日;《工商日報》,1978 年 11 月 20 日;《工商日報》,1980 年 6 月 1 日)。

佳寧及益大等財團之後與屋崙市政府洽談接手,當地政商界對於這個「爛尾」工程有望解決,自然大感慶幸。佳寧後來表示,計劃會盡量按原圖則進行,興建四幢商業樓宇、一座大型酒店及兩幢高級住宅樓宇,估計能於三至四年內完成,而佳寧及益大在項目中的投資佔比分別為 75% 及 25%(《工商晚報》,1980 年 9 月 2 日)。1981 年,何桂全曾在訪問中提及此計劃,指項目易名為「美國太平洋中心」,總投資額增至 8 億美元,將興建八幢由天橋相連的高級商業樓宇,總建築面積達 283 萬平方呎,佳寧佔 75% 股權,益大則佔 25%。集團同時又購入附近一幢酒店,改名為「太平洋凱悅酒店」,打算將部份樓層改建為商用辦公室,分層出售,其餘則保留作酒店用途,並由集團自行經營 (《華僑日報》,1981 年 4 月 20 日)。剛正名的佳寧置業公佈了連串投資舉動,再次展露出財源不絕的形象,自然吸引更

| 「美國之香港」項目在 1979 年推出的預售廣告。
《華僑日報》,1979 年 11 月 13 日。

多股民購入，差不多整個 9 月，佳寧置業的股價都維持在 15 元以上，更曾一度升至 16.1 元（9 月 10 日）。

10 月份，陳松青繼續發佈投資合作的消息。佳寧稱已與日本岡三證券公司達成協議，購入該公司香港分行的部份股權，雖沒有詳述收購價錢，但集團表示有意擴充亞洲區投資及參與日本市場（《工商日報》，1980 年 10 月 8 日）。第二項合作規模更大，也更惹人注意，那就是與多個著名華資財團達成協議，將一間早已停止運作但仍在股票市場掛牌的公司——港九海運「復活」。

港九海運乃前文提及上市時由鍾正文擔任主席，但實際上應由邱德根家族掌控的公司，自 1977 年起基本已沒有實質業務，也沒有股票交易，只仍維持上市地位。陳松青於 1980 年聯同馮景禧、鍾正文、邱德根等成立僑聯地產有限公司（Overseas Union Realty Ltd.，簡稱僑聯），再購入港九海運並借殼上市，仍然由鍾正文出任主席，重新發展地產業務。據霍禮義觀察，原先成立這間公司的構想，是讓馮、鍾及邱三個家族的第二代練手（霍禮義，1992：80）。從後來僑聯各項通告都是由邱德根次子邱達昌及馮景禧次子馮永祥冠名發出，可見這個推測相當合理。[8]

僑聯的主要股東中，以馮景禧的新鴻基證券佔比最大，達 30.6%，[9] 鍾正文的益大投資、陳松青的佳寧置業及邱德根的遠東發展則各佔 21.7%，新公司表示有意透過配售新股向公眾集資。據報導，各股東將向僑聯注入總值達 12 億元的物業資產，如佳寧將注入清水灣數十個別墅單位、柴灣及油塘兩幅工業用地；益大會將尖沙咀一幅地皮注入發展；邱德根則將注入遠東銀行大廈，另外佳寧與益大合資的莊

士大廈亦會撥交僑聯（《工商日報》，1981年11月22日及《大公報》，1980年12月11日）。

　　雖然僑聯股東全都是商場老手，大有來頭，但公司其後的發展卻一波三折。先是因「上市手續延誤」，加上合組公司未能如期注入物業，令僑聯公開認購日期一再推遲，由原定1980年12月延至來年1月才正式招股，據招股通告，僑聯擬配售新股73,848,393股，目標是集資2.4億元。當時的主要投資者除前文提及的陳、馮、鍾、邱四家外，再加入了美迪臣證券有限公司，並由獲多利及新鴻基證券包銷餘額。據招股通告稱，公司已達成購入8.63億元的物業協議，又承諾在沒有意外下，將於年末每股派息3.28元（《工商日報》，1981年1月12日）。而在2月發出的通告中，認購價為每股6.5元（《工商日報》，1981年2月12日）。

　　由於公司背景雄厚，加上股息吸引，在當時股市交投平淡下，新股受到市場追捧，申請超額四倍，投入的金額達10億元（《大公報》，1981年2月19日）。原本公司宣佈小股東獲配股後可於3月2日開始買賣，但在3月2日當天，僑聯又發通告指已寄出的認股證印刷錯誤，將每手6,500股誤印為1,000股，故登報將此認股證作廢，並要重發新證，交易開始日期亦因此被迫押後（《工商日報》，1981年3月3日）。若果說「好的開始是成功的一半」，那僑聯這樣波折重重的開始，不知是反映了各間注資公司貌合神離、磨合需時，還是這些家族的新一代尚未有能力駕馭如此大型的上市公司，若果公司成立目的真是如霍禮義所說是讓「二代練手」，恐怕這便是需要繳交的「學費」了。

　　事實上，僑聯名下雖有不少地產項目，其後卻未見有重大發展，且在上市不

久，即因股價異常（數天內由 4.3 元急升到 8 元）而招來證監處調查，交易資料顯示，當時大部份買賣都是由盈忠證券等少數公司經手（《工商晚報》，1981 年 3 月 31）。至 6 月，有報導指公司不和表面化，邱德根的遠東發展宣佈放棄僑聯股份，由益大以每股 3 元購入（《工商日報》，1981 年 6 月 9 日）。數日後，再有報導指益大已與佳寧、新鴻基證券達成協議，由益大收購兩家公司的僑聯股份，但未有提及價錢（《大公報》，1981 年 6 月 17 日）。10 月時，鍾正文於股東會提出全面收購並獲得通過，僑聯自此成為益大投資的全資附屬公司（《華僑日報》，1981 年 10 月 25）。這次四大華資財團聯手合作還不到一年，便因主要股東出現歧見而分道揚鑣了。

對於陳松青為何會參與僑聯的合作計劃，霍禮義以「耐人尋味」來形容，他認為此項投資對陳松青沒有重大的策略作用，因公司原先計劃是讓馮景禧、鍾正文及邱德根的第二代學習管理公司，相信是為未來接班鋪路，陳松青當時根本沒有接班安排，為何又會插手？當然，霍禮義亦認同能與本地著名商人合作，對陳氏而言已是一種好處，且有可能透過新公司上市的股票獲得利潤，或有助佳寧的股價上揚，但最可能也最單純的原因，是陳松青不會推卻任何生意建議（霍禮義，1992：80）。事實上，任何有利可圖的交易對商人都極具吸引力，對急於拓展的陳松青而言，單單能夠拓展商界人脈一點已足以令他垂涎，更何況加入僑聯既有宣傳之效又可能有潛在收益，因此，要他推拒合作建議才是不可思議之事，就算最終未竟全功他亦已收穫不少。

重回佳寧在 1980 年的發展上，在宣佈與三大華商合組僑聯後一個月，佳寧置

業發表改名後首份成績表,再次引來眾人注目。11 月 4 日,佳寧公佈中期業績,指 1980 年 3 至 9 月這六個月內,除稅後溢利為 4.4 億多元,其中出售金門大廈等物業買賣列入經營溢利中,並決定派發中期息 0.12 元、特別股息 0.18 元,以及每 5 股發送 2 股紅股,董事局更表示,因應人口增長及中國現代化計劃,對香港地產前景「甚為樂觀」,未來會繼續向分散投資的方向發展(《華僑日報》,1980 年 11 月 5 日)。由於消息正面,亦可能是背後早有買入安排,公司股價隨著這張亮麗的成績表而上升,11 月 4 日收市時已升至 17.3 元,下一個交易日再升至歷史最高位 17.6 元,即原來收購價的三倍。按此股價上升幅度計算,佳寧置業的資產總值由原來的 9.29 億元同步大升至 27.87 億元。

在佳寧股民一片歡樂聲中,亦有人對佳寧的未來發展提出質疑。如有評論在標題讚揚佳寧手法「創新」,內文卻指佳寧將出售金門大廈的收益列入經營溢利的做

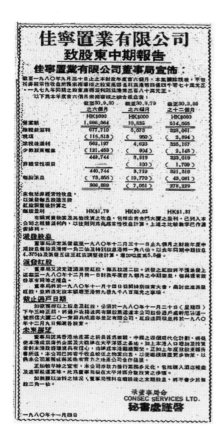

| 美漢易名佳寧置業後首份業績報告,稱六個月內除稅後溢利高達 4 億多元。《華僑日報》,1980 年 11 月 6 日。

法不當，因為大多數公司會將物業買賣的收益列作非經常性項目處理，故其「盈利質素有別於其他地產股，就嚴格投資尺度衡量，其評價應較低」。該評論還心水清地指出，佳寧當時的發展其實甚有局限，因其手上地盤尚未到完工階段，早前以「黃金水龍頭」（相信指赤柱的濱海花園）作招徠的別墅亦無下文，只能靠母公司低價撥入高價賣出的物業收入作盈利，以支撐高昂的股價，可謂別無他法。論者亦認為佳寧雖已開始增加酒店及航運等投資，但「看來暫無吸引」，加上現金派息比例只有 17%，相對偏低，反而頻頻發送紅股，因此認為「此股投機味頗濃……對此股不擬作出評價，而股價的變動，則看有關人士魔術棒如何妙用」（《工商日報》，1980 年 11 月 5 日）。當然，在一片狂歡氣氛下，這一點點的冷水當然無阻佳寧股價繼續受到追捧，在 11 月 20 日除淨後股價仍維持在 10 元以上，交投亦沒有縮減，火熱氣氛至一個月後才冷卻下來。

在業績公佈後的數天，再有多宗與佳寧有關的交易消息。先是捷聯企業發出通告，指接受佳寧及益大合資的 Hornswood Estate Ltd. 以每股 6 元，收購捷聯已發行的 23,800,000 股，約佔已發行股份 35%，估計涉及資金 1.42 億元（《華僑日報》，1980 年 11 月 8 日，馮邦彥，2013）。資料顯示，捷聯企業由鄭植之、鄭翼之兄弟

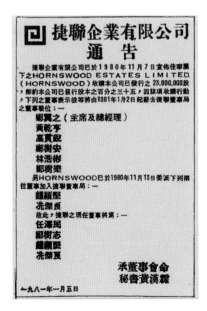

| 陳松青與鍾正文收購捷聯後，公司發通告顯示董事局大換血。
《工商日報》，1981 年 1 月 5 日。

於 1972 年 12 月成立，1973 年 3 月上市，透過不同附屬公司持有約七幅土地及物業，是一間中型地產發展公司（《工商晚報》，1973 年 2 月 28 日）。自 1975 年地產市道復甦後，捷聯每年的業績均有盈利，且派息相當大方，如在被佳寧收購前一年，除稅後盈利有 3,000 多萬，全年共派股息 0.26 元（《工商日報》，1980 年 5 月 11 日）。

當佳寧與益大入股後，原為公司主席及總經理的鄭翼之辭去董事之職，並退出董事局，另一位家族成員鄭樹樂亦離任。新董事局加入了由 Hornswood 委派的鍾穎堅及冼杰樑兩名代表（《工商日報》，1981 年 1 月 5 日），鍾穎堅（Frank Chung）為鍾正文之子，一直協助父親打理益大的生意；冼杰樑乃佳寧公司高層，二人進入捷聯董事局，相信分別代表益大與佳寧集團。另外兩位董事為任澤民及鄭樹志，當中鄭樹志相信為鄭翼之家族成員。

佳寧這次收購同樣是與鍾正文聯手，二人看中捷聯，相信與該公司擁有不少具價值的地產物業有關。有評論認為，一開始陳松青有意將捷聯打造成一間與佳寧置業相近的平衡公司，但後來卻改變主意，讓鍾正文接手（霍禮義，1992：81），將所持有的捷聯股份以每股 6.35 港元全數售予鍾氏。1981 年 2 月，捷聯與益大發出聯名通告，指兩間公司將進行收購合併，捷聯以新股取代現金，購入益大持有的僑聯股份及億豐大廈，經此一役，益大持有捷聯股權升至 66.7%，需向全體股東進行全面收購，鍾正文開價為每股 6.6 元（《華僑日報》，1981 年 2 月 9 日；《大公報》，1981 年 2 月 9 日）。

當時已有評論指，6.6 元的開價較市價還低，相信接受者不多，又指益大將物業按估值九折售予捷聯，僑聯股份亦是以購入價出售，較當時僑聯市價低一半以

上，認為是向捷聯「賣大包」，與去年佳寧將金門大廈以 1 元售予美漢有「異曲同工」之妙（《工商日報》，1981 年 2 月 10 日）。這反映市場其實察覺，益大根本無意向小股東購入股份，才會開出如此低價，同時亦敏銳地捕捉到佳寧與益大的收購手法十分相近，二者關係可說是千絲萬縷，故在討論益大時亦特別提及佳寧。

　　從後來事態的發展，可見鍾正文在市場逆轉與本身財政狀況出現變化下已有反覆，那時已無意購入更多捷聯股份，因此口徑改變。由於收購期間捷聯股價出現異常升幅，證券收購及合併委員會於是展開調查，發現鍾正文在公開收購期間，私下給予股票經紀詹培忠 1 億元，於市場上購入捷聯股份，且在提出收購前數次買賣捷聯股票，卻沒依法例向公眾透露。鍾氏抬高捷聯股價的目的，顯然是有意減低小股東接受益大出價的意欲，令鍾氏無須動用更多資金增購捷聯股份，便單靠早前購入的六成多股權掌控公司。結果亦如其所料，最終接受收購的股份只佔發行股數的3.1%。時任證券收購及合併委員會主席霍禮義經調查後，曾向鍾正文發出嚴重譴責，[10] 指他有托市之嫌，敗壞收購守則（《大公報》1982 年 6 月 2 日），有證券包銷商在評論事件時更指，鍾正文的做法令小股東權益受損，小股東可聯合入稟提

| 1982 年證監處譴責鍾正文收購僑聯的手法違規，唯已於事無補。《工商日報》，1982 年 6 月 2 日。

出訴訟，直言鍾氏不宜繼續擔任公司主席（《大公報》，1982年6月3日）。

雖然遭到不少抨擊，但事實上調查結果及譴責發表之日，距離收購事件已超過一年，可謂事過境遷，捷聯早已成為鍾正文的囊中之物，改名為益大投資繼續上市。且收購守則在當時不具法律效力，證監處對鍾正文的做法根本無可奈何，發出措辭強烈的譴責已是終極武器。至於聯合入稟提出訴訟云云，由於當時益大股價已持續大幅下跌超過大半（《工商晚報》1982年6月2日），小股東們對股價更為操心焦慮，恐怕沒心情另興訟案。而同樣被公開點名的詹培忠，證監處的譴責更可謂不痛不癢，因為他只是股票經記，證監處根本鞭長莫及，只能將其做法交給證券交易所考慮，結果當然是不了了之。

先不論佳寧或益大後續發展如何，無可否認，陳松青在1980年的確使出了不少令市場驚喜的「連環招」，出手既狠且快，而且還一如既往的闊綽，每有讓人意想不到的創新之處。佳寧集團取得前所未見的急速發展，令陳松青成為香港商界風雲人物，每個舉動均引起市場關注，除激起南洋資金湧到香港的各種說法和想像，亦令股票市場只要牽涉佳寧集團的名字，都會變得炙手可熱，與之相關的交易買賣亦常有異動。

雖有評論認為佳寧「炒味」甚濃，亦有人對其背景及資金來源感到疑惑，但或許正是這些不明朗的「神秘感」，增加市場對佳寧的好奇和想像，對它每個舉動都再三分析，甚至期待，令其一直成為市場焦點。佳寧置業股票的交易量及買賣氣氛遠較其他股份活躍，陳松青和佳寧集團則成了股民追捧對象，有論者將1980年形容為佳寧集團的「大吉大利奇蹟之年」（annus mirabilis），可謂相當貼切（Bowring and Cottrell, 1984: 8）。

1　當然，陳松青的持股量必然在這過程中大量放出，藉此套回資金，不會持有那麼多，這正是俗語所說「印股票變成印銀紙」的關鍵套路。

2　該公司主要股東為溫裕華，擁有 50% 股權，另一半股權由家族持有，相信該公司主要資產為一項物業，但目前未能找到更多關於該物業的資料。

3　此幅地皮相信為 1980 年 1 月的訪問中，冼杰樑及何桂全提過的油塘工業大廈項目。

4　遠東發展有限公司由邱德根於 1950 年創立，1972 年上市，旗下除地產生意外，還有銀行、遊樂場、戲院、酒店等業務，是當時相當具實力的華商。

5　繽繽集團創辦人葉志銘亦相當傳奇。他在 1970 年代以生產牛仔褲起家，集團名稱便是來自牛仔褲品牌「BANG BANG」，曾經營戲院、製作及發行電影及渡假村等，因冠名贊助電視節目「繽繽咁嘅聲」而廣為人知。繽繽集團倒閉後，他成立飛圖唱片，引進了卡拉OK 伴唱系統亦引起風潮。晚年破產，更因兒子車禍去世而出家。

6　曾永康家族其後相信將股權售出或退出了此項交易。金門大廈交易則在日後成為佳寧案的其中一項罪證，林秀峰和林秀榮亦因此捲入案件成為被告。

7　據報導，該公司董事長周旭東為新馬商人（《華僑日報》，1979 年 12 月 11 日）。

8　僑聯於 1981 年 1 月 12 日發出的改名及配股通告是以董事邱達昌名義發出、2 月各份配股通告則承董事總經理馮永祥名義發出。

9　馮景禧是透過新鴻基證券旗下的港九工商企業有限公司入股。

10　霍禮義曾任倫敦證券交易所總裁，於 1981 年 11 月獲派來港出任證券事務專員（Commissioner of Securities），制訂證券監管條例，亦是促成四間交易所合併的核心人物之一，於 1984 年改任銀行監理專員（Commissioner of Banking）。

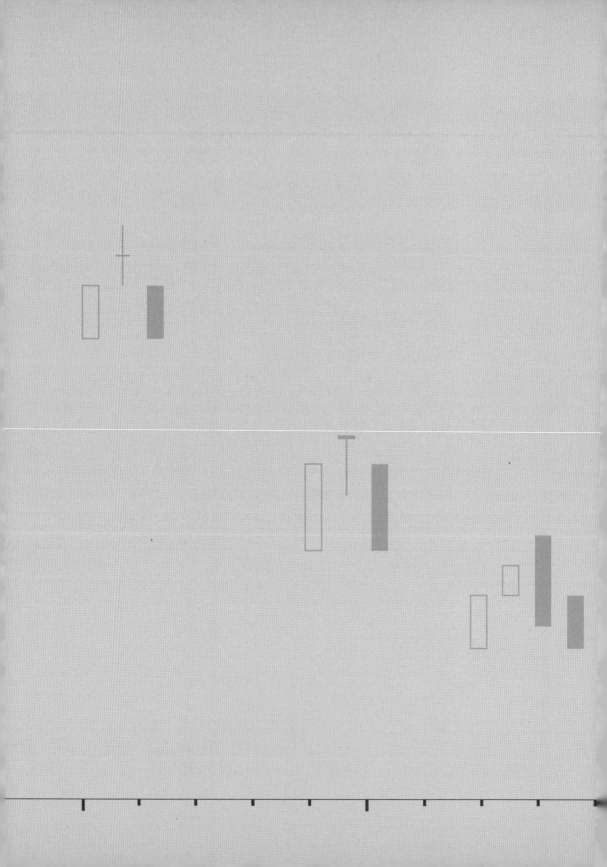

第六章

管理與領導風格

● 當佳寧集團的生意與投資如水銀瀉地般向四方擴散時，過去被形容為低調神秘的陳松青亦開始廣為人知。由於陳松青背景甚為神秘，猶如從天而降，且從不允許記者拍攝其照片，迅速崛起後成功的光芒卻又如此耀眼，自然令人對其成功故事倍感好奇——即是那種你愈不想人知，人家愈想知的社會心理。至 1981 年中，他正式成為集團主席後，較常站於人前，開始接受傳媒專訪，尤其當市場對其資金來源、投資手法有質疑，又或當公司股價有花開荼蘼之勢時，他便會接受訪問，向記者大談經營管理與用人之道、集團的投資方向、將企業做大做強的心得，亦會分享生活感受等，以爭取公眾目光。 ●

雖然這些訪問只是陳松青的一面之詞，沒有太多文件資料作佐證，但多少有助理解集團的內部營運及其領導風格。下文主要從 1981 年 8 月 25 日及 1982 年 4 月 2 日刊登在《南華早報》（South China Morning Post）上兩篇專題文章、1981 年 8 月 25 日刊登在《大公報》的專訪，以及 Philip Bowring 及 Robert Cottrell 在 The Carrian File 一書中的資料，歸納出他的經營理念，以及佳寧集團一些資料。

　　首先，關於佳寧的名字，陳松青提到，中文名稱來自家族年長成員建議，「佳」指非常好，「寧」指和平；英文名稱來自他本人創作，主要衍生自「carry on」兩字，即寄望集團好好延續發展下去。其次是大家最感好奇的資金來源方面，他在訪談中這樣解釋：「來自四個在馬來西亞及新加坡的陳氏家族，他們在當地木材及土地上有投資……他們（陳氏家族）給他——作為長子——500 萬元」，並指「兩年後，當他與本地一個發展商人合夥時，他們增加其支持至 1,000 萬元」（South China Morning Post, 25 August 1981）。

　　除啟動資本外，佳寧集團在發展過程中亦一直表現得資金充沛，故坊間曾有不少傳聞，指集團獲得如菲律賓、中東或蘇聯（即俄羅斯前身）等政府或當地大家族的支持，陳松青對相關傳言並沒直接否認，只語意含糊地回應：「如馬可斯太太艾美黛女士有投資在我們集團，我們會因得到她的信賴感到驕傲。」顯然他的回答是經過小心考量，令集團與這些背景雄厚的人脈扯上關係，繼續予人不愁資金來源的印象，對其公司自然更有信心。

　　公司治理方面，陳松青一如不少曾到西方求過學、崇尚現代化管理的人士，對「家族企業」的管理模式諸多批評，認為這種傳統發展方式，難讓企業永續留存。

他提及：「我問家族年長成員一個簡單問題，『你想佳寧延續兩三代或逾一個世紀嗎？』他會說『當然是逾一個世紀』，我因此對他說，『所有古老中國生意，從不延續多過兩代，之後滑落，為甚麼⋯⋯？內部權力鬥爭：兄弟之間、孫輩之間、侄甥之間，這些都會影響公司政策。』」陳松青表示，如要佳寧發展跨越世紀，應由適合的管理團隊照料公司利益。

據陳松青透露，1982 年時高層管理團隊共有十人，他擔任集團主席，其餘成員包括他的兩名兄弟：陳大宏（Jed Tan Tal Woon，譯音）、陳鴻恩（Jonah Tan Hong Oon，他亦為佳寧代理人公司的董事，見前文介紹），兩名姻兄弟 David Kao 及高景耀（Kenneth Kao Keng Yao，譯音），[1] 非家族成員則有馬素（John Marshall，當時為佳寧董事總經理）、貝爾（Rod Bell，當時為佳寧財務董事）、Raymond Chua、Anthony Chan 及何桂全（Bentley Ho）。[2] 按規定，在投票時，若牽涉家族或企業利益，陳松青有最後決定權。從管理高層中家族成員佔有半數，以及他擁有最終定奪的權力，可見家族利益還是放於最高位置。

管理哲學方面，陳松青提及「中國家族企業的創立是不同的，完全不同。我可以說，佳寧集團有一個結合西方管理與中國哲學的好組合。我想他（應指馬素）

| 陳松青正式出任佳寧置業董事會主席。《工商晚報》，1981 年 7 月 21 日。

外貌是一位歐洲人，但內在卻是中國人，因他在東方已生活超過 35 年。」他續說：「在佳寧，我們不講英國人、美國人，或黑人、中國人、馬來人、廣東人、福建人，我們不講這些。換言之，這個西方與中國哲學結合在一起，可以帶來最好的，便是我們的理論。有時，我提出某些東西，但馬素說『佐治（陳松青洋名），你不應這樣做。』於是我說『好的，好的。』因為他是從公司利益說話。至於貝爾會說『佐治，我們不能做此、不能做那。』當前，在其他華人家族，他們從不接納這種事情，他們所想的十分簡單，他們會聘用西方專家，但只會如古董般放在會議室作裝飾：『請看，我們有此』，但誰真的在做決定？公司的擁有人、家族中最年長的成員在做所有決定。」

陳松青還強調，要令企業保持活力，持久延續下去，須在公司內部建立一個人才庫，吸納具高度執行力的員工作第二梯隊，並超越陳氏家族在金融及管理等的連結與主導。另方面，他亦堅持推動管理與營運多元化，強調要有內部自我興替更新的管理團隊，這樣才能讓公司抵禦不同衝擊，減少因行業下滑或經濟衰退造成的業務表現消減。

陳松青還強調，「我們有內部專家團隊…… 並有外部專家，即是我們有不同專長的專家」，並列舉佳寧以高薪吸納獲多利公司、的近律師樓（Deacons Solicitors & Notaries）及羅兵咸會計師樓（Price Waterhouse & Lowe Bingham）等著名金融、法律與會計界頂尖精英，[3] 進入公司領導層的例子，說明公司精英雲集，有容乃大。另一方面，陳松青又指實際工作經驗的重要：「對我們而言，頭銜不意味甚麼。我們一起工作……而且，愈處高位者，所知所識愈多。因此沒人可嚇

佳寧神話——陳松青的造神毀神

94

唬或欺騙我們，我們相信經驗。」

個人行事作風方面，他說：「在佳寧，這裏沒有英雄，我們不接受個人傳記專訪⋯⋯我們喜歡保持低調，喜歡靜默地工作。我會說我們討厭公關，全部時間皆是，佳寧做不少項目，結果都很好。當然，這樣產生不少嫉妒，他們（批評者，原註）可以談論佳寧，但他們不能挑戰佳寧；簡單方法是責備佳寧，但我們不會作抵禦，我們會以結果作證明，時間是最好的證明。」對於社會人士指他神秘，他的回應是「神秘感是報紙塑造出來的⋯⋯我直話直說，這是我的缺點，人們不會在酒會上看到我。我怎能在酒會上拿著洋酒，而我的同事們卻在工作呢？」

陳松青亦分享自己的生活習慣與工作態度，表示：「我信奉簡單生活，真摯、誠實，我享受光顧『大排檔』（平民用餐地方），用 2 元吃一碗麵及喝一杯咖啡。」工作上，他則自稱：「我是一隻老虎，我辛勞工作」，並表示「我們整個團隊在辦公室每日工作幾近 18 至 20 小時，不在夜總會或高級餐館，我們從不招待我們的銀行家，我們相信一個好的銀行家是以你的資產負債表、你的表現、你的成果作評審，我們不邀請銀行家去夜總會，以女性作陪或提供好食物、好酒⋯⋯這不是資產負債表。我從不相信這些，我只相信誠實、真摯及率直開放地與銀行家交往，這才是最好的策略。」

有關外間評論公司擴張和發展腳步過於急速，陳松青的回應是：「作為一家上市公司，我們不能坐下來吃老本，我們須追逐利潤，我們不是長江（集團），有良好往績，我們像嬰兒，需要奶汁。」然後又補充說：「利潤現時是從物業交易中創造，如果租金回落至低於 6% 至 7%，我們會將之剔走，轉為將流動性用於增加土

地儲備。」

　　雖然陳松青表現西化，但他同時具華人篤信風水的一面，不但「公司內設有風水房間」，讓高級職員和他可在那裏工作、商討機要與決策，更相信本身有「幸運號碼」，如 3、6、8、9 等，這種染有迷信色彩的行徑，某程度上強化了他在傳媒面前的「神秘性」。

　　另外，在其他時期的報導中，亦有觸及陳松青的另一些個人特點，特別是其深厚的人脈關係。陳松青經常聲稱自己與滙豐銀行大班沈弼（Michael Sandberg）、怡和洋行大班紐璧堅（David Newbigging）、置地公司大班白福德（Trevor Bedford）等英資巨企上層領導相熟，甚至是生意夥伴（*South China Morning Post*, 20 September 1987）。事實上，與佳寧集團有業務往來的，絕大多數屬實力雄厚的跨國銀行或企業，不過雙方交往是純粹在商言商，還是另有其他更深入的關係則無從稽考。

　　陳松青擁有西方高等學府的專業資格，見過世面，精通中英雙語乃至多國語言如馬拉話，作為一個亮麗履歷的商業精英，他對家族企業、商業管理、工作哲學、形象包裝等不同層面，確實有一番見解，亦明白吸納精英以強化管理及決策效率的作用，在接受媒體訪問時又刻意營造出開放坦率的真性情，難怪記者會受到感動，形容他是一位「有魅力的人物」（charismatic figure），並表達出崇拜之情（*South China Morning Post*, 3 October 1983; Robinson, 2014: 50）。

　　當然，陳松青接受報章專訪的最主要目的是為了宣傳集團，穩定大小股民之心。因此，他除大談公司的管治理念外，還特別強調公司貨如輪轉、資金充足，如

在 1981 年 8 月便指公司數月內將有達 30 億現金回籠,包括出售金門大廈及九龍京華銀行大廈的 16 億元,更稱其家族與東南亞及歐美買家關係良好,所以不愁找不到買家。[4]雖然陳松青表現得信心十足,但其實佳寧在 1980 年剛經歷急速擴張,收購了不少產業時,已有高處不勝寒的狀況,加上手頭上多個併購方案已如箭在弦,不能撒手,但到底公司資金是否充裕、盈利是否如他所說的理想,恐怕只有他才心知肚明。

1   此兩人相信是妻子高景琬娘家的兄弟。

2   馬素與貝爾均為羅兵咸會計師樓的前高層,而該會計師樓一直負責佳寧的財務審核及供股過戶等事宜。

3   日後發現,不少精英與他一起弄虛作假,部份遭到警方調查檢控,部份人賠上了名聲、生命,或要遠走高飛。

4   京華銀行大廈乃佳寧於 1979 年從易手前的美漢購入,售價為 2.68 億元,陳松青訪問中提到此物業已售,但找不到相關資料。後來涉及此物業的交易亦被列作其中一項罪證。

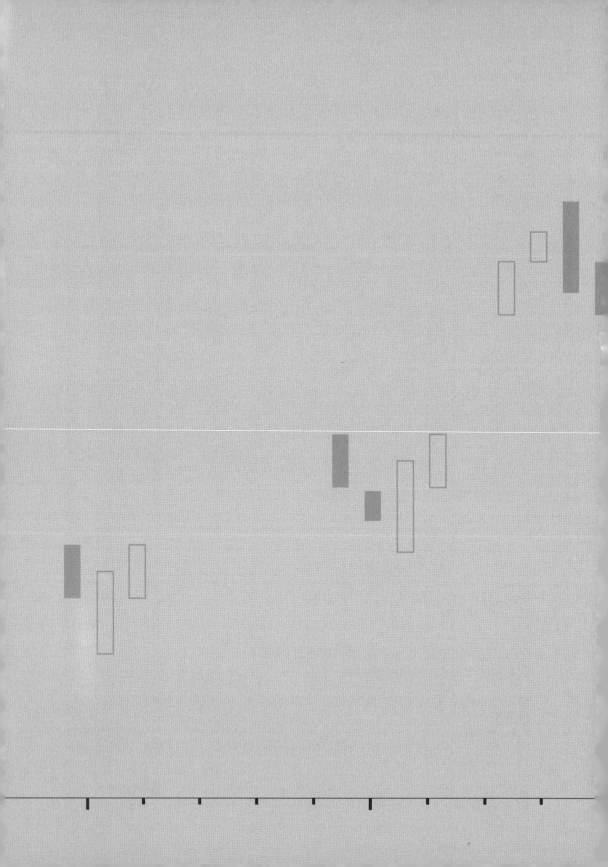

第七章

危機逼近

● 1980 年 11 月初，佳寧置業發表了極亮麗的
成績表，股價升至歷史最高位，公司資產不斷增
加，同時陳松青的個人身家亦不斷暴漲，成了
市場最亮眼的明星。不過是一年多前，佳寧仍
只是一間寂寂無聞的中小型企業，現在卻能與不
少經營多年的洋行巨企合作，與香港最頂端的富
豪平起平坐。陳松青一直採取積極進取的投資策
略，又大舉投資地產，顯然是認為保持擴張才是
集團繼續成功的關鍵。事實上，對他這類投資者
或冒險家而言，當股市樓市火熱朝天，正是更上
層樓的大好機會，當然不可能放棄登頂，或在順
境時放慢開拓步伐。不過，正所謂「身後有餘忘
縮手」，就在佳寧鮮花著錦之際，危機已悄然逼
近。 ●

在討論集團 1981 年的投資之前，先略述當時香港的經濟及股市情況。在佳寧成立以至急促擴張的 1977 年至 1981 年中段，香港股市反覆向好。從數據上看，恒生指數自 1974 年底的 150.11 點低位輾轉回升，物業市場亦緊跟其腳步，初期仍在谷底徘徊，自 1976 年起上升速度較快，兩者在接著數年間如影隨形，同步前進，1978 年中國內地的「改革開放」政策又為香港經濟注入更大上升動力，股市在 1979 及 1980 年持續急速上揚，佳寧集團便是在這段時間不斷壯大。

可是，到了 1981 年，整體經濟格局先大起後急降。年初，恒生指數承接上年年底的升勢，持續上漲至 2 月 4 日 1,650.52 點的高位，隨後大幅回軟下滑至 3 月 11 日的 1,295.44 點，之後反覆在 1,300 多至 1,400 多點間上落。到 5 月中，受港府解除豪華住宅及新樓租金管制，以及多家企業收購合併等利好消息刺激，指數曾於 6 月 16 日攀升至 1,761.15 點，然後 7 月 17 日更攀上 1,810.2 點的歷史新高。不過，儘管恒生指數創下新高，但其實潛藏著不少暗流與湧浪，特別是美國經濟出現嚴重通脹，導致利率在 1980 至 1981 年間不斷攀升，對香港經濟發展帶來沉重壓力。

1981 年 7 月中，正當股市升至新高峰時，不利消息卻接踵而至，在包括馬來西亞政府否決該國企業來港投資、外圍息率再度趨升等因素牽動下，銀行公會於 7 月 17 日宣佈加息 1 厘，優惠利率升至 18 厘，創歷史新高（《大公報》，1981 年 7 月 18 日），兩個月後，優惠利率再升至 20 厘。雖然銀行公會發言人努力安撫民心，指待本地銀根回復正常，利息將會回落，但市場反應仍相當激烈，在接下來的星期一開市後，股市即出現恐慌性拋售，恒生指數一日內下跌 119.49 點至 1,113.77 點，是自 1973 年以來第二最大跌幅（《工商日報》，1981 年 10 月 3 日及 1981 年

10 月 5 日）。佳寧置業的股價亦跟隨大市大跌至 6 元，下跌幅度為 20.5%。

　　隨後，息率回落，恒生指數出現反彈，但其後美國多次加息，市場憂慮香港亦會跟隨，在加息陰霾濃罩下，股價繼續下跌，不少人亦抱持觀望態度不敢入市，成交量大減。利息增加及香港經濟與商業環境變差，對於負債極高的佳寧集團而言，壓力之大可想而知，經濟氣氛與地產市道低迷，公司早前購入的大量資產物業頓成「蟹貨」，無法沽出，銀根收緊代表陳松青不再可以輕易從銀行取得借貸，加上之前的瘋狂擴張顯然令集團的資金鏈繃緊，他開始要找尋更多方式以鞏固其商業帝國。從事後孔明的角度看，這或許便是佳寧神話墜落的第一道警號。

　　不過，相信當時絕大部份人——包括陳松青自己——都不認為佳寧會出現問題，樂觀地認為就算一時銀根緊絀，但以佳寧規模之大、財力之厚，自有方法渡過難關。事實上，陳松青背後的「大水喉」——後來證實為裕民財務——仍願意支持他，加上外圍環境未到關鍵性逆轉的時刻，令他相信只要應對得法，集團仍有機會化險為夷。因此接下來一段時間，他採取了不少手法意圖扭轉局勢，部份是公開且合法的，如調整佳寧的投資策略、擴闊生意範疇等；部份是暗中進行且有違規之虞的，如大量購入公司股票以維持佳寧價位，但對資金流向十分敏銳的市場顯然已有所感；更有部份是赤裸裸的犯罪及違法行為，待日後陳松青等人被告上法庭後終於暴露人前，這部份待後文再詳細探討。

1981 年 7 至 10 月恒生指數

恒生指數

日期

先說投資策略的調整。或許是察覺到太倚重香港地產對集團發展不利，陳松青將投資方向進一步擴散，包括將更多資金投入非地產業務，以及增加投資海外市場。12 月 11 日，佳寧置業發出通告，指與在日本上市的電影製作公司日活株式會社（Nikkatsu Corporation，簡稱日活）達成協議，進行互相收購，佳寧以每股 138 日元購入日活 3,000 萬新股，每股面值 50 日元，相當於該公司已發行股份的 21%；日活則以每股約 14.8 元認購佳寧置業 446.6 萬股。交易後來獲日本政府批准，佳寧向日活繳付 41 億日元（約 1 億港元），而日活則動用約 6,624 萬港元入股佳寧。日活電影公司成立於 1912 年，主要從事娛樂事業，包括電影電視劇製作、經營 48 間電影院等，並擁有不少土地儲備（《工商日報》，1981 年 12 月 11 日）。[1] 雖然這次投資仍以地皮為目標，但這批地皮遠在日本，有助分散風險，而且這宗交易之後，集團有近半年沒再大手筆購入物業，相較陳松青早前瘋狂買地，做法算是相當克制。

在 1981 年整個上半年，佳寧變得相對沉靜，高調及大額投資減少了，股價也沒大起大落，集團將宣傳重點放在旅遊業務上。事實上，自 1979 年起，佳寧便經常以富麗龍、健的旅業、佳寧旅業等名義進行宣傳攻勢，頻頻在各大報章刊登全版廣告，宣傳東南亞及中國旅遊團，還經常在報章看到諸如：「健的旅業 9 月淡季人數再創紀錄」（《華僑日報》，1980 年 9 月 30 日）、「佳寧旅業在泰投資清邁大皇宮酒店開幕，樓高十層豪華客房超過二百間」（《大公報》，1981 年 3 月 16 日）、「佳寧訓練旅業人材，提高旅遊服務水準」（《工商日報》，1981 年 4 月 7 日）、「佳寧旅業耗資五百萬裝電腦提供快捷服務」（《工商晚報》，1981 年 6 月 4 日）、「佳寧旅業昨現報名人龍參加聖誕及春節旅行團」（《工商晚報》，1981 年 11 月 3 日）

等眾多「鱔稿」報導，這情況在 1980 年末變得更頻繁，1981 年首季集團見報的消息，或集團高層接受訪問時談及的，也大多是旅遊業務。

如 1980 年末及 1981 年初，陳松青、何桂全及旅遊部負責人等分別接受訪問，表示對旅遊業務發展充滿信心。陳松青在訪問中表示，單在台灣，集團已投入 20 億台幣（約為 2.7 億港元）發展觀光事業，包括收購兩間酒店、車隊等。何桂全在另一次訪問中提到，佳寧旅業在泰國擁有九間酒店共 2,000 間房、三間旅行社及一家空運公司；在菲律賓亦有旅行社、遊船及餐廳等業務。與此同時，集團還積極發展外地來港的旅遊團，計劃動用 3,000 萬元添置豪華旅遊車（《工商日報》，1980 年 12 月 15 日及 1980 年 12 月 30 日；《華僑日報》，1981 年 4 月 20 日），希望以「一條龍」產業鏈方式經營，降低成本，增加收入。

除大力推銷旅遊業務外，在這段投資沉寂期，佳寧亦透過報章宣傳其海外地產投資的成績。如 1981 年 4 月，何桂全以佳寧置業負責人身份接受專訪時，談話重點都放在集團於海外擁有的資產及多元化生意上，如上文提及總投資額達 8 億美元的「美國之香港」計劃，又稱以 2,000 萬元（沒注明幣值，推算為美元）在加州度假勝地 El Dorado 購入 8,000 英畝（約 32.4 平方公里）土地，打算再動用 1 億港元將之發展為住宅社區。他又稱集團在泰國除旅遊業務外，還擁有 51 間保險公司、10 間財務公司以及超過 500 萬呎的地皮；在菲律賓、新加坡、馬來西亞、中國台灣及日本，亦直接或透過合作伙伴持有大量土地或物業。資金方面，他指這些海外資產都是在低價時買入，當時已升值不少，而且多是以股票或與當地銀行及發展商合作的方式購入，不會導致資金大量外流，更會為集團帶來可觀盈利（《華僑

日報》，1981 年 4 月 20 日）。

從這大篇幅的訪問中，何桂全刻意展示出佳寧投資國際化及多元化的一面，顯然想改變集團予人資產過度集中於香港地產的印象，並強調這些投資不少都是多年前低價買入，物業落成在即，資金不久後便能回籠，佳寧不會出現資金不足的情況。此外，由於當時香港前途問題的議論剛起，為免引來「撤資」的質疑，他亦一再強調集團「以香港為總部」，對香港充滿信心（《華僑日報》，1981 年 4 月 20 日）。

不過，若仔細檢視這篇訪問，可看到內容有不少引人疑竇之處。如報導中直接引述何桂全的話：「過去一個餘月來，佳寧集團與益大等多間地產發展商合作，購入了約值 20 億元之物業，包括高級住宅及商業樓宇」（《華僑日報》，1981 年 4 月 20 日），但翻查資料，卻找不到相關的成交資料或記錄。事實上，在 1981 年首季，香港受環球經濟衰退、利率高企、石油價格上升、港元疲弱、本地生產出口及銷售持續欠佳等內外因素夾擊，本地經濟表現欠佳，工廠及住宅物業市道亦不理想，出現不少空置單位，若佳寧曾在「過去一個餘月」（即 3 至 4 月間）購入高達 20 億元之物業，沒可能不引起市場關注，更不符合佳寧的高調作風。由於這段內容是記者有意直接引述，誤解的可能性較低，且後續亦沒作出更正啟事，因此，何桂全之言若不是口誤——如將過去一年錯說為過去一個月，便是故意誤導大眾，令人覺得佳寧在逆市中仍大有作為了。

第二個存疑及資料不符的地方，是何桂全談及集團低價購入的海外地產時，列舉了一個在新加坡烏節區的例子：「佳寧與益大於十年前購入七萬餘呎之土地，所花費用為三百萬坡紙，而現今卻值三至四千萬新加坡幣」（《華僑日報》，1981

年 4 月 20 日）。十年間升值十多倍對投資者固然是可喜之事，也反映公司投資有道，但問題是，十年前即 1971 年，當時陳松青尚未到港，佳寧並不存在，益大亦尚未上市，兩間公司根本不可能合作購地。若何桂全之言是簡化版本，即地皮是其中一方購入，之後再合作發展，但十年前陳松青應仍在新加坡經營其公司，並於 1974 年因生意失敗而破產。若此幅位於烏節的地皮是他當時單獨購入，他的資金何來？該幅土地的價值不菲，足以償清欠款，為何他不將之出售解決債務，又為何地皮在破產時未被清算？至於鍾正文確實有財力購入土地，但當時其家族正忙於將十間公司上市，投資亦主要集中在香港，為何會無故購入外國土地？後來土地升值不少，又為何要邀請陳松青加入，將利潤分予他人？由此可見，何桂全的談話有不少不盡不實之處，似是刻意放出煙幕彈，誇大佳寧的戰績，混淆公眾視聽。

至 5 月 19 日，公司公佈 1980 年年度業績。由於早前曾改動財政年度的計法，故當時公佈的只包括 1980 年 4 月至 12 月的收益。佳寧稱，在這九個月內，扣除稅務及少數股東權益後，盈利為 4.61 億港元，將派發末期息每股 0.26 元，以及每 10 股送 3 紅股，同時每股亦會派發 3 股認股權證，讓小股東認購公司新股（《華僑日報》，1981 年 5 月 20 日）。雖然公司業績一如既往可觀，不過未有大幅牽動股價，業績公佈當日收市價為 8.85 元，而 5 月下旬走勢仍與過去一個月相近，在 8 元至 9 元之間徘徊。

1981 年下半年，相信早前購入的資產已逐漸消化，加上佳寧集團已太久沒動作，陳松青終於按捺不住，再開始其擴張策略，但此時不再集中於地產買賣，而是向各行業進軍，佳寧的股價亦自此重回升軌。6 月初，集團透過旗下保名利有限公

司，以一次性付款方式，收購友聯銀行新發行的 8,845,000 股，約等於已發行股份的一成，每股作價 9.6 元，估計動用資金近 8,500 萬元。[2] 何桂全代表集團稱，因應本地金融業務發達，集團有意將業務擴展至銀行業，故是次收購打算用作長線投資（《大公報》，1981 年 6 月 5 日）。顯然，這次交易一方面予人集團資金充裕、長買長有之感，同時亦令人相信公司能做到多軌並進，業務有更多發展方向。其後佳寧集團在市場不斷吸納友聯的股票，最高峰時估計持有友聯銀行 27.7% 的股權（《大公報》，1982 年 1 月 1 日）。

同樣在 6 月初，有消息指佳寧意欲收購周生生集團，6 月中，陳松青向記者證實相關傳言，周生生亦發出特別通告，表示正研究第三方的收購建議。[3] 有報導指佳寧提出以現金每股 9.2 元收購周生生 51% 的控股權。據報章估計，當時周生生已發行約 4,000 萬股，若陳松青要達到收購目標，需動用約 1.87 億元（《工商晚報》，1981 年 6 月 16 日；《工商日報》1981 年 6 月 17 日）。不過，當大眾期待佳寧發表「成功收購」的消息時，兩星期多後，周生生董事會發表聲明，指不會向第三方出售股份，意味佳寧的收購計劃失敗告終（《工商日報》，1981 年 7 月 4 日）。

雖然收購周生生集團一事無功而回，但佳寧另一項收購則達成目標。6 月末，佳寧集團與菲律賓 Ayala International (Holdings) Ltd.（下稱 Ayala）達成

佳寧收購友聯銀行一成股份後，友聯銀行發出的通告。《華僑日報》，1981 年 6 月 5 日。

協議，收購其昌人壽水火保險有限公司（China Underwriters Life and General Insurance Co Ltd.，下稱其昌），[4] 收購條件是佳寧以 1,500 萬股股份（相當於佳寧置業已發行股份的 6%），換取其昌約 59 萬股（佔其昌已發行股份的 46%）。其昌是香港上市公司，業務以經營人壽、家庭水火險為主，在英國、澳洲、馬來西亞、新加坡及泰國均有分行及代理公司，且擁有不少資產，如興建中的灣仔其昌中心等（《工商晚報》，1981 年 6 月 29 日）。同年 12 月，佳寧再以現金 2.12 億元增購其昌 48% 的股份，令集團持有其昌股權增至 97%，至於其昌中心後來則以 3 億多元售予百寧順（《工商晚報》，1981 年 12 月 18 日）。[5]

在購入其昌後數日，佳寧又有新動作。主要是透過旗下的 Avonbright Investments Ltd. 與新加坡的楊協成公司合組老智有限公司（Melowise Ltd.），在 7 月份以每股 8 元收購聯合汽水公司 68.1% 的控股權，[6] 附帶條件是聯合汽水以 1.2 億元出售其位於觀塘鴻圖道面積 60,970 平方呎的廠房予佳寧旗下的 Extra Profit Ltd.，但聯合汽水有權以年租 10 萬元繼續租用廠房三年，以便另覓新廠房（《大公報》，1981 年 7 月 3 日及 6 日），交易最終於 1981 年 8 月的股東大會中通過（《工商晚報》，1981 年 8 月 7 日）。佳寧表示該幅土地會與置地聯手發展，預計用作興建一座新型工業大廈（《大公報》，1981 年 8 月 25 日）。[7]

受連續多項收購消息的刺激，佳寧股價在 6 月重拾升勢。由 4、5 月時的 8 元多逐步回升至 6 月 5 日的 10 元水平，且在整個 6 月都維持在 11 元以上，6 月 26 日更曾高見 12.6 元。單計算佳寧 1981 年上半年的表現，最低價是 3 月時的 6.05 元，至 6 月 30 日升回 12.4 元，上升逾倍，反彈力驚人。至 7 月 10 日，股價除淨，降回 8.65

元，但之後繼續上升，交投量每天基本上亦穩佔前三名。

　　1981 年 7 月 20 日，佳寧置業舉行股東大會，決議由陳松青出任董事會主席，另外，又選出陳鴻恩、何桂全及澳洲籍的貝爾三人為執行董事，陳鴻恩為佳寧旅業副主席，主理集團旅遊業務。會後，何桂全在接受記者訪問時稱，與置地有多項合作發展計劃，包括在新加坡的地產項目，只待新加坡政府批准即可成事，另外還有大嶼山、赤柱等發展項目早已上馬，雙方關係良好。或許當時有聲音指佳寧業務太多元化會「尾大不掉」，何氏強調公司早作準備，有信心不會出現此問題，而佳寧的發展重點仍會放在香港（《工商晚報》，1981 年 7 月 21 日）。

　　接著，佳寧還重鎚出擊，與多個財團聯手購入美麗華酒店舊翼地皮，令全城嘩然。8 月 5 日，美麗華酒店企業在報章刊登公告，宣佈以 28 億元出售位於彌敦道與金巴利道一幅 8.59 萬平方呎的地皮，平均呎價為 32,573 元。交易將以分期付款方式進行，簽約時先付 15%，另外 18% 在六個月內支付，餘款 18.76 億須於 1983年交吉時付清（《工商日報》，1981 年 8 月 5 日）。據報章報導，買家乃由佳寧

| 《華僑日報》，1981 年 7 月 3 日。 | 《華僑日報》，1981 年 7 月 6 日。 |

　佳寧與楊協成公司收購聯合汽水廠股份及地皮。

置業（佔 33%）、置地（佔 25%）、佳寧集團（佔 22%）、美麗華（佔 7.5%）、
新景豐（即新鴻基證券，佔 7.5%）及其昌（佔 5%）組成的財團，計劃興建一幢
「置地廣場」式的商場，預計全部工程於 1995 年底完成。[8] 是次交易金額極巨，
報章紛紛以「創空前高紀錄」、「世界上最大宗一座物業買賣」（《工商日報》，
1981 年 8 月 5 日）、「再創地價高峰」（《華僑日報》，1981 年 8 月 5 日）、「本
港有史以來最龐大單一地產買賣」（《大公報》，1981 年 8 月 5 日）等甚為震撼
的標題來形容。

　　這次地皮買賣除了呎價打破世界紀錄而令人震撼外，陳松青再一次展現的財力
亦令人驚嘆，因為在是次投資中，他名下的佳寧置業、佳寧集團及其昌都有參與，
若將這三間公司佔股合併計算，集團佔比高達六成，即總共要投入 16.8 億元。雖
說近七成資金在 1983 年才需付清，但盈利最快也要在 1995 年底商場完工出租後
才能收穫，在那個高息環境下，投入資金之巨，令人乍舌。

　　合指一算，佳寧在 1980 至 1981 年間雖購入了不少地皮物業，當時大多都聲

| 由佳寧牽頭組成的財團以破天價購入美麗
華酒店舊翼地皮。《工商日報》，1981
年 8 月 5 日。

稱用作長線投資，但不少卻是轉手賣出，換來一次性收益。那些進賬或許能一時充實集團的銀行存款，甚至支撐它繼續購入更多資產，但若冷靜細想，其實佳寧當時早已滿手地皮，「麵粉」充塞，但能帶來穩定盈利的「麵包」卻不多，陳松青卻仍然不斷擴充，那時買下美麗華這袋「麵粉」更是用上天價，到底是計算清楚的強勢進擊，還是不顧後果的玩命豪賭，恐怕只有當事人才知道。

無可否認，在 1981 年中，香港整個市道仍然相當樂觀。自年初加息後，息口逐步下滑，各公司公佈的業績普遍理想，加上收購消息不斷傳出、政府賣地成績理想，且因亞洲區的股票市場弱勢，有數以十億計的南洋資金湧入本港，大舉投資藍籌及地產股（《大公報》，1981 年 7 月 17 日），令恒生指數自低位不斷上升，6 月份升破 1,700 點後一直維持在高位，7 月中更升至 1,810.2 點的歷史性新高。種種因素都令人相信明天會更好，爭相將資金投入股票或地產市場，收購合併不斷。至於美國因經濟不景而收緊銀根的高息政策、新界「租約」屆滿在即，香港前途未決等陰霾，在權威人士及商界領袖一遍「唱好」聲中，甚少被認真看待。

陳松青完成美麗華的天價交易後，沒有稍事休息，隨即投入另一項開疆闢土的投資，這次他看中的是航運業。早在 1980 年成立佳寧航業後，他便不斷購入貨輪，截至 1981 年 8 月，旗下已擁有 21 艘貨船，但他可能仍覺得增長速度太慢，決定以收購方式迅速擴大公司的市場佔比，據報導他曾先後與會德豐船務、華光航業及維達航業接觸，商討收購事宜。8 月 26 日，維達航業宣佈停牌，大家估計這與陳松青的洽購已進入最後直路有關。資料顯示，維達航業由上海企業家李平山在 1972 年成立（郭峰，1983），隨即上市吸納資金，擴展規模，旗下擁有在利比亞

及巴拿馬註冊的航運公司，當時約有 37 艘貨船，報章指其過去三年業績表現不俗。當佳寧收購的消息傳出後，維達股價便不斷上升，最高升幅達一倍（《工商晚報》，1981 年 8 月 26 日及 1981 年 8 月 27 日）。

9 月 5 日，佳寧置業與維達航業發出聯合公告，指雙方已達成共識，維達航業將與佳寧航業合併，維達發行 29,195,000 新股並以每股 7.6 元售予佳寧置業，維達則以 2.22 億元收購佳寧航業全部股份，即佳寧以換股方式入主維達航業。待收購完成後，維達航業便擁有 63 艘貨船，總載重增至 1,650,000 噸，且持有上市地位。同時，佳寧又宣佈與李平山家族及怡和洋行達成協議，以 1.38 多億元購入他們手上的維達股權，其中六成以現金支付，餘數 55,328,000 元則以佳寧置業新發行的股票支付。對於手上持有維達股份的小股東，佳寧同樣以每股 7.6 元提出收購，並最終取得維達航業 66.2% 股權（《華僑日報》，1981 年 9 月 5 日及 1981 年 11 月 4 日；《工商晚報》，1981 年 9 月 7 日；《大公報》，1981 年 9 月 7 日）。經此一役，佳寧集團旗下的上市公司增至三間。

佳寧收購維達航運後發表聯合公佈。
《華僑日報》，1981 年 9 月 5 日。

9 月中，佳寧旅業稱以 1.96 億元，購入尖沙咀漆咸道帝后酒店的四成業權，據報導，佳寧之前已擁有該酒店六成業權，酒店地盤面積 7,400 呎，即成交呎價為 26,400 多元。由於當時酒店已開業 20 多年，相信設施老舊，自然有人問及會否將酒店拆卸或將地皮轉售，佳寧旅業主席高景耀當時指出，會將酒店翻新重修，但無意拆卸重建，反映此次交易主要是為了加大佳寧接待香港旅行團的能力（《工商日報》，1981 年 9 月 18 日）。[9]

　　事實上，旅遊業務是佳寧集團除地產投資以外另一個重點發展項目，為公司帶來龐大的現金流及一定收益。高景耀在 8 月中接受訪問時提到，佳寧在東南亞旅遊市場佔有甚大份額，如韓國及菲律賓市場佔比達八成、泰國及中國台灣市場佔四成半，至於旅日遊客亦有四成人是參加佳寧旗下的旅遊公司，他估計該年全年的營業額可達 3 億元。他亦雄心勃勃宣佈，將斥資 5,000 萬元組織遊覽車隊，招待外地來訪的旅客，又稱已自設停車場及維修中心以減輕成本，確保旅客能享受質優價廉的服務（《工商日報》，1981 年 8 月 5 日）。

　　不過，佳寧經營旅遊業務的收益，相較陳松青在地產投資的支出可謂九牛一毛，而且，若比較集團在報章刊登的旅遊廣告，可見在 1979 年 11 月參加佳寧的清邁芭堤雅六天豪華團費用是 1,790 元，1981 年 8 月參加八天豪華團費用則為 1,998 元，若以每日平均收費計算是不升反減，同期星晨旅行社的芭堤雅八天團費用為 2,090 元（《華僑日報》，1979 年 11 月 15 日；《工商日報》，1981 年 8 月 5 日）。雖說收費受食住級別及行程安排等因素影響，但佳寧明顯是走薄利多銷的路線來搶佔市場，因此營業額就算有 3 億元，實際利潤相信並不太多。

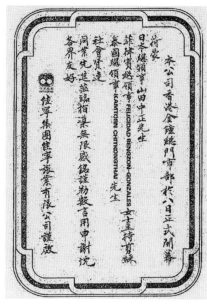

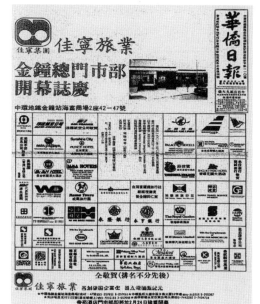

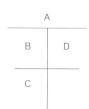

A |《華僑日報》，1981 年 8 月 25 日。

B |《工商日報》，1981 年 11 月 12 日。

C |《華僑日報》，1982 年 2 月 9 日。

D |《工商晚報》，1982 年 2 月 10 日。

在報章經常可見佳寧旅業刊登廣告招攬顧客。

9 月 28 日全球股市大跌，被報章稱為「黑色星期一」（《工商日報》，1981年 9 月 29 日），這天正是佳寧公佈中期業績之日：集團半年純利為 2.62 億元，派中期息 0.16 元，另每 5 股送 1 紅股。對於盈利較去年同期低近一半，公司解釋是因為年前出售金門大廈令收入大增，又稱下半年將完成數宗重要交易，屆時會有可觀收入。不過，報告最大篇幅的內容，是佳寧置業將以成本價收購控股公司佳寧集團的資產，涉及五項土地物業及四間公司股份：土地物業包括廣生行大廈（將易名為佳寧中心）85% 權益、位於港島麥當勞道正在興建中的住宅 25% 權益、荃灣沙咀道的工業用地 51% 權益、九龍灣的工業用地 51% 權益、大埔一幅商住用地 51% 權益；至於公司股份，則有老智有限公司 45% 權益、其昌 48.8% 權益、友聯銀行 27.7% 權益及新景豐發展有限公司 20.7% 權益，交易費用預計為 13 億元，需發行 1.43 億新股集資。由於港股與全球市場一樣暴跌，加上發行新股的消息影響，佳寧股價在接下來的數天急速下跌超過三成半，至 10 月 7 日跌勢才喘定。

10 月 21 日，佳寧特別股東會通過了收購及發行新股的建議。翌日，佳寧置業的股價再暴跌 18.12% 至 6.1 元，之後反覆向下，在 10 月最後一個交易日以 5.8 元

陳松青將灣仔廣生行大廈易名為佳寧中心，作集團總部。該大廈現為資本中心。《星島網》，2023 年 10 月 17 日。

收市。不過，股價持續向下似乎沒有影響到陳松青的購買欲，如在 11 月，集團還有連串規模較小或沒透露金額的投資，包括佳寧置業宣佈以佳寧股票換取新西蘭一家保險公司 50% 股權（馮邦彥，2013：49-50）；稍後又以 Palemax Investment Ltd. 的名義，用 2,000 萬元從政府土地拍賣中獲得位於九龍灣的工業及貨倉用地（《大公報》，1981 年 11 月 27 日）。

毫無疑問，不同層面的問題或矛盾，均會在逆境與困難中疊加浮面，甚至相互扣連、激化，成為考驗領導力與企業發展動力的試金石。雖說佳寧集團在 1981 年仍猶如有用不完的子彈，東征西討的擴張沒有停滯，但與 1980 年相較，其投資策略明顯有分別。究其原因，一方面是之前為佳寧的初創期，公司尚未建立名牌效應，投資目標以快速擴展為主，故予人毫不計較金錢，喜歡就買的「任性」感覺。至金門大廈高價售出，佳寧建立起財力雄厚、陳松青眼光準繩等形象後，便要準備進入踏實經營的鞏固階段。另一方面，相信是由於外圍環境改變，不利因素開始出現，佳寧不能過度集中於香港地產業，陳松青的擴張方向亦有所改變，如多購買一些踏實經營的公司股份，試圖擺脫過往「炒賣」重於經營的印象。

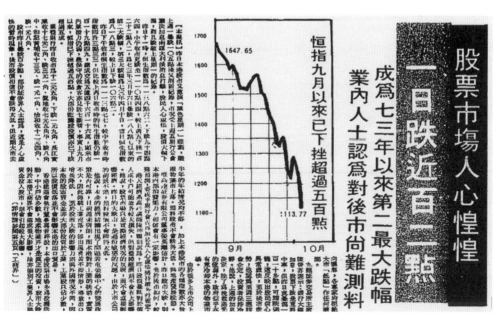

| 1981 年 10 月，報章對股市大跌的報導。《工商日報》，1981 年 10 月 6 日。

不過到 9 月時，或許是陳松青看好後市，或許是想以戰養戰，甚或是按捺不住其野心或冒險精神，就如現今社會所謂「有錢就身痕」，在集團積壓了不少地皮物業及市場氣氛不穩時繼續「掃貨」，如以天價購入美麗華酒店等地皮。他這種全面進攻的策略，近乎賭博上的「all in」（全押）模式，無視加息等懸頂之劍，沒有做好風險管理，顯然是嚴重的投資失誤，令集團錯失了走回正軌的機會。

1　佳寧在 1982 年底因資金周轉困難，早將大部份日活的股票在市場放售，當時雙方禁止出售的協議剛到期。至 1983 年，日活被迫將持有的佳寧股票註銷，公司估計損失 25 億日元（約 7,000 萬港元），相當於公司過去三年半的利潤（《工商晚報》，1983 年 3 月 2 日）。

2　友聯銀行（Union Bank of Hong Kong）創辦人溫仁才（Oen Yin Choy，印尼名 James Semaun）為祖籍廣東的印尼華僑，1960 年代來港，1964 年開辦銀行，1973 年上市，乃當時較小規模的華資銀行。

3　周生生集團乃順德商人周芳譜創立，周氏於 1934 年在廣州開設首間金行，1948 年於香港設分店，並於 1973 年在本港上市。

4　即是到了 1981 年 6 月，佳寧旗下的上市公司增至三家。

5　佳寧增購其昌股份一事後被指違法，成為佳寧案的罪證之一。

6　聯合汽水於 1955 年由利孝和成立，1970 年上市。公司於股東大會上解釋由於利孝和逝世，其妻無暇經營，所出售的 68.1% 股權屬利孝和及利榮達持有部份（《工商晚報》，1981 年 8 月 7 日）。而楊協成原為一間創立於福建的醬油製造小店，創辦人楊景連於 1930 年代將業務移至新加坡，後發展成一間上市公司，業務包括醬料及飲品生產、地產發展等（楊協成公司網頁，沒年份）。

7　出售聯合汽水廠予楊協成的交易，亦是日後佳寧案罪證之一。

8　報導雖沒有提到鍾正文的益大集團，但據後續資料，鍾正文亦有參與是次投資。

9　不過據日後事態發展，此項目明顯沒有完成交易，只是口頭說說而已，因為該酒店原業主許盛（許開文），在 1986 年財困時曾將酒店出售還債，反映業權仍於許氏手中。

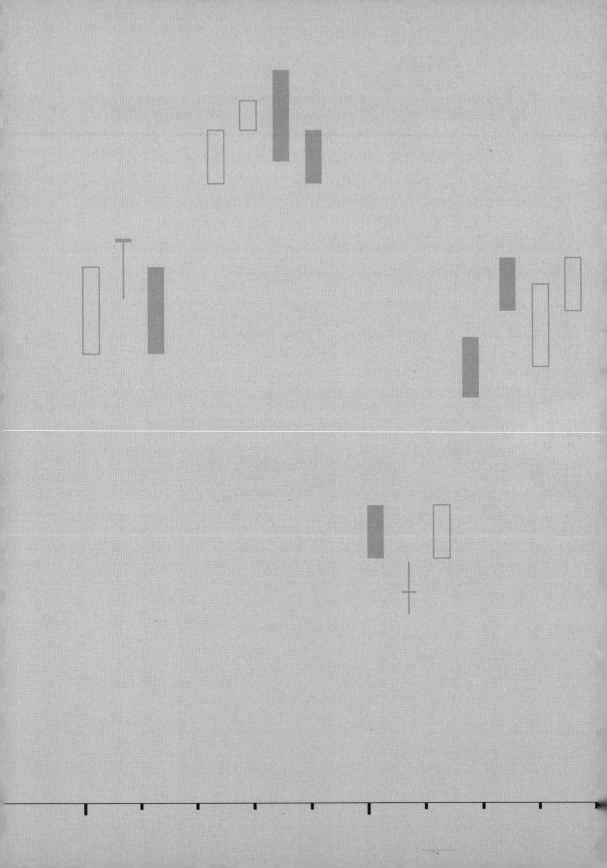

第八章

操控股價

● 當佳寧集團在市場不斷公開入貨的同時，其實暗處陳松青亦有不少動作，那就是「力托」（穩定）股價。雖然沒有佳寧操控股市的實質證據，但市場對資金往來十分敏感，自然會收到不少風聲。如 1981 年 4 月一篇股評便提到，佳寧在當天有「一手二百零二萬多股兩邊客在香港會成交，高達十元四角，惹人注意」，由於當天佳寧股價只是 7.9 元，何以會出現每股超過 10 元的交易，自然引起「造價」的猜疑（《工商日報》，1981 年 4 月 23 日）。另一篇評論更直指：「佳寧近日來是有位知名的冠軍領隊做莊，將股價托於九元以上，但是昨天卻突然袖手旁觀，一反常態，當然是有目的了」，這篇評論更提及，當時有「社論」批評佳寧托價，只不過這位作者認為「托價亦並無不妥之處」，才會將之作為公開討論的主題（《工商日報》，1981 年 9 月 25 日）。●

此外，有分析指：「（恒生）指數急跌，各股作價下挫，獨佳寧置業旗下各莊家力托，股價仍然屹穩」，提出「金牌莊家日日托住」的說法，[1] 更細緻地描述了操作過程：

主持人使用了如下的辦法：先是選定一批股票經紀行，負責該公司的買賣，這就是人們口中的莊家。每天由這些莊家執行佳寧最高層的決策：賣出或者買入。經由一個莊家完成的交易，有時一個交易日便達二三千萬港幣，買賣的自都是佳寧置業的股票。假定替佳寧集團作莊的股票經紀行有五六間的話，佳寧置業的股票成交值每天即逾港幣一億元。有一個時期佳寧置業被稱為「鐵股」──形容其股價長期堅挺──原因即在此。如果是大量出貨，問題簡單；如果是連續買入，佳寧集團每天要收回價值逾億的佳寧置業股票，如何處理呢？它的首腦人物早已找妥了一批「批家」，可將收回的股票按低於當日收市價二三個價位的價錢分給「批家」（例如當天收市價是每股十元八角，佳寧首腦人物給「批家」的價錢可能便是十元二角，原注），令吃飽了貨的「批家」第二天在市場拋出時保證有利可圖，而拋出的股票大部份又落入莊家之手。這樣一個安排，簡直是天衣無縫，佳寧置業的股票也就貨如輪轉了。對佳寧集團而言，它花那麼大的費用（因為賣出買入都要印花費和經紀佣，原注），好處哪裏呢？佳寧集團得到的好處，就是大量發行「公仔紙」（股票，原注）收購物業或企業……如果地價暴昇，或者被它收購的公司或企業盈利大增，到它派中期息或末期息時，又可宣佈 XX 年度集團獲利 X 億 X 千萬了。股市大鱷賺錢原來就是這樣容易。（齊以正，1983：43-45）

若仔細檢視集團上市後股份的交易狀況，會發現佳寧置業股票的交投量一直異常活躍，差不多每天穩佔成交量最多股票的頭十名。如在 1980 年 12 月 4 日，當置地、長江等藍籌地產公司成交額只有 100 多萬股時，佳寧卻有 400 多萬股，而且此情況並非個別現象，令人不禁懷疑當市況不明朗、投資者都審慎地採取觀望態度時，為何佳寧在沒有任何收購消息刺激下，股票仍受到大力追捧。

之後的情況一年比一年誇張。從我們逐日追蹤佳寧股價變動所得的資料可見，在 1980 年的 242 個交易日中，佳寧股票有 114 日進入成交量最大的前十名；1981 年的 242 個交易日中，有 223 日是前十名，只有 19 日落榜；到了 1982 年，數字更驚人，在 245 個交易日中，只有 8 日佳寧股票交投量是十大不入，而且無論股價升跌，都有大量交投，此點尤其可以作為「力托」的說明。

要「力托」維持一隻股票在高價位及大量成交雖然成本甚高，但亦有不少好處，如營造股份交投熾熱、股價「抗跌」能力高的假象，吸引更多股民購入或作資金避風塘，公司亦可伺機將股票賣出，或透過不斷發行新股、供股、配股等方法集資。如上文提及在 1981 年 9 月市況欠佳時，佳寧置業仍一口氣發行了 1.43 億

佳寧置業經常成為成交量最多的股份。
《工商日報》，1981 年 7 月 18 日。

佳寧置業發行新股集資。《華僑日報》，1981 年 10 月 22 日。

股，每股作價 9.3 元，總值超過 13.29 億，收購了集團持有的多項物業（齊以正，1983：44），即陳松青之前大手購入的物業由小投資者「埋單」。

佳寧藉左手交右手的股票買賣刺激股價、推高成交量等，在市況向好時，除可以吸納更多資金外，因股票「有價有市」，陳松青還能將股票作抵押借貸，然後把資金投進新一輪的資產買賣，助佳寧迅速崛起；至市況收縮時，他則需要穩定股價，營造公司運作良好、甚受歡迎的假象，同時避免股價下跌要向銀行提供更多抵押品。因此，霍禮義認為「在整個期間，該集團都是本身上市公司股票的淨買家，甚至是大買家」（霍禮義，1992：78）。

要成功「托市」，除了莊家在市場中按指定目標進行買賣交易，還需發動傳媒、股評人、投資專欄作家及證券公司投資報告等，作出各種「唱好」或「推薦」行動配合。先是傳媒及股評人方面，事實上，除早期略有批評聲音，如認為佳寧「炒味甚濃」外，當集團急速壯大後，基本上吹捧的聲音不絕，如指佳寧是香港十大企業之一，可與那些百年巨企或實力雄厚的集團並駕齊驅，在市場具更突出地位。至於股評如：「佳寧向航運發展、散戶勿錯失良機」（《工商日報》，1981 年 8 月 25 日）、「佳寧可望反彈」（《工商晚報》，1982 年 3 月 12 日）、「幕後人謂時機已到，佳寧會隨大市反彈」等「唱好」的例子（《工商日報》，1982 年 4 月 14 日），可謂俯拾皆是。

日後看來，這些分析或美言，若不是鱔稿，就是反映整個市場都受了蒙騙。但為甚麼傳媒會如此輕易相信陳松青製造出來的海市蜃樓，對佳寧的前言不對後語視而不見、不深入查核亦不深入追蹤其背景或資金來源？部份原因當然是媒體本身

的失職，就如霍禮義曾批評，當時財經新聞整體水準較低，有中文報章甚至直接抄錄其他人的文章，他還特別指出，當時有一份甚具影響力的新聞通訊《焦點》（*Target*），「在佳寧叱咤風雲的日子裏……專找材料寫新聞的記者，人人無不爭閱《焦點》。在佳寧的傳奇中，《焦點》態度近乎奉承，對金融界產生很重要的影響」（霍禮義，1992：77）。

不過，陳松青的個人魅力與佳寧的成就亦「應記一功」。陳松青無異甚具魅力與說服力，不但與他有接觸的記者會受他吸引，就算是當時的商場老手如怡和洋行大班紐璧堅、遠東邱德根、新景豐馮景禧、百寧順林秀峰等人，亦受他推銷的藍圖所惑，願意參與其投資項目。至於佳寧一系列的大額交易，亦令人深信他財力無窮，其動向具新聞價值，能吸引讀者，促使媒體熱衷報導他的「成功」故事。由於其光芒如此傳奇耀眼，掩蓋了深藏在暗處的污點，記者與股評人在一葉障目下推波助瀾，提及甚至推介佳寧系股票，亦是自然不過。

而且陳松青亦會以不少方法「籠絡」傳媒。如佳寧旗下公司經常在各報章大賣廣告，傳媒為免得罪金主，下筆時自然會避重就輕，當然，這是不少巨富家族及企業的慣常做法，大眾早已了然。另外，他又會以不同名義招待記者，如富麗龍航運創立後即舉辦考察團，招待70多名報界人士到菲律賓參觀（《大公報》，1979年11月17日）。雖沒明說食住團費由誰負責，但就算不是由佳寧「全包」，記者付出的亦應不多，自然會對佳寧留下好印象。

但最重要的，是陳松青會透過各種渠道向記者「洩秘」或「放風」，能夠快人一步搶得獨家新聞，傳媒自然難以抵抗其誘惑，就如一位筆名為「高樑」的股評

人，他經常在專欄中提到佳寧尚未公開的動向，事後又會吹噓自己消息準確，他有一次以大幅版面祝賀佳寧的金牌莊家詹培忠成為遠東交易所董事（《工商日報》，1982年5月18日），可見二人交情匪淺，詹氏相信便是佳寧帶動傳媒或市場風向的管道。當然類似做法亦不是佳寧的專利，各大公司亦會盡力與傳媒維持良好關係，但陳松青明顯更大手筆，也更為頻繁。

除了傳媒外，亦可見到證券公司唱好佳寧的例子，如新鴻基證券於1981年10月發表的報告，便在分析後向公眾投資者推薦買入其股票：

我們本著一貫政策，發掘規模較小但經營具進取及增長潛力高於平均數的本地公司，因此曾於去年七月首次推薦佳寧（前稱「美漢企業」，原註），其後佳寧無論盈利及股價均有壯觀升幅，在同樣理由支持下，我們認為繼續建議購入此股是合理的。自被佳寧集團收購後，佳寧在地產經營政策上即起顯著變化，金門大廈交易便是最佳例子，獲利豐盈，使純利大幅增加。以市價九元計，未來市盈率為六點八七倍，週息六厘七，以此而觀，極為吸引，因此股向投資者提供極佳之機會，得以分享亞洲資金把注香港地產市場之利益，及參與一間相對上仍處於起步期但肯定是積極擴展之公司。此外，將來佳寧集團如有任何新計劃及投資宣佈，預料均對佳寧股價起利好刺激作用，而最大吸引將是以優越條件注入更多物業資產。如去年一樣，佳寧之業務性質及管理方針，在中線上仍未定型，但根據優異之管理紀錄，資金充盈及與母公司建立牢固之實益關係，在在顯示佳寧之增長仍會遠高於平均數之上。此外，佳寧另外一個優點是股份流通力強（經營高踞成交股數前五名之列）及穩定地將資產多元化。（張

賽娥，1981：1）

　　緊接著的 11 月，另一間英國著名證券經紀行唯高達公司（Vickers da Costa）的分析報告，亦指佳寧置業是有巨大發展潛質的股份，故向公眾投資者推薦：「儘管過去兩年圍繞公司的名聲持續來自股票投機買賣活動，我們感到購入佳寧置業仍能維持高度回報」。當然，為了保障自己，這些證券公司一般會在報告首頁以法律用語特別留下免責條款：「我們雖盡力確保資料準確，但我們對任何事實錯誤或由此產生的意見不負任何責任」（Vickers da Costa, 1981: 2-3）。

　　陳松青不斷以大額買賣吸引市場目光，再加上市場和輿論的「打氣」，令他在 1980 至 1981 年間將佳寧變成一間市值上百億的跨國大企業，身家可與洋行大班及華資地產巨富平起平坐。可是，這樣的做法其實風險甚高，一旦市場逆轉，持有的地皮物業便不再是可增值的資產，而是高負債的緊箍咒，陳松青的敗象在 1981 年後半年中顯露端倪，便在於高負債已將他推向懸崖邊。

| 筆名高梁的股評人刊登廣告，祝賀詹培忠獲選遠東交易所董事。《工商日報》，1982 年 5 月 18 日。

1　盈忠證券公司的總經理詹培忠，當時被冠上「金牌莊家」稱號（石民，1982：128）。

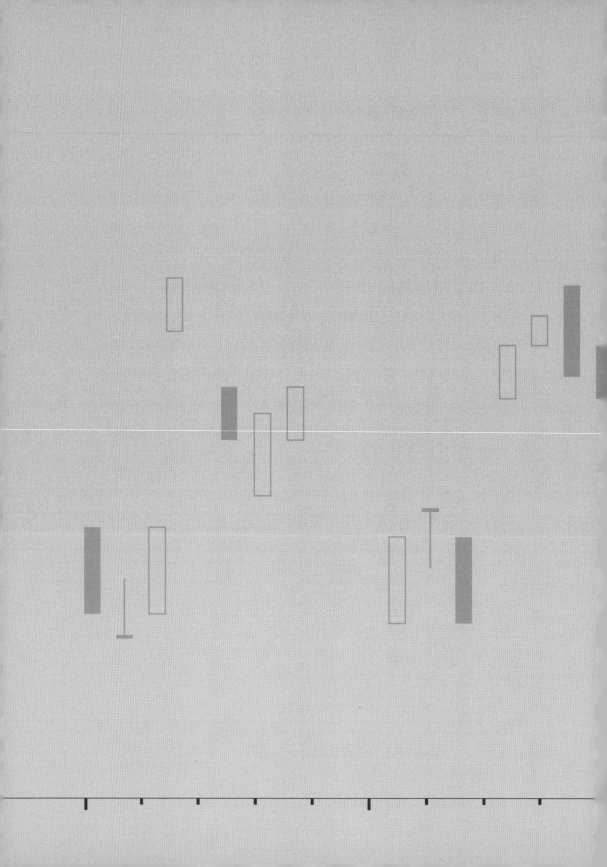

第九章

失速急墜

● 其實自一開始，不少人都好奇陳松青的錢從何來。佳寧成立之初，不過是一家經營建築材料、旅遊及殺蟲生意的小公司，不久卻有巨額資金投入物業發展，就算如他所說，獲家族注資 1,000 萬元作起動資本一事屬實，但 1,000 萬元放到地產發展上亦是滴水入海，只能做些小打小鬧的項目，難有大作為。如收購美漢企業需 6.97 億港元、金門大廈要 9.98 億港元、美國太平洋中心要 8 億美元，美麗華酒店要 28 億港元……還未計算那些沒公開價格的地產物業，到底過去寂寂無聞又非來自大富人家的他，是如何獲得充裕資金可左右開弓，發展多門生意的呢？這個問題差不多每次集團高層接受訪問時都會被問及，但每次記者都只會照陳松青等人的說法寫成報導，卻鮮少人深入查證。 ●

從事態發展可見，陳松青的資金來源主要是借貸及用股票融資集資，只有小部份是售賣資產後的盈利。透過借貸投資，基本上需要興旺的經濟與商業環境配合，才能產生槓桿效果，有效發揮。反過來說，若市道低迷，信貸槓桿不再，不但無法帶來收入，藉刺激股價與成交量融資集資的套路亦難以為繼，甚至損害會因此而倍增。佳寧集團在香港經濟向好及股票市場興旺的環境下，利用借貸、融資集資等方式急速擴張，一旦環境突然逆轉，資金供應難以為繼，公司失去續航動力，便會失速下墜，對企業發展絕對是致命打擊。

1981 年下半年，陳松青雖然堅持擴張步伐以維持集團的動力，抓緊忠實股民的支持，不過，隨著利息持續高企，樓市與股市轉差，在營商環境大逆轉下，他的好運亦走到盡頭，接二連三的喪鐘不斷響起。第一個明顯的徵兆，是佳寧股價不斷向下。10 月份，恒生指數急速回落，佳寧置業的股價在 10 月 5 日跌至 6 元，接著的 11 月及 12 月，恒生指數開始回穩，但佳寧置業的股價卻沒如過去一樣表現突出，11 月的股價平均只在 6.19 元之間，至 12 月時的平均價更進一步下跌至 5.67 元，如江河日下。在 1981 年最後一個交易日，佳寧置業的股價為 5.5 元，較 7 月份的高位 12.3 元下跌超過一半，哪怕前文提及新鴻基證券與唯高達公司發表了一致「唱好」的投資分析報告，佳寧置業仍無法挽回小投資者的信心。

第二個徵兆，是陳松青在維達航業配售新股一事遭遇滑鐵盧。如上文所述，他以每股 7.6 元向散戶收購維達航業的股票，至 11 月完成時取得 66% 的控股權，便隨即以每股 5.4 元公開配股，希望能集資 2.7 億元（《華僑日報》，1981 年 11 月 4 日及 11 月 14 日）。如果計劃成功，當然有助補充「彈藥庫」（資金），可是，

雖有股評人大力推介，但這次配股的認購率只剛過六成，與之前每次提出收購都廣受追捧、認購者逾倍的現象大大不同，反映股民已對其失去熱情。之後，維達航業股價進一步下跌，由 8 月份高位的 8 元跌至 12 月的 4.3 元，跌幅接近一半（《工商日報》，1981 年 12 月 23 日及 30 日）。此一反應或變化，清晰地呈現了陳松青投資方法失靈，「金手指」形象幻滅。

1981 年中後期，不只股票市場勢頭逆轉，更因利息大幅飆升，借貸與融資成本增加，給商業經營帶來巨大而實質的壓力，地產市道首當其衝，剛踏入 1982

維達航業集資 公開配售新股

每股五元四角，每持兩股可獲配售新股一股。

| 《華僑日報》，1981 年 11 月 14 日。

維達配售新股 認購僅逾六成

| 《工商日報》，1981 年 12 月 23 日。

陳松青收購維達航業後即進行配股集資，唯反應欠佳，其後股價更大幅下跌。

年便錄得辦公室空置率上升及租金大跌的情況（*South China Morning Post*, 17 February 1982）。接著的 3 月份，政府一幅土地拍賣反應冷淡，成交價遠低於市場預測，更進一步打擊地產市道，與股票市場同步進入寒冬（*South China Morning Post*, 19 March 1982; 張妙華，1984）。事實上，除市場低迷、利息高企的雙重打擊外，中英兩國就香港前途問題的談判於 1982 年出現嚴重爭拗，亦深刻地影響投資氣氛，令經濟及商業環境進一步轉差，樓價與股價跌勢持續，某些時期跌幅甚巨，佳寧的資金鏈正處於斷裂邊緣。

這段期間，市場曾有傳聞集團欲以灣仔佳寧中心作抵押，向獲多利貸款 10 億元，集團負責人立即出面澄清，否認其事（《工商日報》，1981 年 11 月 20 日）。但正所謂空穴來風，未必無因，對資金流動極為敏感的股票市場，早對佳寧的資金來源有疑惑，在公司股價不斷下跌之時傳出相關消息，自然趨向保守，不敢盲目購入。至於這一傳聞，可視作陳松青「十個沙煲九個蓋」的做法已接近圖窮匕現的地步，迫使他要用盡手段掩蓋真相。

1982 年首天，佳寧在報章刊登通告，指已透過旗下兩間附屬公司，將持有的 1,720 萬股友聯銀行股份，以遞延付款方式出售予百寧順，並已獲得銀行無條件擔保。[1] 此交易約佔友聯銀行已發行股份的 17.7%，總成交價為 4.82 億元，估計佳寧獲利 3.13 億元，交易後，佳寧仍持有友聯一成股權（《大公報》，1982 年 1 月 1 日）。對於百寧順為何會以高於市價近七成購入友聯銀行股份，市場百思不得其解，因為即使持有 17.7% 股份也未能成為銀行最大股東，不足以控制銀行。就算有人猜測按交易條款，百寧順當時只需付首期約 1.4 億元，餘款至 1984 年才須繳付，即時

動用的金額不算多，但百寧順哪來信心，篤定股價兩年後定必升至此高位呢？從日後發展看來，這宗交易原來只是陳松青的煙幕，日後亦成為佳寧案其中一項罪證，且待後文再詳細分析。

佳寧在報章上刊登出售友聯股份的同時，集團亦發出通告，表示聘用羅兵咸會計師樓資深合伙人馬素，出任佳寧置業董事總經理。有分析指當時市場對佳寧有不少傳聞，而出售友聯股票及聘用馬素等行為，顯示佳寧有意調整投資手法、營造良好的公司管治形象（《工商晚報》，1982年1月5日）。雖然文中沒指明佳寧

| 1981年末，已出現佳寧欠款及需要大筆貸款的消息。《工商日報》，1981年11月20日。

| 佳寧在報章刊登通告，指已將近兩成友聯銀行股份以遞延付款方式售予百寧順，並獲銀行無條件擔保。《工商日報》，1982年1月1日。

有甚麼傳聞，但作者以當年和記財務困難、資不抵債時聘用亞洲證券的韋理（Billy Willie）一事作比喻，似暗指佳寧出了不少問題，需要「公司醫生」出手救亡。[2]

其他與佳寧集團一樣，高借貸又高度集中於物業地產的企業，面對股市樓市急跌、利息高企等多重不利因素，自然遭遇相近的命運，因為流動資金緊絀，須尋找各種減少負債、增闢收入之方法。其中，一直與陳松青關係緊密的鍾氏家族，特別是有不少生意投資合作的鍾正文，其所掌控的益大集團，那時因資金周轉不靈出現嚴重財困，開始與陳松青發生爭拗，後來更因衝突日趨嚴重而反目，差點要在法庭相見。

到底陳鍾二人的爭執始於何時？據霍禮義之言，早在 1981 年 11 月已出現問題。由於鍾正文是較傳統的生意人，亦更早醒覺其財政狀況正步入險境，他與陳松青的五項合作計劃已令益大負債攀升至 13 億元，或許是疑心生暗鬼，又或許有確

| 報章專欄以化名提及陳桂青與鍾正文不和，有機會鬧上法庭。《工商日報》，1982 年 1 月 21 日。

實證據，他認為陳松青在代表他投資及向裕民財務借貸時，從中謀取私利，最後決定退出所有合作計劃（霍禮義，1992：83）。

1982年1月中，有報章以「兩大財團好友反目，極有可能對簿公堂」作標題，論及佳寧與益大不和的消息。雖然內文以化名講述事件，但明眼人一看便知道故事的主角無疑是陳松青與鍾正文。內文指二人本是老朋友，在收購「孤兒仔」（僑聯）時，鍾氏請求陳松青相助，陳答允，並以佳寧股份收購了僑聯三幅地皮，條件是鍾氏不能在一年內將該批股票在市場放售。但後來僑聯股價大幅下跌，鍾氏無計可施下違背條款，將佳寧股票出售套現。文章提到二人的爭執還涉及美麗華酒店的交易，因鍾正文退出，迫使陳松青接手其部份（《工商日報》，1982年1月21日）。

至2月初，市場再有佳寧與益大拆夥的消息。有報導指出，佳寧與益大在1981年5至8月地價高峰期間，分兩次以4.4億元向置地購入地利根德閣近60個單位，但鍾正文在繳款期限過後仍未付錢，似是不擬履約，故置地打算入稟法庭興訟（《工商日報》，1982年2月5日）。雖然報章估計，益大只是因單位跌價而有意拖延並再次談判，但後續顯然是三方未能達成共識，最後置地真的入稟法庭控告兩間公司。在法庭裁決前，佳寧與益大達成協議，由佳寧以4,000萬元連利息，收購益大在合作計劃中的權益，即是益大全數收回本金，分毫無損地退出合作

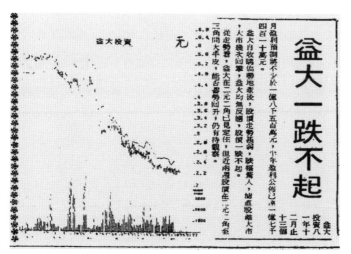

| 益大股價不斷下跌，較佳寧更早現敗象。《工商日報》，1982年1月20日。

計劃，置地亦因佳寧願意一力承擔而撤控（*South China Morning Post*, 9 March 1982;《工商日報》，1982 年 3 月 17 日）。[3]

合夥投資是企業間常見之事，事前定會簽署嚴謹合約，保障各自權益，成功固然齊齊舉杯慶賀，虧本了亦只能暗怨目光欠準，認栽了事。故此，陳松青鬆口讓步便顯得極不尋常，為何他願意獨自承擔投資失利的損失，甚至向鍾正文支付利息，讓對方全身而退？有分析指鍾正文為求脫身，派人調查陳松青的早期及私人活動，而陳氏為免事情被揭發，不得不向這次近乎「商業勒索」的行動屈服（霍禮義，1992：83）。由此可見，陳松青似乎有些不當行為被鍾正文所知悉，為了不想相關行為被公開，陳松青明知對方索賠在法律上完全站不住腳，而且和解條件等同由佳寧承擔益大的損失，對集團造成巨大傷害，亦只能忍痛讓步。作為相交多年的生意合作夥伴，鍾正文與陳松青無疑交情匪淺，但當大難臨頭，鍾正文選擇以近乎勒索的手段脫身，為求自保，連半點情面也不留了。

除了這宗鬧上法庭的爭執外，據報導，益大集團在 1982 年初還放棄了多項與佳寧合作的物業投資計劃，包括「美國之香港」計劃 25% 權益，涉款 1.5 億元（估計應為美元）；[4] 樂活道物業 20% 權益，涉款 2.6 億元；美麗華舊翼地皮 20% 權益，涉款 5.6 億元，以及半山地利根德閣項目 50% 權益，涉款 2.6 億元，全數由佳寧以當時的成本價收回，估計佳寧須因此付出 13 多億元（《工商晚報》，1982 年 3 月 12 日）。事實上，當時地產市道不景，那些物業資產已大幅貶值，跌勢未止，現在益大突然退出，佳寧不單要獨力承擔損失，還要籌措巨額資金退還益大，嚴重影響其資金流動性，對佳寧造成雙重打擊，亦令陳松青在挽救佳寧危機時可選擇的應

對方法大減。

不過，佳寧與益大雖敗象已露，但由於兩間公司一直予人財力不匱之感，沒有人想到二者其實早已是外強中乾。對於佳寧硬著頭皮接手相關投資，有評論甚至為陳松青找理由，如「佳寧對益大似乎頗為照應，高價貨照揸如儀……有說老陳義氣十足，蓋面子攸關也」，用義氣、面子去解釋他為何作出如此不合理且違背商業原則的決定，反映其時多數人仍不知袖裏內情，忽略兩家公司危機逼近，甚至已到了無法隱藏的地步（《工商日報》，1982 年 3 月 17 日）。

事實上，也難怪大眾對佳寧財困的跡象視而不見，甚至以為陳松青資金多至可不計成本，購回與益大合作的投資權益。因為在回購消息公開之時，佳寧仍表現得相當活躍，更公佈連串投資大計，如進軍飲食業，開設連鎖餐館佳寧娜食家；進軍航空業，收購遠東航空公司，並與盧森堡航空、世界航空簽署地勤服務合約；進軍的士業界，以 1.1 億元收購擁有 300 輛的士的盈力有限公司（Gainforce Ltd）七成股權，稱目標是建立擁有 3,000 輛的士的車隊，又會加大投資旅遊業等（《工商日報》，1982 年 3 月 14 日；《華僑日報》，1982 年 3 月 18 日；*Financial Times*, 22 Sept 1981）。雖然不清楚實質涉及金額，部份更屬雷聲大雨點小，但每次都吸引傳媒大篇幅報導，予人集團一切如常之感。

當然，最令人信服的證據是公司業績。在公佈前，佳寧已不斷在市場放出風聲，指公司盈利會超越 6 億元（《工商日報》，1982 年 3 月 17 日），又發通告指旗下三間上市公司將以發行新股的方式收購佳寧集團資產，包括由佳寧置業購入新加坡 Tunas Building、香港金鐘海富中心 A、B 及 D 座、灣仔樂活道地皮；由其昌

購入香港淺水灣道 3 號物業；由維達航業購入佳寧的旅遊巴士及出租汽車公司，總集資額高達 3.76 億元（《工商日報》，1982 年 3 月 20 日）。集團還透過「接近集團的權威人士」解釋，這做法是要確保佳寧的控制權，同時作業務整合，以使集團的多元化發展更順利（《華僑日報》，1982 年 3 月 23 日），但真正的原因，恐怕是想藉此吸納更多資金擺脫財困。

1982 年 3 月末，三間公司正式公佈業績。其昌在 1981 年全年純利為 2.21 億元，較 1980 年時高出 36%，每股派息 0.35 元，並送特別股息每股 2.965 元及每股送 1 紅股。兩日後，佳寧置業及維達航業亦公佈業績，佳寧置業稅後盈利為 6.36 億元，比 1980 年時高出 35.6%，每股派息 0.26 元，並送現金紅利每股 0.07 元及每 10 股送 1 紅股；維達航業全年盈利 8,070 萬元，每股派息 0.028 元，以及每 10 股送 1 紅股（《華僑日報》，1982 年 3 月 27 日）。[5] 雖然三家公司的業績在逆市中表現突出，但由於外圍經濟環境太差，股民入市意欲不高，佳寧的股價只稍微上升，在 4 元以上徘徊，至 5 月再跌至 3 元多的水平。

由於股票市場低迷，就算發行新股配股，反應亦不理想，而以股票作抵押借款的方法，那時亦行之不易——且佳寧大多數股票早已抵押了出去，加上年初購回與鍾正文合作的資產，加重了本身債務及損失了不少現金流，當時利息又居高不下，令集團開支更為沉重，流動資金極為緊絀。為了穩定市場信心，陳松青個人一改低調作風，在 4 月至 7 月期間接受多份中外報章雜誌的深度訪問，除大談公司管治外，亦極力唱好集團前景，表示公司資產已達 100 億元，未來除地產外，將擴展更多元化的業務，包括海陸空運輸，亦會全方位經營與市民衣食住行有關

的各行各業云云。

最令人好奇的，是陳松青在訪問中談到在1981年高價買入的兩幅土地，最近以高價賣出，獲利不菲，但沒有透露買家是誰（《華僑日報》，1982年4月22日）。接下來的7月，佳寧與置地各佔一半股權的三項物業，又有報導指以高價成交，佳寧獲利2億元（《工商日報》，1982年7月7月）。問題是，香港地產市道沉寂已久，地價一直下滑，到底誰願做「冤大頭」，在那時以高價接貨呢？報導卻沒進一步跟進。

之後佳寧繼續透過報刊發表不少交易消息，不是動用股票就是透過發行新股集資。如5月份，何桂全在一次記者會上透露，佳寧早前購入兩層尖沙咀星光行寫字樓的業權，是以1,000萬股維達航業及3,000萬股新景豐的股份換來，反映當時股份仍能「當錢使」（《大公報》，1982年5月21日）。同一個月，佳寧置業宣佈發行1.5億股新股，用作收購集團名下五間公司的股權，這五間公司分別持有美國加州渥崙市 Transpacific Centre 51% 權益、美國 Hyatt Regency Hotel 15% 權益、地利根德閣59個單位的一半權益，以及美麗華酒店地皮 15% 權益（《工商日報》，1982年5月29日）。6月時，佳寧以9.98億元向置地購入三幢位於半山梅道的住宅一半業權，但沒有透露付款方式（《大公報》，1982年6月24日）。

其中，有一項交易或可反映佳寧確實已有現金不足的情況，那就是置地在年報中新增了美麗華酒店地皮 10% 權益，發言人表示那是由佳寧轉讓，用作支付地利根閣的部份款項（《工商晚報》，1982年5月26日）。翻查資料，佳寧與益大在1981年購入地利根德閣的價錢為4.4億元，後來益大退出，佳寧要獨力支付巨款。

相信在現金不足的情況下，佳寧與置地經過一輪討價還價後，置地同意以地皮權益取代大部份現金。坦白說，若非作為地產「大好友」的置地願意接受此條件，或許佳寧財困之事會更早揭露。[6]

6月份，陳松青在接受訪問時透露，佳寧的股票正安排於全球各地上市，更有消息指其發行的 1 億股由怡富行包銷，將於 9 月底在紐約及倫敦證券行買賣（《工商日報》，1982 年 6 月 2 日；《華僑日報》，1982 年 6 月 2 日）。6 月中，又宣佈成功出售多項物業予海外買家，包括赤柱、薄扶林及九龍之豪華住宅物業，獲利 2 億多元；其昌名下美國銀行大廈（前金門大廈）34 樓全層，估計獲利 300 多萬元（《工商日報》，1982 年 6 月 19 日）。至 7 月，佳寧宣佈一個月前購入的梅道三幢物業以 14 億元成功出售，報章估計佳寧獲利 2 億元（《工商日報》，1982 年 7 月 7 日）。這些交易，同樣沒有人知道買家是誰，消息全是佳寧自己發佈。

儘管利好消息不斷，但仍未能令公司股價上升，到 1982 年 8 月，佳寧置業股價更曾經跌至 2.4 元的低位，有報章以「易跌難升」形容佳寧股價（《工商日報》，1982 年 8 月 17 日）。9 月，佳寧集團公佈旗下三間公司的中期業績，聲稱佳寧置業上半年盈利近 2.7 億元，較去年同期更佳，派發股息 0.12 元；維達航業董事會指航運市場「正處於極低潮」，但仍錄得純利 5,490 萬元，中期息每股 0.08 元；其昌盈利 665 萬元，亦較去年上升，中期息 0.0125 元（《華僑日報》，1982 年 9 月 17 日）。從表面上看，在艱難的時勢下，佳寧集團不但沒有大虧損，盈利甚至逆市上升，反映公司管理得宜、投資有道。

不過，據齊以正（1983：47）整合的資料，在 1982 年 9 月時，佳寧置業「共

欠三十五間銀行二十五億元，而資產淨值則只得二十三億，已經是負債大於資產」，他同時引述 1983 年 1 月媒體報導數據指：「一九八一年中，佳寧資本市值大約十億美元，至一九八二年八月已銳減至三億九千萬美元」，反映公司資產值大幅萎縮，那時的利息仍持續大幅上揚，可想而知集團負債問題之嚴峻。[7] 但陳松青仍公佈獲利派息，目的顯然是要穩定股民與市場的信心，或許在他心目中「有賭未為輸」，只要佳寧問題仍未暴露、公司仍在運作，仍有機會時來運轉，自己能逃出生天。

正當一眾不知內情的小股東等待佳寧發放利息存進戶口之際，集團卻突然在 1982 年 10 月 26 日宣佈：「由於最近地產及股票急劇惡化，佳寧集團曾遭遇若干短期流動資金問題……為保存現金資源起見，佳寧置業董事會已決定撤回其於 1982 年 11 月 8 日派發中期股息每股一角二分之決議」，改為派送紅股，每 10 股送 1 股。同時，又宣佈發行優先股，期望集資 5 億元，以「鞏固公司之現有業務，並為發展有利可圖之經營而提供更多流動資金」，佳寧集團將認購其中一半，另一半由滙豐銀行包銷。受消息刺激，佳寧系股票全線應聲大跌，佳寧置業跌勢最凌厲，開市已低見 1.45 元，最低價為 1.02 元，跌幅接近四成（《華僑日報》，1982 年 10 月 27 日）。至 10 月 29 日更跌穿 1 元關口，收市價為 0.95 元。

由 9 月 17 日至 10 月 26 日不過短短一個月多，到底發生了甚麼事令「地產及股票急劇惡化」，甚至導致集團出現「短期流動資金問題」（temporary liquidity difficulties）（*South China Morning Post*, 27 October 1982）？原來，在 1982 年 9 月 22 日，時任英國首相戴卓爾夫人（Margaret Thatcher）歷史性訪問北京，與

中國領導人就香港前途問題展開談判，爭取延續香港殖民統治，鄧小平表明中國政府一定會收回香港，絕無迴轉餘地。此話一出，令那些寄望英國繼續統治的人大失所望，因擔心未來前景，令股市樓市應聲大跌，與高峰時相比，各上市公司的股價普遍跌逾五成，佳寧置業的表現更差，跌幅達七成。集團高層更指受政治因素拖累，不少原已談妥的交易被終止，買家寧可賠訂離場（《華僑日報》，1982 年 10 月 26 日）。

雖因政治問題導致股市全線向下，但作為一間「資產百億」的跨國集團，公司業績又理想，沒可能因一時股價下跌或部份交易作廢便出爾反爾，收回派息決定，因相關做法會嚴重損害公司形象，令股民信心盡失。故真正原因，其實是公司的現金流早已出現問題，9 月時仍宣佈派息，是猶如「打腫面充胖子」，希望藉此支撐或刺激股價，以免進一步下滑。但陳松青明顯低估風險，想不到政治形勢急變，公司股票不斷下跌，現金流更趨緊絀，到最後甚至拿不出 1 億餘元現金，迫於無奈只好取消派息安排（《工商晚報》，1982 年 10 月 27 日）。當公眾投資者對公司失去信心，想以發行優先股集資更成了不可能的任務，公司流動資金困窘的問題亦更難解決。

在佳寧宣佈取消派息的同一天，有報導指益大入稟法院，向佳寧追討 1.3 億元及相關利息。據入稟狀指，益大於 1981 年 4 月至 6 月期間將 1.3 億元交予佳寧，要求對方以第三者身份於市場購買千多萬股益大股份，但事後佳寧卻無法出示購買或過戶單據，故要求對方退回款項或交出購買股票的證明。報導還提到，原來早前鍾正文向佳寧旅業提告，指對方違反了購入僑聯股份時在一段時間內不能出售的協

議（《工商日報》，1982年10月27日）。鍾正文之所以將巨款交予佳寧購買公司股票而不親自購入，明顯是想迴避他人耳目入市，營造股票有價有市的假象，哄抬股價，亦證明兩個集團會買賣對方股份，合作造市。現在鍾正文將這些不能見光之事公諸天下，只因益大已到了生死存亡階段，唯有拚死一搏了。

兩日後，益大透過寶源投資發表聲明，由於益大負債高於資產值，需進行債務重組，益大股份於11月1日停止買賣一星期（《大公報》，1982年10月30日；《工商晚報》，1982年11月2日），消息震撼市場。由於佳寧與益大一向予人「孖公仔」之感，投資手法極為接近，益大停市一事亦波及佳寧，佳寧置業股價當天跌穿1元關口，收市價為0.95元。停牌期間，寶源投資公佈益大欠債20多億元，且要步佳寧後塵取消派發早前承諾的中期息，成為香港股市歷史上第二間「出爾反爾」的公司（《工商日報》，1982年11月4日）。[8] 益大之後的重組並不順利，最後更於1983年2月26日被高等法院下令清盤（《大公報》，1983年2月27日）。顯然，儘管益大獲得陳松青讓步，從佳寧身上取回部份資金，減輕了損失，最後仍因債台高築，倒閉收場。

在益大投資清盤前，鍾正文兒子鍾穎堅已因無法償還470萬美元（約3,666萬港元）欠債被判入獄，須坐「錢債監」（《工商晚報》，1983年2月5日），鍾正文則為了逃避滙豐銀行和加拿大豐業銀行（Bank of Nova Scotia）等債權人追債，據說遠走台灣（*South China Morning Post,* 18 January 1983）。由於事態嚴重，證監處隨即委任了兩名調查員，深入調查益大事件，以了解公司是否涉及盜用公款、欺詐小股東及債權人等違法不當行為（《工商晚報》，1983年3月9日；《大

公報》，1983 年 3 月 30 日）。

　　鍾正文與益大集團兵敗如山倒，最後落得坐牢及「走路」、企業被迫清盤的結局，反映商海凶險萬象，投資氣氛可以瞬間逆轉，巨浪湧至時，任何經營欠善、應對無方、缺乏風險的管理者，都可能遭遇沒頂之災。佳寧集團的投資作風與益大集團相近，一直拍檔「搵食」、齊上齊落，當時亦同樣面對資金緊絀，市場自然極之擔心佳寧會否步益大後塵，因為一旦資金鏈斷裂，掉進流動性短缺的泥沼，必然債主臨門，整個集團便會迅速崩潰，益大的結局，無疑成了佳寧的「死亡預告」。

　　不過，由於佳寧集團規模更大，涉及層面更廣，可說是「大到不能倒」（too big to fail），加上不少人相信其資金短缺只是暫時性的，願意提供幫助，陳松青亦一直被塑造成具點石成金的能力，佳寧才沒有陷入一沉百踩的局面。如金銀交易所（金銀會）的胡漢輝便曾公開表示，對佳寧以股代息的做法應予「同情和支持」（《工商晚報》，1982 年 10 月 27 日）；四會聯合會主席莫應基亦表示，公司主動提出挽救方案，「可說是情有可原」、「做法並無不妥」，並認為這可減少股東損失（《工商晚報》，1982 年 10 月 29 日）。此外，滙豐銀行願意包銷佳寧發行的優先股，[9] 反映銀行認為佳寧有藥可救，對集團仍抱有信心。評論亦多相信公司不過是一時逆境，導致發展不順，既已獲大銀行支持，公司又肯「面對現實」，只要渡過眼前難關，未來仍有可期發展（《工商晚報》，1982 年 10 月 27 日；《大公報》，1982 年 10 月 27 日）。由於不少人都抱有同樣心態，以為仍可趁低吸納，曾令股價一度回升至 1 元以上（《工商日報》，1982 年 10 月 28 日）。

　　但對不少小股東而言，眼看著到手現金不翼而飛，自然沒有心情「同情」或

「支持」，紛紛向證監處及四間交易所（四會）投訴，證監處亦開腔表示會審核佳寧賬目（《工商日報》，1982 年 10 月 27 日）。10 月 28 日，香港證券交易所聯會表示接納佳寧的優先股上市買賣，但聯會主席胡漢輝卻一改早前態度，對佳寧做法作出批評：「假設一間上市公司先宣佈良好派息，造高本身股價，使橫手出貨，待派息過戶截止後，又宣佈財政困難不派息，該股份必大挫，屆時才補回拋出的股份從中漁利，若查出應屬刑事案」，從其強烈措辭，似乎知道了一些不堪的內幕。胡漢輝更擔心會有其他經營不良的公司跟隨，但當時法例未能阻止，要研究是否需修例，避免同類事件再發生（《工商晚報》，1982 年 10 月 29 日；《大公報》，1982 年 10 月 29 日）。

　　11 月份，佳寧有巨額欠債的消息不斷傳出，何桂全曾公開澄清，指公司至 1983 年底的到期貸款連利息為 6.1 億元左右，另有 25 億元的長期債務，但估計公司至 1983 年底的現金收入有 15.1 億元，足夠償還債項，當時的困難是因其他公司無法向佳寧支付 4.8 億元款項所致。在 20 日舉行的特別股東大會上，陳松青則表示在 9 月宣佈派息後，政治原因令買家卻步，導致正在洽商的物業亦無法售出，加上信貸突然遭遇未能預料的困難，為保存流動現金及審慎起見，才撤回派息安排（《華僑日報》，1982 年 11 月 29 日）。到了接近最後階段，這些高層口中佳寧財困的原因仍只是受人拖累，錯不在我，自己不過謹慎行事而已。

　　雖然集團高層言之鑿鑿地表示公司有能力償還貸款，不過因股市樓市不斷下跌，報章估計佳寧置業當時的淨資產值只剩 25 億元了（《工商晚報》，1982 年 11 月 19 日）。市場亦對其信心全失，公司股價不斷下沉，至 12 月 2 日一度跌至

0.58 元，最終以 0.62 元的新低價收市。陳松青在各方批評下曾作出這樣的回應：「我可以離開，可以去南美洲，但我沒有，我還在這裏，面對我的責任……我有 33,000 僱員在香港、新加坡、馬來西亞等世界各地；有 35,000 至 40,000 名股東……陳松青不會一走了之」（*Asiaweek*, 4 February 1983），表現出一副勇於面對，奮戰到底，泰山崩於前亦無所畏懼的氣派。

之後，關於佳寧的消息就如「盲頭蒼蠅」摸不到方向，充斥著各類傳言，一時說佳寧獲滙豐銀行無抵押貸款，代理發行優先股（《工商晚報》，1982 年 12 月 8 日）、一時說集團財政問題已解決，將注資 3.5 億元至 4 億元等，導致佳寧置業的股價反覆，甚至在一日間波幅逾 21%（《大公報》，1982 年 12 月 24 日）。受市場風向影響，佳寧股票成交活躍，股價一度升回 1 元以上，在 1982 年最後一個交易日以 0.88 元收市，反映有不少股民仍認為公司有可能敗部復活，故趁低吸納，並期待進入新一年能夠獲利。

1983 年首個交易日，佳寧集團三間上市公司宣佈暫停買賣，原因是董事會提出新的債務重組方案，由集團控股股東安排 2.5 億元予佳寧集團，當該筆款項落實後，滙豐銀行同意向佳寧置業批出 2.5 億元的有抵押活期透支，公司無需再發行優先股集資。公司指由於此重組方案尚待各貸款人批准，為免股價過度波動，佳寧置業等三間上市公司需暫時停牌，直到方案落實。消息宣佈後，評論反應大多正面，認為佳寧的債務危機解決在即，很快能重新上路（《工商日報》，1983 年 1 月 3 日；《大公報》，1983 年 1 月 3 日；《華僑日報》，1983 年 1 月 3 日）。

接下來一段日子，陳松青用盡方法試圖扭轉敗局。1983 年 2 月，他表示已將

承諾的 2.5 億元存入銀行，待各貸款人批准方案後即可注資。人事安排上，除原有的財務顧問獲多利外，還增聘亨寶財務有限公司（Hambro Pacific Ltd.），並由該公司代表佳寧置業，與各債權人磋商債務重組事宜（《大公報》，1983 年 2 月 28日）。後期，再「以 10 萬元的月薪，從英國聘請滙豐銀行前任副主席包約翰（John Boyer）為債權銀行代表，入主佳寧董事局」（馮邦彥，2013：53；《工商晚報》，1983 年 8 月 16 日），希望以滙豐銀行的強硬後台與包約翰的江湖地位，擺平債權人與穩定投資者信心。

同時，集團亦「賣子救母」，不斷出售手上資產以減輕債權，包括售出日活電影公司及怡富特殊控股（Jardine Fleming Special Holdings）的股權，換回 1.2億元（《華僑日報》，1983 年 2 月 27 日）；2 月份出售位於新加坡樓高 30 層的Tunas Building、動工中的 Claymore Hill 地皮，以及馬尼拉物業；4 月份以 1.46億元出售維達航業 20 艘輪船（《工商晚報》，1983 年 4 月 1 日），[10] 又解散的士部，將 454 部的士出售，估計收回 8,400 萬元（《工商日報》，1983 年 4 月 14日）；6 月再以 7,530 萬美元（約 5.8 億港元）出售在美國的全部投資權益（《大公報》，1983 年 6 月 17 日）；7 月出售遠東航空（Far East Airways）股權等（*South China Morning Post*, 2 July 1983）。不過，對比當初買入價，大部份資產都是虧本出售。

儘管不斷傳出佳寧集團即將復牌的消息，甚至出現暗盤買賣而受證監處關注（《華僑日報》，1983 年 2 月 27 日；《工商晚報》，1983 年 6 月 28 日），但佳寧的債務重組其實並不順利。由於香港地產市道尚未復甦，為免賤價賣地，佳寧曾

多次修改還款方案，向債權人提出將部份債項轉為佳寧股權，並提供高達 10 厘的年利息、過期利率加在原有債項上、未得債權人同意不能再借貸、讓債權人派代表進入董事局等等「優惠」條件（《大公報》，1983 年 4 月 12 日；《工商日報》，1983 年 6 月 21 日）。儘管方案數度更改，亦加入更多保障債權人的條款，但仍一直無法取得全數債權人同意，佳寧復牌之說只聞樓梯響，未見落實，令手持佳寧系股份的小股民心急不已。

當佳寧集團在生死邊緣掙扎之際，證監處宣佈，因發現佳寧與益大關係密切，原本對益大的調查，將擴大範圍至佳寧集團旗下所有公司，全面審視兩個集團過去的交易有否涉及不正當或違法行為。儘管證監處隨即發表聲明，指調查需時、無意阻礙集團債務重組、政府樂見集團與債權人達成協議、調查「不應視為對該集團重組的一種評價」，佳寧亦對調查表示歡迎，認為有助澄清外間揣測（《華僑日報》，1983 年 4 月 30 日；《工商晚報》，1983 年 5 月 14 日）。但是，在這敏感時刻提出調查，無疑對集團重組弊多於利，甚至是一次重大打擊。

事實上，1983 年的香港營商環境，因中英兩國在談判期間爭拗加劇而不斷惡化。英國政府一開始堅持當年簽訂的不平等條約有效，後又爭取「以主權換治權」，力圖延續在香港的管治和利益，但均遭受中方強硬回擊及斷然否決。9 月 10 日，鄧小平在會見英國前首相希思（E. Heath）時更明確表明，如果英方不改變立場，中方會在 9 月份單方面公佈解決香港問題的方案（袁求實，1997）。由於兩國爭執不止，談判氣氛惡劣，市場擔心談判一旦破裂，香港將走向最壞結局，投資市場作出直接而巨大的反應，港元兌美元更狂跌不止，由原初的 1 美元兌 7.8 港元持續

急跌至 9 月 24 日的 1 美元兌 9.7 港元，利息亦進一步被拉高，超級市場甚至一度出現搶購食米和日常用品的情況，恒生指數在 10 月 4 日更急速下跌至 690.06 點，較年初（2 月 4 日）高位的 1,650.52 點大跌近六成，可見市場之恐慌及投資信心之薄弱（鄭宏泰、黃紹倫，2006）。

在這樣疲弱的營商環境下，股票及物業地產的價格一瀉千里，陳松青出售資產的價格又遠低於購入價，能夠減債及紓緩流動性的作用大打折扣，因此更難擺脫債台高築的局面。事實上，那時受債台高築所困擾的，還不只是佳寧集團，就連英資龍頭怡和洋行及置地公司，亦身陷資不低債的「技術上破產」（technically bankrupt）局面（*South China Morning Post*, 28 November 1986），只是怡和洋行無論商業實力、政治後台與人脈關係均遠強於佳寧集團，最終能走出困局，但佳寧集團則無力回天。

佳寧集團的財政危機持久不退，原因之一當然是當時香港經濟與營商環境出現狂風暴雨，地產市道表現更差，集團持有最貴重的資產大多是地皮物業，早已大幅貶值，即使出售其他諸如輪船及的士等資產，同樣因價格大跌，令回籠金額甚為有限，在龐大債務面前只如杯水車薪。不過最大的原因，其實是公司的欠債遠比所宣稱的嚴重，由於佳寧暗地裏還有龐大借貸，所以就算將全部家當賣光，亦無法填補巨洞，而這筆巨額的欠債，全與馬來西亞國營銀行裕民銀行（Bank Bumiputra Malaysia Berhad）香港子公司裕民財務（Bumiputra Malaysia Finance Limited）有關。

早在 1983 年 2 月，有報章引述法新社報導，指遠在馬來西亞的政界人士質疑

裕民財務與佳寧集團關係太密切，可能存在過度信貸等問題，該國時任財政部長拉沙里（Razaleigh Hamzah）在接受記者查詢時，以兩者為正常商業關係，「沒甚麼不對」（nothing amiss）作回應，承認裕民財務曾「借出沒向外公佈的貸款」（to have loaned undisclosed amounts）予佳寧，令裕民銀行遭拖累，但拒絕進一步說明由此產生的影響（*South China Morning Post*, 21 February 1983）。另一篇報導引述《遠東經濟評論》的消息，指裕民財務借予佳寧的金額，總數高達 1.5 億美元（約 11.7 億港元），佔其儲備 2.63 億美元（約 20.51 億港元）一半以上。至此，社會及市場才突然發現，佳寧的信貸與債務，除已浮面的國際知名銀行或財務公司的部份，原來還有未為人知的層面，那部份的借貸額或糾纏狀況，更是深不見底，問題出乎一般人想像的嚴重。

　　1983 年 7 月 19 日，正當各持份者為佳寧發展煩憂、陳松青忙於重組債務時，如本書開首時所述，在大埔滘附近發現一具男屍（《華僑日報》，1983 年 7 月 20 日）。經深入調查後，警方確定被害人為裕民銀行派到裕民財務的高級職員，名叫揸利·伊巴謙（Jalil Ibrahim，另譯加里·易卜拉欣，下文簡稱揸利），並很快鎖定殺人棄屍的疑兇為麥福祥（Mak Foon Than），迅速將之拘捕。當時無人知道，這件命案竟成為戳穿佳寧神話的利器。

1　據百寧順負責人林秀榮稱，因其父林炳炎是恒生銀行創辦人之一，故自己亦有興趣經營銀行。

2　韋理乃著名的「公司醫生」，1975 年受滙豐銀行聘入和記國際。當時和記因擴張過急導致股價大瀉，財政面臨困難，更被債權人申請清盤，韋理成功用一年時間令和記「止蝕」（停止虧損，轉為有盈利），此事在商界人盡皆知。

3　由於佳寧與益大是分批買入地利根德閣，故 4,000 萬應是第一筆交易費用，其後益大再退出整個計劃。1985 年，地利根德閣 58 個單位於市場拍賣，據報導是佳寧之前按予債權銀行的，由於當時市道好轉，負責的魏理仕測量行估計投資收益可達 8.5%（《大公報》，1985 年 8 月 1 日）。

4　此部份應為美元，因當初佳寧提及「美國之香港」的投資動用 5 億至 8 億美元，若益大佔比 25%，應為 1.25 至 2 億美元。

5　1981 年的業績報告在佳寧案中被指做假，亦成為串謀訛騙的罪證之一。

6　由於後來美麗華發展計劃終止，置地於 1985 年需向美麗華酒店賠償 3.7 億元，可見此交易令置地損失大增（《大公報》，1985 年 10 月 15 日）。

7　但其實這 20 多億元只是在明層面的欠債，後續發展揭示，佳寧還有在暗層面的負債，遠遠多於此數。

8　與佳寧集團一樣，益大於 10 月初仍宣稱公司獲利，派發中期息（《大公報》，1982 年 10 月 8 日）。

9　佳寧集團表示發行 5 億股的優先股中，董事局會認購一半，餘數在市場出售，假設無人認購，會由滙豐承接。

10　據報導，買家為維達股東之一的李輔平，而是次交易令維達（佳寧）賬面損失達 3,000 萬元（《工商晚報》，1983 年 4 月 1 日）。

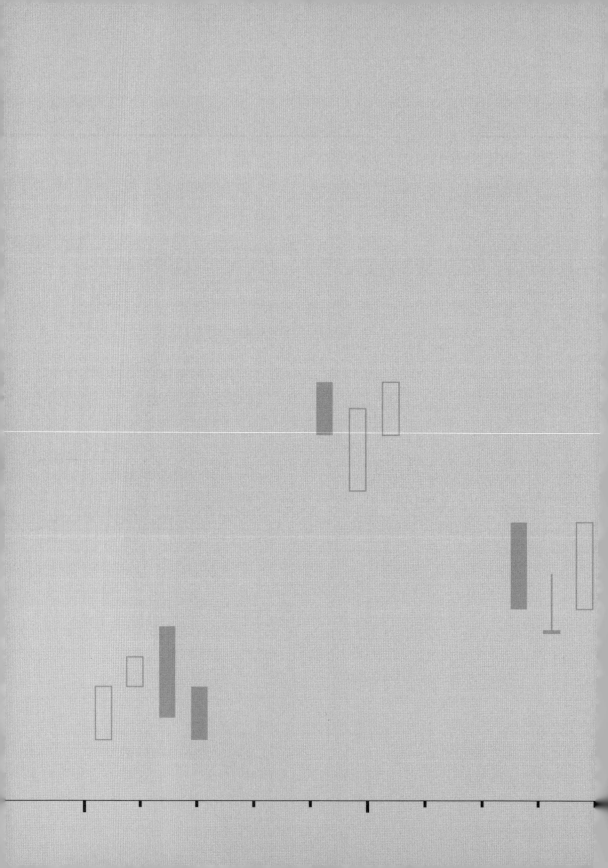

第十章 謀殺案打開缺口

● 要了解揸利謀殺案為何會與佳寧扯上關係，便要先了解麥福祥與揸利的生平，以及裕民銀行的背景資料。先說疑犯麥福祥，1951 年在馬來西亞巴生市（Klang）一個貧窮華人家庭出生，乃八名孩子之一，早年入讀當地英文學校，運動表現突出，但學業成績一般。中學畢業後投身社會，到姐夫位於登嘉樓州（Terengganu，又稱丁加奴州）的木材公司工作，並因姐夫的關係與當地一些政治人物有了聯繫。其後他開始自己經營木材出口，並逐步將生意擴展至中東，特別是沙特阿拉伯等地。他在登嘉樓州娶有一妻，但1983 年初又與另一名香港女子結婚，並與這名妻子在青衣美景花園購置物業。 ●

除登嘉樓州的木材生意外，據悉麥福祥亦曾與雪蘭莪州馬來商會主席 Raja Nasron 合夥創立公司，但當時已結業。另有說法指，麥福祥其實是馬來西亞皇室及政商界人物的業務跑腿（run errands）或代理人，為他們私下處理一些金錢與投資事宜，特別是一些不能公開的糾紛，素有「包搞掂先生」（Mr. Fix-it）之稱。據他所言，為了協助一名大人物解決財務事宜，他才會來到香港並捲入案件（Course, 1984: 22）。

至於受害人揸利，綜合各方資料，應生於 1948 年，是一名皈依回教的華裔馬來西亞人，已婚並育有三名年幼子女。他青年時曾在馬來西亞皇家軍校受訓，大學時主修會計，擁有會計師專業資格及瑞士 Imede University 工商管理碩士學位，進入裕民銀行前曾在紐西蘭教書，履歷亮麗。進入裕民銀行後，他因表現卓越，很快獲得晉升，1982 年底奉派到港工作，表面職銜是貸款部助理總經理，實際上是「集團主席納瓦威的私人代表」，來港有特殊任務（Robinson, 2014: 29）。在遇害前不久，他剛放假回馬來西亞探望妻兒，期間曾向妻子及親屬透露工作上碰到一些困難，暗示可能有危險，想不到返港才一天便遭殺害（*South China Morning Post*, 22 July 1983; *Malaysia Today*, 8 January 2019）。

死者生前工作的裕民銀行（Bank Bumiputra），乃 1965 年由馬來西亞政府注資創立的國營銀行，其中的 Bumiputra 一詞意為「土地之子」（sons of the soil），故又稱土著銀行。由於該國政府認為馬來人商業表現欠佳，關鍵是欠缺資金支持，發展受窒礙，因此決定創立該銀行，以協助馬來亞土著的商業發展。1973 年底世界爆發石油危機，馬來西亞因擁有石油資源，從石油生產和出口中獲利甚

豐，政府庫房收入大漲，為了讓豐厚資金尋找出路，於是在 1977 年老遠跑到香港，開設裕民財務有限公司。[1] 由於當時香港房地產市場正走向復甦，裕民財務的主要放貸業務亦聚焦在地產融資上，客戶包括那時剛崛起的佳寧與益大集團。惟當中出現不少不合常規的貸款，引起母公司注意。

1981 年 7 月，新首相馬哈蒂爾（Mahathir Mohamad）上台，馬來西亞政治

| 揸利

| 麥福祥

| 馬哈蒂爾

環境發生巨變，正所謂一朝天子一朝臣，馬哈蒂爾隨即委任納瓦威（Nawawi Mat Awin）為裕民銀行的新主席。由於社會已有聲音，指裕民財務出現過度貸款問題，要求母公司裕民銀行關注，納瓦威上位不久即派出獲其信任的揸利到港，進入裕民財務工作，了解情況，同時調查裕民財務是否出現不尋常借貸。顯然，這次核查賬目雖有其正當性，但亦不能排除「整肅前朝遺臣」的政治色彩。[2]

揸利在 1982 年 11 月到港，至 1983 年 7 月 18 日被殺，棄屍荒野，到底其間發生了甚麼事？案件又如何牽連到佳寧集團？雖然案件已不可能完全還原，部份問題的答案截至今天仍未釐清，但根據報章報導法庭聆訊時的證物供辭，下文嘗試重整兇案當天的經過，以及其引申出來糾纏複雜、懸而未決的問題。

在兇案當天，揸利早上回到裕民財務，被公司助理總經理錢亨利（Henry Chin）告之，佳寧旗下一間公司申請 400 萬美元（約 3,120 萬港元）貸款作救亡之用，需要當天批出，揸利表示自己與一名馬來西亞富商 Tan Sri Ibrahim 有約，[3] 要先到麗晶酒店（Regent Hotel, 現為洲際酒店）為對方兌換 5,000 美元的旅行支票，稍後會回來。揸利申領了 36,000 港元（以當時匯率計）現金，臨離開公司前，錢亨利再次提醒，佳寧貸款需要他回來處理（《工商日報》，1984 年 4 月 17 日；《華僑日報》，1984 年 4 月 17 日）。

當天下午，何桂全及陳松青先後到達裕民財務，但揸利卻沒有現身。3 時左右，錢亨利接到揸利的電話，對方說自己另有事忙，未能回到公司，錢氏問他如何處理佳寧 400 萬美元的貸款申請時，揸利回應說須獲母公司裕民銀行的監管委員會（Supervisory Committee）批准，才能發放，錢亨利指自己收到裕民財務主席羅

寧（Lorine Osman，另譯作柯士文）指示，著他發出貸款，他不能違背上司清晰指示，催促揸利馬上回公司處理，惟未及進一步討論，電話掛線。

稍後，錢亨利再接獲揸利電話，揸利一再強調未經監管委員會批准，裕民財務不能向佳寧集團發放貸款，他聽到揸利說「稍等」（wait a minute）後電話突然中斷（*South China Morning Post*, 17-18 April 1984）。翌日揸利仍未現身，他便按上司吩咐向佳寧發出貸款。從後來事件發展推斷，揸利可能在專心交談電話時被殺害（Robinson, 2014）。

一日後，大埔蕉林發現屍體，由於揸利失蹤後公司已報警，錢亨利在警方安排下到殮房認屍，並確認死者為揸利。警方根據錢氏的證詞到麗晶酒店調查，確認死者頸纏的浴袍腰帶與酒店客房的浴袍吻合，再根據酒店電腦系統內客人登記的資料，經過一輪篩選對比，將來自馬來西亞的麥福祥列作可疑及主要調查對象（Robinson, 2014: 33）。在追查麥福祥期間，消息走漏，被傳媒大版面報道，警方遂迅速採取行動，於 8 月 3 日到疑犯位於青衣美景花園的寓所進行拘捕。那時，麥福祥的香港妻子不在家，[4] 他聽到警方登門後逃跑，過程中從三樓的單位跌到平台上受傷，被送往醫院扣留治療（《工商日報》，1983 年 8 月 4；*South China Morning Post*, 6 August 1983）。

被捕後，麥福祥堅稱自己無辜。一開始，他稱自己是受馬來西亞財長暨裕民銀行董事拉沙里所託，到香港香格里拉酒店向客戶收取 600 萬美元，他本人從事業務跑腿已有八年（*South China Morning Post*, 3 May 1984）。[5] 在港期間，他按指示到麗晶酒店與一個名為「申」（Shin）的韓國人（實際姓名不詳）會面，據麥福祥

稱，是申吩咐他約揸利到酒店，並在酒店內將揸利殺害，案發時他根本不在房內。

不過，警方完成調查並掌握充份證據後，認定兇手乃麥福祥，並落案控以謀殺罪，法庭於 8 月 6 日進行初級聆訊。由於案件牽涉層面廣，甚至遠及馬來西亞，警方要派人到該國深入調查（*South China Morning Post*, 13-14 September 1983），案件因此押後至 1984 年 3 月才轉到高等法院正式開審（*South China Morning Post*, 13 April 1984）。法庭上，控辯雙方各有說法、立場及證據，亦公開了更多不為人知之事，揭示事件與人物之間糾纏複雜，以下按控辯雙方說詞，扼要地勾勒其中的重要發展及懸而未解的疑問。

據麗晶酒店的資料記錄，麥福祥於 7 月 18 日上午 11 時左右登記入住，當時稱會留宿一晚，負責辦理手續的服務員帶麥福祥到 609 號房間，期間曾與他攀談，又問他為何不入住機場（那時為啟德機場）附近的富豪酒店，對方回答是寧可選擇麗晶酒店，並提及會在此會見朋友。其後服務員注意到麥福祥在酒店大堂等人，不久有一名戴眼鏡男子來到，二人一同上樓，服務員指該名訪客身形與死者相似（《工商日報》，1984 年 4 月 26 日）。

12 時 15 分，酒店接獲 609 號房間點餐，要了兩杯咖啡，咖啡於 12 時 27 分左右送到房間，收據由麥福祥簽名作實。送餐的服務員看到當時房間內有兩位東南亞人，其中一人為麥福祥。到 1 時 58 分，酒店再收到另一訂單，點了兩份三文治及一杯咖啡，餐點於 2 時 30 分送達。服務員送餐時注意到房間內有兩個人，他認出戴眼鏡的人是死者（《大公報》，1984 年 4 月 17 日），地上有一個公事包，而「兩人在房內……面色甚不耐煩」（both men in the room seemed to be

impatient），之後房間外掛起「不要打擾」的示意牌（*South China Morning Post*, 17 April 1984）。

負責清潔的服務員指，他們在下午 4 時半左右曾想進入房間打掃，那時「不要打擾」的示意牌已除下，惟房門被「雙重上鎖」（double locked，俗稱反鎖，即從房間內部將門上鎖），所以未能進入。至下午 5 時 10 分左右，麥福祥要求服務員搬運一個沉重的大行李箱，但他入住酒店時並沒有攜帶該件大型行李，服務員將行李搬到酒店門口，並協助他將行李搬上的士，然後麥福祥乘的士離開。[6]

據的士司機的證詞，麥福祥以廣東話吩咐開往美孚新邨，到達後停留了一會兒，再說想轉往沙田，[7] 隨後又表示因與六位朋友有約，要到青山灣吃飯，想找一部出租車。司機曾建議他乘搭兩部的士，但麥福祥表示用一部出租車較好，最後司機載他到紅磡天輝汽車公司（Tin Fai Motor）租用了一部汽車。後麥福祥又吩咐司機引路，帶他到機場富豪酒店，在離酒店不遠的加油站停下來加油，並將的士上的行李箱轉到出租車。的士司機目睹麥福祥駛入酒店後離去，那時約為 6 時半（*South China Morning Post*, 27 April 1984;《工商日報》，1984 年 4 月 27 日）。其後一段時間，沒有麥福祥的行蹤記錄。

據酒店職員指出，晚上 7 時左右，609 號房仍被「雙重上鎖」，無法入內打掃，直至 8 時才能開門進入，那時房間內沒人，浴室有使用過的痕跡，地板上有多條毛巾，大床和枕頭亦有睡過的痕跡，行李架上還有一個黑色皮包。到了晚上 11 時 25 分，609 號房間的客人要求清潔，服務員到達時注意到垃圾桶內有垃圾，客人指浴袍缺少了腰帶，但他們在房間遍尋不獲。那時，房間內還有一名女子坐在床上，但

因背向服務員，故未能看到其樣貌。據酒店的記錄，麥福祥在當天深夜 11 時 59 分退房結賬（*South China Morning Post*, 17 and 26 April 1984）。

租車公司的負責人則指，當天下午 6 時多，麥福祥在一名的士司機帶領下前來租車，由於公司要求顧客提供本地人的電話號碼作擔保，麥福祥初時無法提供，擾攘了一些時間，後來提供了電話號碼才辦好出租手續。到 9 時多，公司接獲電話，對方說因與朋友在流浮山吃飯，租借的汽車會略晚一點才能歸還。結果當晚 11 時左右，麥福祥才到車行還車，那時車上有一男一女，而汽車輪胎則沾滿泥濘（*South China Morning Post*, 27 April 1984）。

警方根據上述案情細節、證人供詞，以及如死者衣服沾有 609 號房地氈的纖維等環境證據，指麥福祥在酒店房間內殺害死者後，再到附近商場購買行李箱收藏屍體，然後利用出租車將屍體移至棄屍地點。麥福祥則堅稱自己是無辜的，是申主動找他，並指示他邀約死者到麗晶酒店會面。麥福祥進而指出，他與申在 1978 年已相識，並曾代表馬來西亞政府與對方洽談生意。他又提到，申曾在黎巴嫩及中東工作，從事軍用機械及技術買賣，對槍械十分認識。麥福祥聲稱，申提到自己的老闆是 Goerge Tan（陳松青），是申吩咐他約揸利到酒店商討一宗交易，因為他們都是馬來西亞人，較好說話。期間，申曾讓他透過電話與陳松青對話，電話中陳松青指申會解釋及安排一切（《工商日報》，1984 年 5 月 11 日）。

據麥福祥的口供，他只是照吩咐約揸利到麗晶酒店洽談生意，揸利在下午 12 時左右應邀而至，數分鐘後申亦到達，大家在房間談論了一段時間，後來申與揸利走進浴室繼續傾談，期間曾似就佣金問題有爭執。到 3 時許，申叫他去購買一個大

型行李箱來收納金錢及文件，當他買完行李箱回來，發現揸利已倒斃在房間內。麥福祥指，申提到是陳松青下令殺死揸利，事發前麥福祥曾聽到申與陳松青通電話，並指陳松青稱揸利是「屎忽鬼」（pain in the arse，或稱麻煩鬼），阻撓辦事（*South China Morning Post,* 17-18 April 1984; Robinson, 2014: 44）。

麥福祥在法庭上聲稱，申以其妻子及家人的性命要脅，要他將藏有屍體的行李箱運到機場富豪酒店，麥福祥遂要求酒店服務員協助搬運，當時申尚藏在房間內。由於擔心太太安危，故他先到美孚新邨的外父家，到達後從樓下張望，發現屋內無人，為了拖延時間，他又從乘搭的士改為租車自駕，將藏有屍體的行李箱送到富豪酒店大堂門前，當時申與三名男子一起等候他，將行李箱放進一架白色汽車後便絕塵而去。麥福祥認得駕車的司機是陳松青的手下，因其嘴唇有缺憾。其後他駕車到美孚新邨，接妻子到美景花園視察新屋裝修，才將車交回車行，再一起乘的士返回麗晶酒店。當時發現房間混亂，浴袍缺腰帶，乃吩咐服務員收拾，他與妻子沐浴後便退房離去（《工商日報》，1984年5月11日）。他強調自己只是按申指示辦事，因申是一名殺手（hitman），可能會傷害太太及家人。

由於麥福祥一直堅稱殺人者為申，故警方亦有對申進行調查，並邀請申來港出庭。在法庭上，申承認自己認識麥福祥，亦認識不少香港著名商人，如羅氏美光的 Stephen Lo 等，但他所做的只是一般生意，所謂軍火生意，其實只是軍用制服等軟軍備用品而已，最關鍵一點，是案件發生時他並不在香港。但麥福祥則稱，那名出庭的申，他也認識，可是他指涉案的兇手申並非出庭作供之人（《工商日報》，1984年5月11日）。

由於麥福祥在法庭上提及多位知名人士，如馬來西亞財長拉沙里、著名商人 Raja Nasron、香港裕民財務主席羅寧，以及佳寧集團陳松青等，自然引起記者注意，並追訪相關人士。有記者曾向 Raja Nasron 求證，對方回覆，在 1982 年舉辦的雪蘭莪馬來商會晚宴上，麥福祥和拉沙里均有出席，但他沒看到二人有交談，麥福祥亦沒向他表示認識拉沙里，他不清楚麥福祥和揸利是否早已認識（*South China Morning Post*, 18 May 1984）。拉沙里則斷然否認自己認識麥福祥，更批評香港法庭未經證實便公開麥福祥的供詞，令人不滿（《工商日報》，1984 年 5 月 6 日）。至於羅寧那時已辭職並離開了馬來西亞，行蹤成謎。陳松青那時正在保釋（見下文），一直深居簡出，至此案件審訊期間更稱患病，獲法庭批准無須到警署報到，記者自然接觸不到他，也沒法獲取他的回應。

到自辯時，麥福祥突然改口，稱收回在拘留期間警方錄取的口供，因那份長達 24 頁的供詞，是他在未經警誡及沒有律師陪同下錄取的，他當時在病房，以為與警方的對話是私下記錄，用作協助查案，他簽名是因為其時自己非常虛弱和混亂。他更特別強調拉沙里委託他到香港向客戶收錢及會晤申是絕無其事，自己是因個人生意及要處理新居裝修而來港，與拉沙里無關。在控方盤問時，麥福祥承認自己最初的數份供詞不盡不實，是因為在長達 70 多小時的拘留期間未能會見律師，且曾

| 拉沙里

佳寧神話——陳松青的造神毀神

遭警方虐打逼供，加上他不知申在何處，擔心家人安危，才會隱瞞事實（《工商日報》，1984 年 5 月 11 日）。

經過連日聆訊，到 5 月 17 日，主審法官歐敬祿（Rory O'Connor）在引導陪審團作裁決時提出三個重點：一、不用考慮殺人動機；二、不用考慮韓國人申是否存在；三、只要陪審團確實相信死者遭被告殺害，便可將之定罪。結果，陪審團一致裁定麥福祥謀殺罪名成立，法官依例判麥福祥死刑，惟因香港已跟隨英國不再執行死刑，乃改判終身禁監（*South China Morning Post*, 18 May 1984; Robinson, 2014）。後麥福祥提出上訴，亦遭上訴法院駁回（*South China Morning Post*, 12 January 1985）。

由始至終，辯方都堅持麥福祥只是「替死鬼」（a fall guy），真正兇手及案件主謀一直逍遙法外。事實上，這宗案件雖已審結，但仍留下很多疑點：如麥福祥是蓄意殺人，怎會用真實姓名與身份登記入住酒店，又主動向服務員提出浴袍缺少腰帶？而且揸利年輕力壯、身材健碩，又曾接受軍事訓練，麥福祥只是普通商人或業務跑腿，是否有能力用一條腰帶便輕易勒斃對方？這樣乾淨利落的殺人手法更似職業殺手所為。此外，據酒店服務員的證供，他們大約在 4 時半及 7 時嘗試入內清潔，房間均被「雙重上鎖」，到 8 點左右才能進入，但麥福祥在 5 時多已攜同行李離開酒店，揭示在他離開後，房間內仍然有第三者。

麥福祥被捕後，在未被警誡情況下向警方錄取口供，提及他是受拉沙里委託到港辦事並會見申，但之後又改口，其前言不對後語，原因真是身體虛弱、頭腦不清時的胡言亂語？還是後來在強大壓力下，明知對自己不利仍更改口供？馬來西亞政

府有就此作出跟進調查嗎？若有，過程和結果如何？若無，何解？從日後不同資料看，這方面卻奇蹟似的一片空白，讓人覺得不可思議、不合常理。

更關鍵的是麥福祥的行兇動機。儘管法官在引導陪審團時指，動機可以是為了死者身上數萬元現金，又或是為了400萬美元的貸款，但陪審團無需深究。惟要了解揸利為何被殺害，動機顯然十分重要。若說麥福祥是為了數萬元現金，約對方前來並將之殺害，似乎並不可信，因涉及金額不算多，不值得為此謀財害命；若說二人早有積怨亦不太可能，因為揸利不會毫無防範地與仇人會面，甚至上房間單獨相處。將所有疑點列出後，會發覺揸利被害的最大可能，是他阻撓了別人發財，甚至掌握了別人的犯罪證據，於是有人設局引他上鈎，他不願就範，結果被殺。因此，行兇者是申、麥福祥還是其他人都不是重點，因他們都只是「代理人」而已，背後很大可能另有黑手。

另一方面，案件的「八卦」新聞中，亦有不少地方引人好奇。例如，麥福祥被扣押期間，據說常收到神秘信函，最特別之處是內容強調「沉默是金」（silence is golden）（*Malaysia Today*, 8 January 2019）。服刑數十年後，麥福祥獲釋返回馬來西亞檳城老家，過著「明顯充裕的生活」，那時的陳松青其實財力與影響力已今非昔比，但麥福祥仍「繼續保持緘默」（*Asia Sentinel*, 11 August 2011）。時至今日，當年捲入事件的人不少已離世，在生者寥寥，但謎團仍未能解開，令人耿耿於懷（*Malaysia Today*, 8 January 2019）。

雖然揸利被殺一案仍有不少疑團，但卻成了調查佳寧集團一個十分重要的突破口。揸利是裕民銀行派來香港，直接調查裕民財務不正常借貸的關鍵人物，涉及的

貸款者主要有陳松青、鍾正文與許盛，反映早有人察覺到佳寧集團與裕民財務可能進行了一些不合法活動。

其實，在揸利被殺前數月，警方及廉政公署等執法機構早已對佳寧集團有所懷疑，亦曾展開調查，但按一般商業詐騙的刑事調查程序，搜證存在很大局限，就算有人舉報，但在沒有確實證據前，無法傳訊相關人士或核查相關文件，令調查舉步維艱。香港一直高舉自由市場旗幟，商業自由度高乃國際社會公認，加上香港缺乏

| 《工商日報》，1984 年 4 月 27 日。

| 《工商日報》，1984 年 5 月 18 日。

報章報導揸利（伊巴咸）被殺案的審訊消息。

天然資源，港府與社會大眾高度依賴商人在創造財富、提供就業和帶動經濟發展方面的貢獻，除非商人行為明顯觸犯法律、嚴重跨越道德底線，否則多不干預。

正是在這種背景下，就算陳松青作出多項讓人覺得不可思議的交易，如以高價收購金門大廈再以 1 元轉售佳寧置業，然後又在短時間內以更高價錢出售金門大廈，廉署、警方、金融或商業監管部門雖有疑慮，仍沒調查當中有否牽涉虛假交易、造市或洗黑錢等不法行為，中外傳媒亦沒查根究底，了解當中的商業運作並作出報導（陳兆祥，1998），只是以「謎」或「神秘」等籠統的形容詞輕輕帶過。

就算在 1982 年 3 月，佳寧集團與身陷嚴重財困的益大投資產生糾紛，陳松青採取私下賠償的方法處理，影響到佳寧置業小股東及債權人的利益，證監處認為不合正常程序，本來有意展開調查，卻招來市場或社會人士的批評和質疑，結果不了了之。至 1983 年益大清盤後，證監處因佳寧與益大關係密切，宣佈將之納入調查範圍，亦有不少人抨擊，指做法會打擊正在進行債務重組的佳寧集團，削弱投資者及債權人的信心，認為證監處不應節外生枝，因佳寧垮台只會令公眾利益損失更大（*South China Morning Post*, 30 April and 14 May 1984）。由此可見，香港除了商業營運的自由度，連對商人在灰色地帶徘徊的容忍度亦較高。

然而，因為揸利被殺，牽涉人命，警方就有更大權力，哪怕會影響商業經營，亦能一查到底。正因如此，警方從揸利生前留下的文件及筆記簿中找到不少有用資料，亦從裕民財務與佳寧集團之間一些不尋常的記錄或資料中了解到更多問題（Robinson, 2014: 41-42）。更為重要的是，警方核查相關證物，並傳訊相關人士，找到商業詐騙與做假賬等違法證據，於是將資料交由商業罪案調查科接手，令火頭

燒上當時正陷財困的佳寧集團。從這個角度看，佳寧雖因揸利被殺而取得 400 萬美元的貸款，但這筆錢相對其龐大債務只如滄海一粟，無助集團逃過崩潰的命運，謀殺案反而成為集團遭到深入調查的缺口，猶如戳中阿基里斯腳跟（Achilles' heel）的利刃，令人出乎意料。

1　自 1965 年銀行擠提危機後，香港政府收緊銀行監管，不再發出銀行牌照，所以裕民銀行到港開設業務亦不能註冊為銀行，只能以財務公司模式經營。

2　馬來西亞的政治分析均指，馬哈蒂爾和裕民銀行董事拉沙里之間存在一定競爭與矛盾（*Aliran Monthly*, 1989）。

3　據警方調查，那位馬來西亞商人 Tan Sri Ibrahim 案發時不在香港。按此看，應有人冒認他的名義與揸利聯絡。

4　警方曾懷疑麥福祥的香港太太涉案並對她作出調查，但最後沒作出檢控（*South China Morning Post*, 9-11 August 1983）。

5　其後，麥福祥在法庭上改口，指自己來港與拉沙里無關。

6　收藏屍體的行李箱是在麗晶酒店附近的新世界購物中心購得，據該店售貨員的供詞指，7 月 18 日下午，一位不懂說廣東話的東南亞人在店內買了大型行李箱。

7　的士司機的供詞顯示麥福祥其實懂說廣東話，但他在其他人面前使用英文。他對香港環境有一定認識，到美孚新邨後改為租車，相信是為了不想租用的士。美孚新邨是麥福祥香港太太的父母居所，麥福祥與太太則在青衣美景花園擁有一個單位（*South China Morning Post*, 27 April 1984; Robinson, 2014: 33-35）。

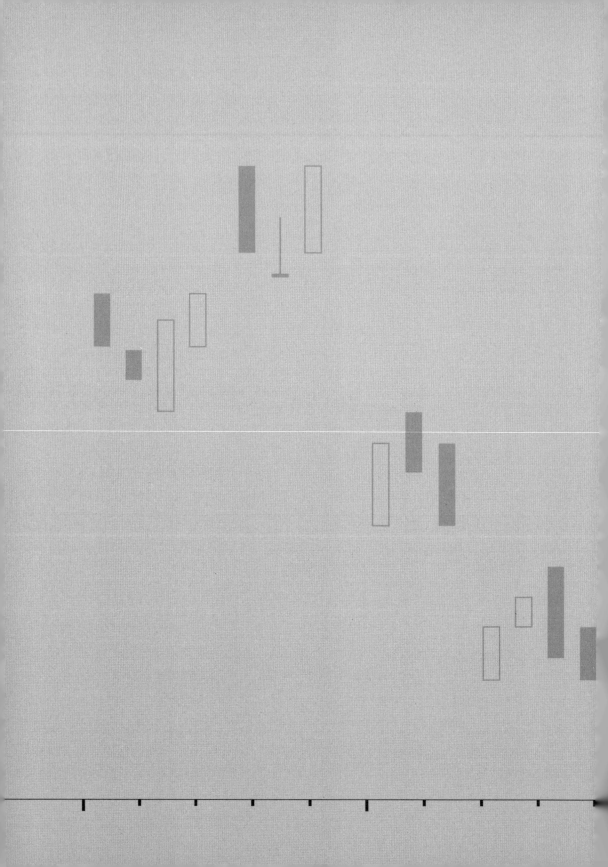

第十一章

訴訟前哨戰

● 揸利留下的文件成為打開潘朵拉盒子的鑰匙，當中提到裕民財務與佳寧左手交右手的資金轉移、疑似「造數」，批核信貸時抵押品不足，以及手續不齊全卻能取得貸款等涉嫌違法行為，警方相信陳松青等佳寧高層有份參與其中，並以此為依據，向法庭申請搜查令。1983 年 9 月 10 日上午 10 時，大批警員出動，封鎖灣仔佳寧中心的佳寧總部，近百名商業罪案調查科、有組織及嚴重罪案科及重案組人員通宵搜查，據警方公共關係科指，調查與訛騙指控有關。搜查行動至 9 月 13 日凌晨 4 時才結束，檢走最少 50 箱文件，消息轟動全港（《華僑日報》，1983 年 9 月 12 日；《工商晚報》，1983 年 9 月 13 日）。●

在搜查佳寧的同時，警方亦於 9 月 10 日持搜查令，要求進入集團法律顧問的近律師行總部，但遭律師行拒絕，並向高等法院要求裁定搜查令無效（《工商日報》，1983 年 9 月 15 日），事件同樣轟動中外。同一天，證監專員霍禮義約見了佳寧的財務顧問獲多利及亨寶，將佳寧向裕民借貸之事公開，要求他們解釋，並重新根據實際欠款提交債務重組方案（霍禮義，1992：89），兩間機構其後宣佈退出債務重組計劃。

約半個月後，傳來既震撼但也屬意料之內的消息，佳寧集團主席陳松青於 10 月 2 日下午，在家中被商業罪案調查科探員拘捕，陳松青被鎖上手鐐帶返警署時，曾向傳媒作簡單回應：「不要緊……一切都沒問題」（It is not important … everything should be all right），記者形容他表現冷靜，面對鏡頭亦顯得大方。另一高級職員何桂全則於同日稍早時間，在啟德機場準備乘飛機前往馬尼拉時被捕，同被帶到灣仔警署接受調查，警方指二人涉嫌與訛騙案有關。一日後，警方正式落案控告陳松青及何桂全，案件隨即於 10 月 3 日在西區裁判法院提堂（《華僑日報》，1983 年 10 月 3 日；*South China Morning Post*, 4 October 1983）

｜霍禮義

事態發展至此，佳寧集團神話真正破滅，無數「小股民手上的『佳寧置業』（股票）形同廢紙」，欲哭無淚（齊以正，1983：47）。到底有多少人因「佳寧騙案」而受害呢？若撇除金融機構，單計算購入佳寧股票的小股民，在一次訪問中，陳松青曾提到佳寧置業的股票甚受投資者垂青，從 1979 年收購美漢時股東只有約 1,500 人，到了 1981 年 8 月已增加至近 20,000 人（*South China Morning Post, 25 August 1981*），可見那時的佳寧集團已有不少「粉絲」。[1] 以 1981 年香港總人口為 520 萬計算，撇除三成 18 歲以下人口不計，即在約 360 萬成年人口中，每千人便約有 5.6 人持有佳寧置業股票，反映公眾投資者數目甚多，有評論估計佳寧三家上市公司的小股民合共損失 10 億港元以上（《信報》，1987 年 9 月 16 日）。

俗語有云：「做生意不是賺便是蝕」，公司營運與發展有起有落、時盛時衰，就如行軍打仗有勝有敗，實在是平常不過，如陳松青早年創業亦曾遭遇滑鐵盧，不值得大驚小怪。就算佳寧集團被清盤，雖然涉及金額極巨，牽涉層面極廣，受影響的債權人與股民甚多，但若公司只是受外圍因素拖累，或管理者經營不善，大家亦只能埋怨自己運氣太差或投資眼光欠準。然而，陳松青與佳寧集團的發展，卻牽扯出嚴重的弄虛作假、欺詐股東、貪污受賄等犯法違紀行為，甚至捲入連串謀殺案與離奇死亡事件，社會震驚之餘，更質疑香港股票市場的監管力度與公平性，其衝擊及餘波自然是久久不散。

首次提堂時，控方對陳松青及何桂全提出兩項控罪：（一）控告兩人於 1982 年 1 月 2 日，身為佳寧職員，企圖欺騙佳寧之股東及債權人，在一份公開報告中，表示佳寧與百寧順企業達成一項協議，出售 1,720 萬股友聯銀行股權予百寧順企

業，涉及款項 4.816 億元，佳寧獲取三成現金收入，並訛稱該筆款項獲得銀行無條件擔保。（二）控告何桂全於 1981 年 12 月 31 日偽造一份轉戶單據，訛稱佳寧以另一間公司名義，將 1.445 億元存入裕民財務公司。檢控官更指警方已掌握確切證據，將在下次提堂時加控更多罪名（《華僑日報》，1983 年 10 月 5 日）。

雖然佳寧集團當時已陷財困，但始終曾屬香港十大企業之一，正如俗語所言「爛船仍有三斤鐵」，加上面對嚴重指控，陳松青等自然不敢輕敵，從英國聘來御用大律師及身邊頂尖的法律專業團隊，與檢控方在法庭展開攻防戰，首戰便是關於保釋問題。在首次提訊時，法官原本批准二人保釋候審，卻遭檢控官強烈反對，除因本案案情極嚴重、牽涉款項極高、二人有財力離港等外，還透露出不少令人震驚的資訊。

原來早於 1983 年 4 月份，廉政公署已對陳松青展開貪污調查，當時陳松青須保釋候查，並依時到廉政公署報到。其次是陳松青在 1972 年 6 月 26 日由新加坡來港，居留期為三個月，但他之後沒向入境署申請延期居留，直至 1982 年有入境處人員因相關報導而調查他，他才申請永久居留權，代表他多年來在香港都是過期居留。此外，陳松青持有三本護照，一本是已過期的新加坡護照、一本是南美洲巴拉圭的護照，一本是南太平洋島國東加的護照。最令債權人及市場震驚的，是控方指佳寧的債務其實高達 106 億元，而非對外宣稱的 60 億元，其中 40 億元的貸款是來自裕民財務，[2] 佔全數債務近四成，且過去從沒公開，外界全不知情（《工商日報》，1983 年 10 月 5 日；《華僑日報》，1983 年 10 月 5 日）。

就陳松青逾期居港一事，有記者立即向入境處查詢，入境處表示正密切注視一

個 1972 年的過期居留者，「但其名字不為佐治‧陳（陳松青之英文名字）。過期居留者的資料一直存於本處紀錄內⋯⋯直至他們的案情明朗時，本處會採取適當行動」（《工商晚報》，1983 年 10 月 5 日）。由於陳松青案件已進入審訊階段，入境處不能透露更多詳情是可以理解的，單從這含糊的答覆推斷，陳松青應是 1972 年來港，不過當時並非以 George Tan 的名字入境。由此可見，陳松青的行蹤自一開始已令人困惑，同時這亦是為甚麼他在 1980 年代初的訪問中，提到何時到港時，常有前後矛盾的地方。

根據無罪推定的原則，陳松青等人在被判有罪前都應視作清白無辜，故就控方提出的偽造文書或隱瞞欠債等說法，須留待日後法庭揭示更多內情或作出判決後再行討論。但單就陳松青的入境日期及過期居留等事，由於有政府記錄，相信出錯機會甚小，且被告一方的代表律師亦接納此事實陳述，說明相關資料基本真確。不過，這些事實不但無助解開與陳松青相關的謎團，反而造成更多疑惑。

因為不久前，陳松青才接受報章訪問，稱自己於 1971 年從馬來西亞來港，到底他是單純記錯自己到港時間及出發地點，還是存心隱瞞來港之前的經歷，讓人難以追溯他的行蹤？其次，為何陳松青在港多年，卻從不申請延期居留？是故意為之還是粗心大意？是自知不合資格擔心被拒絕，還是最初因事忙而忽略，後來變得「有頭有面」，不想暴露自己是非法居民？另外，若然他初來港時只有三個月居留權，相信並非工作簽證，那他到鍾氏家族工作，不是已違反了逗留條件，算是「非法勞工」了嗎？當然，在那個年代，相關規定應沒今天社會般嚴格。

事實上，香港沒有禁止雙重國籍的法例，陳松青就算不想放棄新加坡居民身

份，亦可申請本地居留權。若只是一時疏忽，逾期居留不算十分嚴重的罪行，處理方法多數是罰款或遣送離境，以陳松青當時的身份地位及對香港經濟的貢獻，就算一開始忘記申請，亦能在頂尖法律團隊協助下與港府溝通，暗中體面地解決事件。陳松青的代表律師曾在法庭上披露，他多年來一直沒有出境，反映他其實清楚自己非法居民的身份，不想出入境以免惹來調查，否則他作為一間跨國企業的大老闆，在海外投資那麼多，親人又在異地，按道理有極大需要親自巡視業務及了解投資環境。以陳松青的精明幹練，明知非法居留被揭發絕對是個大醜聞，會損害公司形象，他卻一直任由這個「炸彈」留在身邊，除了身懷不可告人的秘密外，實在想不出其他解釋。

回到陳松青與控方團隊的攻防戰上。雖然控方極力反對陳松青及何桂全保釋，並上訴至最高法院，但二人仍在 10 月 7 日獲批准保釋，算是首仗告捷。其中何桂全的保釋條件維持原判，但陳松青的保釋條件則更為嚴厲，除要交出旅遊證件及每日兩次到警署報到外，還須交付保釋金 5,000 萬元及人事擔保 200 萬元，是香港有史以來最高的保釋金（《工商日報》，1983 年 11 月 24 日），這個紀錄至 2005 年才被龔如心涉嫌偽造亡夫遺囑案的 5,500 萬元打破（《經濟日報》，2005 年 1 月 28 日）。由於保釋金的多寡是視乎案情嚴重性、疑犯的財政能力及棄保潛逃的可能性而決定，故陳松青的巨額保釋金，多少反映法庭亦認為他有可能離港逃亡。

在陳松青等獲准保釋的 10 月 7 日，註冊總署署長紀禮遜（Noel M. Gleeson）以保險業監督的身份，為保障投保人及索償人的利益，向最高法院申請將其昌清盤。法院宣佈由紀禮遜出任臨時清盤人，接管公司並確保其運作（《大公報》，

1983 年 10 月 8 日）。後來，高院批准將其昌在香港的業務出售予美國先衛保險有限公司，其昌發出的保險合約及賠款，將由新的母公司接手承擔，令約 9,600 名受影響的投保人及相關機構可以鬆一口氣（《工商晚報》，1983 年 11 月 1 日）。

由於其昌在其他亞洲地區亦有不少業績，註冊總署遂與各國政府磋商有關安排。11 月，紀禮遜宣佈已與泰國財務有限公司達成協議，待泰國商業部同意後，當地的業務將由對方接手（《工商日報》，1983 年 11 月 11 日）。稍後，其昌的新加坡業務分別售予美國聯邦保險有限公司（Federal Insurance Co.）及新加坡保險有限公司，前者隸屬於資產龐大的 Chubb Corporation，後者大部份股份由半國營的新加坡發展銀行持有，相信當地投保者亦能獲得足夠的保障。至於出售業務所得的 660 多萬坡幣將撥回其昌戶口，日後安排賠償予債權人（《華僑日報》，1983 年 12 月 30 日）。

由於佳寧負債巨大，已無任何成功重組的可能，獲多利及亨寶兩間財務公司在 10 月 8 日發表聲明，指自己在集團的重整債務計劃中已不再扮演任何角色，早前應聘來港加入處理債務的包約翰，亦表明不再插手集團債務重組事宜（《華僑日報》，1983 年 10 月 9 日及 12 日）。在獲多利及亨寶發表退出聲明的同一天，佳寧置業其中一名債權人美國信孚銀行入稟高院，申請將佳寧置業清盤，高院委派三名會計師作臨時清盤官，並排期約一個月後進行聆訊（《華僑日報》，1983 年 10 月 9 日）。裕民財務及歐聯財務集團（香港）亦於一日後（10 月 10 日）向法庭申請將佳寧集團清盤，歐聯財務指行動前已與其他債權銀行商討，連串事件令他們認為，這是唯一可以採取的行動（《工商晚報》，1983 年 10 月 11 日）。

佳寧清盤官其後指，因無人表示有意接收佳寧資產，故雖未有確實日期，但結業肯定是唯一選項。當陳松青和何桂全保釋離開荔枝角羈留所時，公司部份業務雖仍在運作，如佳寧娜餐廳繼續開門營業、校巴車隊亦繼續接送學童，維達航業則與債權人達成協議，業務不受母公司清盤影響，船隊運作如常（《大公報》，1983年10月8日；《工商晚報》，1983年10月11日）。[3] 但現實是，這間崛起極速、曾被譽為香港十大公司之一的巨型集團早已分崩離析，走到了終局。

在等待欺詐案開審期間，陳松青還面對連串私人債務訴訟。據報導，早於1983年2月份，即佳寧剛停牌開始債務重組時，永隆銀行已入稟法庭，向陳松青追討 2,073,000 元；4月份，Ayala 財務公司入稟，向他追討 4,284,100 元；5月，長江實業亦因佳寧置業未能完成買賣，向其追討 6,000 多萬欠款；10月，巴克萊銀行入稟，向他追討 8,747,000 元；11月初，交通銀行、中南銀行分別向他追討 2,000,000 元及 3,349,000 元；至11月中，南洋商業銀行亦入稟高院，指陳松青欠債不還，款額為 6,369,000 元，單是這七宗案件，涉及款項已高達3億多元（《工商日報》，1983年5月12日及1983年11月16日）。

1984年1月，裕民財務亦加入追債行列，款額高達 1.38 億美元（約 10.76 億港元）。據報導稱，相關貸款是在1981年10月分七次借出，借貸者為集團旗下及陳氏的私人公司，由陳松青作擔保，但一直沒有還款，有消息更指佳寧及陳氏共欠裕民財務6億美元（約 46.8 億港元），其中有多少由陳松青擔保則不得而知，反映他仍有不少欠債尚未浮面（《工商晚報》，1986年1月3日）。

陳松青的私人債務如此龐大，一方面源於他向裕民財務借貸時，不少是沒有抵

佳寧神話──陳松青的造神毀神

押或抵押品不足，單靠他私人擔保而獲得貸款；另一方面，有銀行界人士指他「習慣」以私人名義為佳寧集團及名下公司作擔保（《工商晚報》，1986年1月3日）。撇開裕民財務的異常做法不談，單論他與其他正規銀行的貸款，按道理，若公司有足夠抵押，應不會以個人身份作擔保，因為個人擔保是要「上身」的，即當有限公司資不抵債時，相關債務會由陳松青個人包底承擔。中國文化強調「不做中、不做保、不做媒人三代好」，但熟悉財務運作的陳松青卻反其道而行，是否反映集團在1981年時資金或許已出現缺口，單靠資產作抵押亦借不到足夠金額，只能連自己也押上？雖然真相如何已不得而知，但正因如此「習慣」，導致他除了面對嚴重刑事檢控外，還要應付連串民事追債訴訟。不過，這些民事債務案件未見後續，可能是最終庭外和解或私下了結。

另一方面，刑事檢控的進度亦相當緩慢，一再拖延，主因是控方指案情極複雜，且不少資料需要從海外搜集，加上陳松青一方要求將涉及其昌、友聯銀行及相關事件合併審理，申請延至1984年9月再進行初級偵訊（《工商晚報》，1984年1月12日）。在出庭應訊期間，有記者趁機訪問了陳松青的近況。陳氏除表達自己將會在法庭上「無保留地將佳寧集團的一切公開」外，還透露了一些關於他家人的資料，包括三名女兒當時都在新加坡讀書，太太與她們會於聖誕假期時來港團聚。他亦提到過去一向拒絕記者拍照，但現在已無法避免相片被公開了（《大公報》，1983年11月24日），這點多少解釋為何在過去佳寧最風光之時，亦鮮見陳松青的照片。

1984年4月，揸利謀殺案正式開審，陳松青的名字再次在法庭上出現。主控

官在陳述案情時，指被告麥福祥堅持陳松青才是幕後主謀，聘請殺手謀害揸利，而死者身亡當天，本應與陳松青及何桂全有約，商討 400 萬美元貸款，證人在作供時自然屢次提到陳松青。由於揸利謀殺案本身已相當轟動，加上陳松青涉及其中，引來眾人熱議，然而陳松青在案件審訊期間突然患病入院，並成功向法庭申請無需到警署報到（《華僑日報》，1984 年 4 月 19 日），其後一直深居家中，沒有記者能再與他接觸，探問他對案件的感想，但坊間議論從未平息。

在揸利謀殺案審結後數天，佳寧事件又有新發展。5 月 21 日，警方以串謀訛騙罪，落案起訴陳松青、何桂全，以及律師華里士（Richard A. Wallis）、會計師碧格（David Begg）及盧志烜五人，翌日隨即於西區裁判署提堂。其中華里士為的近律師行資深合夥人、碧格及盧志烜則為羅兵咸會計師樓合夥人。庭上提出的控罪有兩項，第一條指控陳松青、何桂全、華里士，聯同的近律師行的黃秉乾、潘兆忠，以及資深合夥人（即該行老闆之一）溫寶樹（John Wimbush），在金門大廈出售予百寧順一事中造假，瞞騙交易的真實情況；第二項控罪則指陳松青、何桂全、碧格及盧志烜於 1981 年 1 月至 1982 年 7 月期間，製造虛假交易及發出誤導性聲明，隱瞞佳寧的利潤資產等財政狀況，虛報九宗交易，欺騙佳寧股票持有人及債權人（《大公晚報》，1984 年 5 月 23 日）。

在第一項控罪中，提及有份串謀的除陳松青、何桂全、華里士外，還有黃秉乾、潘兆忠及溫寶樹三人，為何警方不將他們一網成擒呢？在調查期間，警方早已懷疑的近律師樓有律師涉案，並曾於 1983 年 9 月份搜查該律師樓，取走不少文件（*South China Morning Post*, 16 September 1983），但到正式決定落案時，黃秉乾、潘兆

忠及溫寶樹已早收風聲，或死或逃，令警方無法將他們解上法庭受審。

　　先說溫寶樹的情況。據報導，在廉政公署調查佳寧及陳松青時，他已被廉署「約飲咖啡」問話，協助調查（《華僑日報》，1984 年 5 月 20 日）。1984 年初，他離港到英國渡假並與家人團聚，後在警方要求下提前回港，並約定了會面日期，屆時甚有可能會被落案提告。但在原定與警方會晤前兩天，即 4 月 13 日，他卻被發現離奇溺斃於山頂甘道 5 號寓所的游泳池裏，頸部纏著尼龍繩，尼龍繩另一端繫著池底的一塊混凝土水渠蓋，死時只有 46 歲。

| 黃秉乾

| 潘兆忠

| 溫寶樹

溫寶樹是的近律師樓資深合夥人，一年多前才剛卸任香港律師會主席，屬於香港法律界有頭有面的人物，由於他個性堅強自信，公司同事與親友均指「他絕不似會自殺的人」（most unlikely candidate for suicide）（*South China Morning Post*, 14 April 1984）。溫寶樹因捲入陳松青的詐騙案正被警方調查，再加上他死時被繩纏頸，與九個月前揸利被浴袍腰帶勒死的手法類似，令社會對其死因有極大關注及諸多揣測，更出現一些陰謀論。[4]

後來，死因裁判庭為溫寶樹之死開庭研訊（《華僑日報》，1984年5月20日），庭上披露的資料打消了不少人的懷疑。原來溫寶樹雖表現自信，但過去一段時間已有抑鬱徵狀，須服用安眠藥才能入睡，自從知悉警方對他展開調查後，抑鬱問題日趨嚴重，他的妻子亦知道他心理及精神狀況欠佳。據警方及專家證人作供時稱，無論是溫寶樹的屍體、案發前後大屋內外及居民出入狀況等，均找不到特殊異樣，沒有外人闖入的痕跡，亦找不到他曾受到威脅的證據（*South China Morning Post*, 18-19 July 1984）。

此外，溫寶樹死前留下了三份便箋，雖沒寫明會自殺，卻明顯交代了後事。其中一份留給妻兒，叮囑他們留在英國，不要回到香港；第二份有關家庭財務安排，法庭以私隱理由沒有披露詳情；第三份給的近律師樓的合夥人及同事，表達對事件（沒指明是甚麼事件）極度傷感和後悔，覺得自己應為所有事情受到責罵，並在便箋最後指香港是他的家，他應永遠留在這裏。[5] 最後，死因裁判官裁定溫寶樹「死於自殺」，死者遺孀亦接納相關裁決（*South China Morning Post*, 18-19 July 1984）。

溫寶樹曾任律師會主席，在法律界享有崇高地位，從他留下的便箋可推斷，他自覺犯下嚴重錯誤，可能擔心一旦罪成，自己會英名盡喪，故在孤獨及龐大的心理壓力下一時想不開，自尋短見，成為第二名與佳寧事件相關的亡魂。但由於他的自殺手法複雜得令人費解，與揸利被殺案相似，令人產生不少聯想，甚至對法庭判決存有狐疑。

　　的近律師樓另外兩名受到警方懷疑的律師黃秉乾和潘兆忠，亦曾被要求到警署協助調查，但不久後卻未能再聯絡二人，到 1984 年 5 月警方認為證據充足，將案件轉交法庭排期審理時，二人仍沒現身，只能作缺席聆訊。隨後，警方證實二人已離開香港，逃往海外。儘管警方曾透過國際刑警發出通緝令，但一來他們未必會長期停留在同一地方，二來若該地與香港之間沒有引渡安排，亦難以將他們捉拿歸案（*South China Morning Post*, 29-30 May 1984）。黃潘二人乃資深法律人士，自然懂得「走法律罅」，結果直至案件審結，都無法把二人送上法庭。

　　問題是，這三位在法律界甚有名望的律師，為何會參與陳松青的騙局呢？據霍禮義之言，在佳寧出售金門大廈予百寧順時，「的近律師行是交易雙方的律師……但黃秉乾卻似乎一面代表買家的林氏兄弟，一面聽命於陳松青……黃秉乾和另一個合夥人潘兆忠在這宗交易裏佔有股份」。後來，由於銀行拒絕貸款及擔保，這宗早已公佈天下的交易面臨失敗，但陳松青認為撤銷交易對佳寧極為不利，於是黃潘二人找來律師行高級合夥人溫寶樹，想出了一個權宜之計：透過連串複雜程序，安排以期票代替現金交易，並在三名律師協助下，佳寧成功「隱瞞了以期票代現金付樓價的事實……這一項看似不起眼的小小隱瞞，卻通過金融市場的放大，對整個香港

房地產市場帶來了無可比擬的影響」（霍禮義，1992：90-91）。

　　事件一開始時，這三名專業精英或許只是出於貪念，為客戶「度橋」走法律罅，但他們沒想到，金門大廈的高價成交給市場和社會發出錯誤信息，以為地價未到頂，令地產泡沫繼續脹大，導致日後更大損失。至於他們更預想不到的，是他們成為了一場龐大騙局的參與者，最終付上事業、名聲甚至性命的沉重代價。

　　經過連串複雜的法律程序及爭辯，[6] 佳寧案初審終於在 1985 年 4 月結束。法官沈道良裁定兩項控罪表面證據成立，將案件轉交高等法院審理。不過，由於當時揸利被殺案仍在審訊，被告與證人的證詞又多次提及佳寧與陳松青，為免影響本案的公平性，要待揸利案審結，並完成所有上訴程序後，本案才能正式開審，預計日期為 1986 年 2 月，期間各人仍能保釋候審（《華僑日報》，1985 年 4 月 10 日；1984 年 10 月 19 日）。

　　令公眾意外的是，開審前警方再拘捕了更多商界知名人士，包括百寧順的負責人林秀峰及林秀榮兄弟，他們在 1985 年 5 月 24 日被拘控及落案提堂，二人被指與陳松青等串謀行騙，在 1980 年金門大廈的買賣中瞞騙該交易的真實情況。[7] 到 6 月中，又增加一名新的被告人，他是獲多利有限公司前高層戴維斯（Mark Davies），控方指三人的控罪與陳松青詐騙案相關，案件將直接轉解高院，與陳松青等人進行合併審訊（《華僑日報》，1985 年 5 月 25 日；《大公報》，1985 年 6 月 15 日及 22 日）。

　　與此同時，證監處的調查及佳寧集團的清盤程序，亦進行得如火如荼。具體地說，證監處自 1983 年開始對佳寧及益大兩間公司欺詐、造市及操弄市場的調查工作，一直沒停止，至 1985 年 6 月更因調查費用超過預算，須再次向立法局（即

現今立法會）財委會申請追加撥款 1,600 多萬元，截至當時，總撥款額已高達 4,500 多萬元。據政府呈交立法局的文件，預計對益大的調查不能於該年 8 月前完成，對佳寧的調查可能更要超過一年，時任布政司鍾逸傑（David Akers-Jones）在會上解釋，該案必會調查到底，直至水落石出。由此可見，政府對事件相當重視，且因案情嚴重、資料錯綜複雜，涉事人物眾多，令調查進度遠超預期，金額一再超支，成為香港最昂貴及最耗時的調查個案之一（《華僑日報》，1985 年 6 月 27 日）。

佳寧集團清盤方面，1985 年 7 月，法庭委任的清盤人羅賓信（Ian Robinson）首次公開清盤進展。據他透露，佳寧集團在 1982 年 1 月至 1983 年 11 月（即佳寧停牌進行債務重組至正式清盤）期間，資產淨值劇降 43 億元，他以「罕見」來形容下降幅度，並表示這是接續需要調查的主要目標，而佳寧置業的負債總額估計多於 42 億元，根據當時賬面情況，股東可追回股本的可能性不大（《大公報》，1985 年 7 月 23 日）。對於當初一心相信陳松青是財神爺化身，或認為佳寧股票長升長有的小股民而言，相關言論自然令他們的最後希望也幻滅了。

羅賓信指出，由於佳寧系及陳松青名下公司眾多，當時確認的已有 680 間，它們之間的關係盤根錯節，具體調查工作可能要三至五年才能完成。調查未完成前，無法進行債權登記，故不能確定佳寧到底有多少債權人，但就他估計，當中涉及超過 100 間金融機構，此外約有 65% 為無抵押債權人（《大公報》，1985 年 7 月 23 日）。由於集團早已資不抵債，還要優先償還給政府、被拖欠薪金的僱員、會計核數師及有抵押債權人等，那些無抵押債權人的資金亦恐怕凶多吉少。

不過，對債權人而言，後續卻出現較樂觀的發展。其中，美麗華酒店與清盤

官達成協議，放棄向佳寧追債，令債權人大喜過望。原來，之前以佳寧與置地為首的財團在 1981 年 5 月時，以 28 億元合作購入美麗華酒店舊翼地皮，由於其後佳寧與置地雙雙財困，在支付了 9.2 億元首期後無法繼續供款，兩家公司尚欠美麗華酒店大筆尾款，單是佳寧的欠款便高達 9 億元。但在 1985 年 10 月，酒店宣佈放棄向佳寧追討餘款。[8] 據清盤人羅賓信表示，與美麗華達成的協議令佳寧不但不需賠償，且減少了 7 億元負債，增加無抵押債權人獲得賠贖的機會（《大公報》，1985 年 10 月 16 日；《華僑日報》，1985 年 10 月 16 日）。

美麗華酒店為何會如此慷慨，大筆一揮便抹去 9 億債務，顯然不符合做生意「錙銖必較」的原則，公司負責人解釋是認為成功追回機會甚微，不想浪費更多律師費。反映公司經評估後，確定佳寧已是空殼，就算入稟法庭追債獲勝，也不能取回分毫，只會浪費更多金錢，即俗語所謂「醫好也是白費錢」，所以乾脆放棄。背後另一個原因，是《中英聯合聲明》在 1984 年 12 月簽訂後，港人信心逐漸回穩，樓市亦隨之反彈，美麗華舊翼地皮的價值已大幅上升，若將地皮重新出售或另作發展，足以補回差價，與其浪費時間金錢與佳寧繼續拉扯談判，不如盡快將之踢走，釐清業權，早點開始為下階段發展部署。日後，因市道好轉，佳寧持有的多個物業以更高價格售出，大幅減輕負債，債權人獲得的賠償亦有所增加。

回到 1985 年 12 月，陳松青等人串謀訛騙罪開審前夕，又傳來陳松青及何桂全被捕的消息，這次的執法機構則是廉政公署。12 月 7 日，廉政公署以串謀行騙馬來西亞裕民財務及向該公司兩名高級人員提供利益等 23 條罪名，落案檢控陳松青、何桂全及鄒開莉三人，控方在西區裁判署提訊時，指案情十分嚴重，裕民財務

損失金額近 50 億港元。就在同一天，涉案的兩名裕民財務前要員，包括前主席羅寧及行政董事夏士炎（Hashim Shamsuddin，亦譯作辛素甸）亦在英國被捕，於倫敦法庭提堂後被扣押，等候香港警方申請引渡回港，與陳松青等一併受審（《華僑日報》，1985 年 12 月 8 日；《大公報》，1985 年 12 月 8 日）。後來，法官應控方要求，將案件押後一年，待陳松青、何桂全涉及的佳寧案審結後才處理（《華僑日報》，1986 年 2 月 1 日）。即是說，一宗接一宗的訴訟，正在前方等候著陳松青等人。

1986 年 1 月，佳寧案開庭前夕，陳松青和何桂全突然向法庭申請無限期擱置審訊，理由是二人在 1983 年被捕時，已被媒體大肆報導，及至一個多月前遭廉政公署拘捕，控以 23 條罪名，令他們再度成為新聞人物，辯方指那些報導可能會令陪審員對被告有先入為主的印象，造成審訊不公平。顯然，到了最後關頭，二人仍想以各種方法避過法律審判。政府檢控團隊亦嚴陣以待，由時任律政司唐明治（Michael Thomas）親自出庭反駁，指二人為社會知名人士，被捕自然會有傳媒

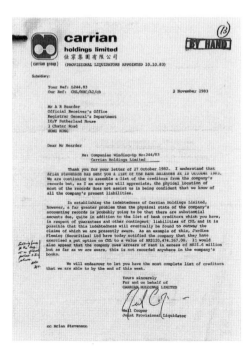

| 佳寧清盤期間往來信件

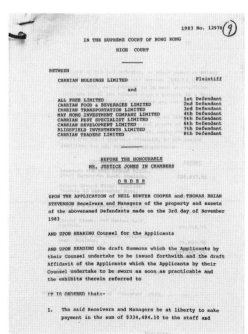

| 佳寧清盤的法庭文件

報導，他認為，相關報導準確中肯，法官及陪審員不會因此產生偏見。最後，法官駁回二人申請，案件將按原定計劃在 2 月 24 日開庭，審訊期預計為九個月，可能會成為審訊時間最長及律師費最貴的案件（《大公報》，1986 年 1 月 10 日及 1986 年 1 月 15 日）。

1　不過，據坊間評論指，佳寧置業的小投資者有近「四萬」（齊以正，1983：47），較陳松青所聲稱的 20,000 人多出逾倍。這可能與兩個數字包含的範圍不同所致，因為佳寧集團旗下有三家上市公司，除佳寧置業，還有其昌及維達航業。陳松青所指的 20,000 名股民應單指佳寧置業，齊以正所指的 40,000 人應加上了其昌及維達航業。

2　有關陳松青欠下裕民財務的債務，說法由 30 多億元至 60 億元不等，其中原因應與美元兌港元匯率在不同時期的計算存在差異有關，因為 1977 年至 1983 年底港元兌美元的匯率變動巨大之故（香港金融管理局，2000）。

3　由於航運業持續不景，維達航業在債權人不再支持其債務重置計劃後，亦於 1985 年 1 月 8 日宣告清盤（《華僑日報》，1985 年 1 月 9 日）。

4　事件引人懷疑的是，他死亡的地點與林秀峰位於甘道 11 號的住宅距離接近，林秀峰為佳寧案涉事人之一，又與陳松青交往密切（《明報》，2011 年 5 月 6 日；Robinson, 2014: 322）。

5　問題是，若果溫寶樹是受到巨大威脅，覺得自己將會被殺，又內疚自己所犯的過錯，加上受抑鬱症影響，於是留下遺言交付後事，以免親人無所適從或太過傷心，有這樣的可能嗎？單從死者有精神或心理問題，及留下似是遺言的便箋，便視為毫沒疑點的自殺，始終並非完全穩妥，難怪仍有不少人對裁決未能信服。

6　如初審時曾不准記者進庭旁聽，相關決定遭《亞洲週刊》、《南華早報》及《亞洲華爾街日報》三間傳媒入稟要求司法覆核，最終傳媒勝訴。

7　在佳寧案初審時，林秀峰及林秀榮被列作證人，後控方將之納入被告。

8　項目的另一主要股東置地，則賠償了約 3.78 億予美麗華酒店集團（《華僑日報》，1985 年 10 月 16 日）。

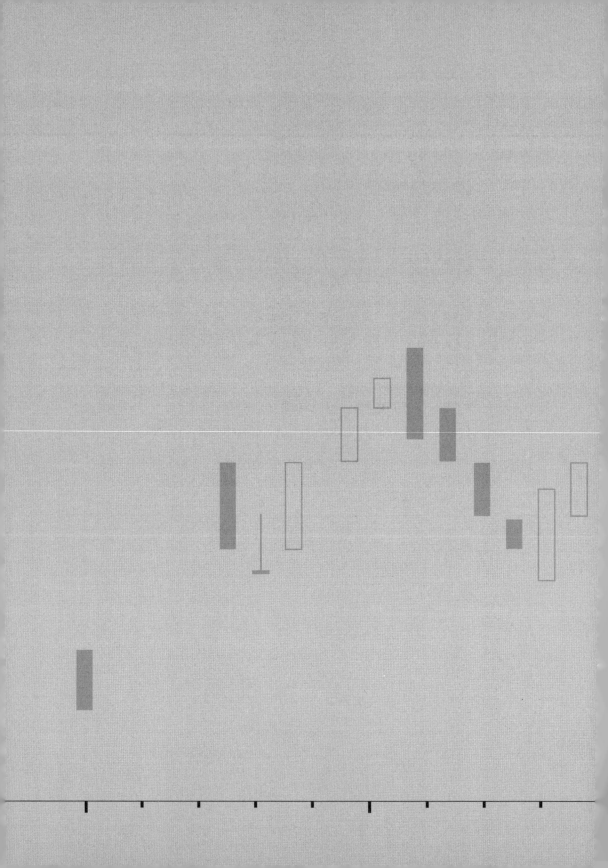

第十二章　法庭攻防戰

● 1986 年 2 月 24 日，備受注目的佳寧案終於正式在高等法院開庭聆訊，主審法官為上訴庭法官柏嘉（Dennis Barker），據報導，他是自動請纓、自降地位審理此案的（*South China Morning Post*, 28 February and 4-15 March 1986）。被告方面，當時出現在高等法院的，只剩陳松青、何桂全、林秀峰、林秀榮、碧格及盧志煊六人，原因是早於 1985 年 10 月，前獲多利高級職員戴維斯申請提前審訊，經高院內庭聆訊後，獲法官柏嘉撤銷控罪（《大公報》，1985 年 10 月 29 日），另一名被告華里士則申請與本案分開審訊，亦獲得法官批准（《大公報》，1985 年 11 月 1 日）。 ●

控罪指，陳松青等六人在 1981 年 1 月 1 日至 1982 年 7 月 31 日期間，串謀行騙佳寧股票持有人及債權人等，並提供虛假及誤導性的公司財政資料，隱瞞佳寧集團的利潤、資產及財政狀況，涉及的虛報事項有十宗（《華僑日報》，1986 年 2 月 25 日），六人全部否認控罪，且聘用強勁法律團隊作後盾，官司勝負難料。

為了打勝這場硬仗，雙方法律團隊都扭盡六壬，在聆訊前已就各項法律程序與取證方向不斷爭拗，要多次展開特別法庭，為己方爭取有利條件。政府方面，由於案情複雜及不容有失，除警方與律政部門的精英傾巢而出，又額外聘用專業會計師作顧問外（《大公報》，1985 年 11 月 7 日），更特別聘用英國民事訴訟案專家、御用大律師嘉柏倫（Neil Kaplan）來港擔任主控，於 1985 年 10 月抵港研究案情（《大公報》，1985 年 10 月 1 日）。據律政司唐明治表示，預計此案總共會耗費公帑 2,000 多萬元（《大公報》，1985 年 11 月 7 日）。

開審前，控辯雙方首要任務是遴選陪審員，因應此案複雜及預計耗時甚長，政府早前已改例將陪審團人數由七名增至九名，避免因部份陪審員缺席而令審訊要再押後的情況，因此單是陪審員人數亦開創了香港司法史上的先河。據報導，本案對陪審員的篩選也空前嚴格，法庭預備了一份多達 370 名合資格人士的名單，從中選出百多人再作分批甄選，最後用了一天時間，終於選出六男三女的陪審團。此外，

| 林秀峰

| 林秀榮

為免對陪審員生活造成過度不便，審訊時間採取半天制，每日下午1時半休庭（《華僑日報》，1986年2月25日及1986年2月26日）。

完成陪審員的遴選工作後，控辯雙方便進入正式的攻防戰。由於案情十分複雜，不但法官桌上的文件堆積如山，主控官為了幫助眾陪審員了解及跟上進度，更特別為他們整理好一系列文件，並在庭上逐一介紹。據記者描述，陪審員背後有一個特設的文件櫃，櫃內有五套文件，每套各有18本，全按英文字母排列，此外還有三大本需經常參考的重要資料，包括兩本為控方對控罪的闡釋、一本為賬目核算文件，還有三份證供名單、一份案件相關交易的圖表及一份詳列佳寧及其旗下公司運作的統計表等等（《大公報》，1986年2月27日）。為了容納眾多呈堂文件，以及為雙方人數眾多的律師安排座位，法庭將犯人欄也拆走了，被告可坐在其律師旁邊（《信報》，1987年6月1日）。可見控方準備充足、不容有失，誓要將眾被告繩之於法；辯方亦嚴陣以待，重金聘請多名律師、大律師，組成龐大的法律團隊，務求擺脫所有罪名。

從檢控方提出的資料，可以看到陳松青曾利用佳寧集團旗下的公司，以及他個人名下的私人公司如 Perak Co Ltd.、Maximum Entry Ltd. 等，多次進行不合理交易、操控股價和買賣，亦在業績報告上弄虛作假。雖然，這都是檢控方的說辭，陳松青的代表律師亦有就部份內容作出解釋及反駁，但基本資料都是得到雙方同意才能呈堂的，具事實根據，故此相當具參考價值，更有助了解佳寧這幾年間的資金來源和轉移，以及這家曾貴為香港「十大企業」的集團，為何會在短時間內崩潰，欠上天文數字巨債。

法庭上，一開始先由控方陳述案情。據檢控官透露，原來早於 1979 年 12 月，裕民財務已多次貸款予陳松青，由 1979 年至 1980 年 5 月貸款額 2.9 億美元（約 22.62 億港元）、1980 年 5 月至 6 月貸款 1 億美元（約 7.8 億港元）、1981 年 10 月至 11 月再貸款 2.3 億港元，這些貸款成為陳松青在暗層面的資金來源，若簡單以 1 美元兌 7.8 港元計算，即合共向陳松青及佳寧集團批出了高達 32.72 億港元的借貸。控方又指控陳松青利用名下公司進行頻繁交易，並找準時機，在年報中宣稱獲利，分發紅股股息，令公眾深信公司資本雄厚從而願意投資，銀行等亦願意批出借貸。

　　綜合《華僑日報》及《大公報》1986 年 2 月 28 日的報導，陳松青、何桂全等人被指於 1981 年 1 月 1 日至 1982 年 7 月 31 日長達一年半時間內，提供虛假及誤導性的公司財務資料，隱瞞佳寧集團的利潤、資產及財政狀況，涉及的虛構交易或不實陳述多達十項，包括：

1) 聲稱出售僑聯地產有限公司之股票，獲得利潤 78,284,952.46 元；

2) 聲稱由 Extrawin Ltd. 之業務及財政上獲得利潤 51,880,000 元；

3) 聲稱出售聯合汽水廠之股票，獲得利潤 15,880,132 元；

4) 聲稱以 230,420,300 元現款，從 Ayala International (Holding) Co. Ltd. 購入其昌 48.82% 股權，未有公開該筆款項是以購得之股權作為抵押，向馬來西亞裕民財務有限公司借貸得來的；

5) 聲稱出售其昌股票予 Multivictory Ltd.，獲得利潤 81,283,668 元；

6) 聲稱收取 Landsking Ltd. 之經紀費用，獲得 84,628,967.9 元；

7) 聲稱通過兩間附屬公司與百寧順達成協議，再以百寧順之名義購買 17,200,000 股友聯銀行的股票，總值 481,600,000 元，聲稱佳寧集團可從中獲得約 313,000,000 元利潤，並且已收得 30% 現款，餘數是百寧順得到銀行保證付給佳寧的；

8) 聲稱出售友聯銀行的股票予百寧順，獲得利潤 313,000,000 元；

9) 聲稱佳寧至 1981 年 12 月 31 日止，該年度的稅前盈利為 762,588,000 元；

10) 未有指出在上述年度內佳寧置業 773,200,000 元的資產，已被用作為陳松青控制下的公司向財務機構貸款的抵押。

控方陳述，一份由何桂全以代主席名義簽署的 1981 年佳寧置業年報中，除宣佈派發紅股外，還指公司股票市值可維持在 1980 年的水平；又在 1981 年中期業績報告中，聲稱 1981 年首六個月的利潤將超過 1980 年九個月的總和。但控方指出，相關說法是完全虛構的，目的只是為了增加公眾投資者的信心，穩住佳寧的股價。事實上早在 1981 年 11 月，佳寧已陷於破產邊沿，流動資金十分緊絀，根本無法進行投資，所謂投資獲得的盈利，如出售友聯銀行股票予百寧順等交易，實際並無其事，佳寧宣稱的利潤全屬謊言（《華僑日報》，1986 年 2 月 28 日）。

控方進一步解釋，陳松青等之所以要作虛構投資，目的是讓人相信佳寧仍然勢頭大好，從而穩住股價，爭取銀行借貸。原來，陳松青於 1981 年 12 月將 3.8 億股佳寧置業的股票，以每股 5.5 元抵押給銀行，當時股票賬面值約為 28.7 億元，取得 13.79 億元借貸。但在 1981 年 7 月開始，佳寧股價不斷下跌，12 月時更跌至 5.5 元，根據銀行的按揭條款，一般規定抵押品的價錢需高於貸款的二至四倍，因此，

若要維持相同的借貸額度，股價每跌 1 元，陳松青便要增加 4 億多元抵押品（《華僑日報》，1986 年 2 月 28 日）。

為了維持股價，以確保抵押品不再貶值，陳松青進行了不少不合法的市場操作，包括串同其他被告，製造多宗虛構交易並虛構獲利，然後發表不實投資報告。如年報指佳寧在 1981 年底，將有 7 億多元的利潤，但所謂交易及利潤，其實都是子虛烏有的，不過是他透過其控制下的超過 100 間公司，利用非上市公司不須公開賬目的法律漏洞，將資金在上市與非上市公司的戶口中轉來轉去，製造出連番大額交易的假象，在年報中提到的 7 億多元利潤，據估計，實質只有一成左右的 7,600 多萬元而已，明顯是「報大數」或俗語所謂的「篤數」（《華僑日報》，1986 年 2 月 28 日；《大公報》，1986 年 2 月 28 日）。

此外，佳寧置業在 1981 年的賬目報告中又稱，公司有 7.03 億元可動用資產，但實際上這些資產大多已被抵押，或屬於陳松青控制的公司，佳寧置業根本無權動用。同時，為了將股價維持在每股 9 元至 9.2 元之間，陳松青更直接出手，指示第三方（批家）大量購買佳寧股票，這些股票都由他控制的公司持有。而且，按法例，這些交易文件本應保存妥當，但到最後卻消失無蹤（《華僑日報》，1986 年 2 月 28 日；《大公報》，1986 年 2 月 28 日）。

控方指陳松青是案件主腦，他的種種做法及說法，目的都是讓投資者相信公司仍前景可觀，令佳寧股票的價格持久不墜，成為「鐵股」，投資者願意繼續入貨或持股，銀行亦不會向他追討債務或追加抵押品，然而，當時真正的佳寧，只是一家「紙牌疊成的屋」而已。如果陳松青等人誠實呈報公司狀況，佳寧提前倒閉，則股

票持有人及債權人的損失本來可以減少。至於碧格及盧志煊身為專業會計師，卻沒有盡到把關的責任，明知賬目虛假不合理亦不追究，縱容佳寧高層，已經不是普通的專業失德，而是騙局的一份子，故亦應同擔罪責（《華僑日報》，1986 年 2 月 28 日；《大公報》，1986 年 2 月 28 日）。

整體闡述案情後，控方在庭上逐一解釋各項被指是虛假交易或不實報告的詳情，首先，是出售僑聯股票之事。佳寧宣稱在 1981 年 5 月至 1982 年 7 月期間，將僑聯股票售予益大公司，獲利 78,284,952 元。但事實上，當時陳松青利用名下的 Perek Co Ltd.，以每股 5.4 元——高出市價 1.9 元——從佳寧置業手上購入僑聯 400 多萬股，再在同日以市價 3.5 元數售予益大投資，於是佳寧賬面上便賺得 7,000 多萬元盈利。但實際上，此交易無任何經紀佣金或印花稅收文件，Perek 亦沒真正付款予佳寧置業，一切只是在會計賬目上「出術」、買空賣空的技倆而已（《華僑日報》1986 年 3 月 1 日；《大公報》，1986 年 3 月 1 日）。

第二項不實陳述，與令陳松青一戰成名、震動金融界的金門大廈交易有關。控方指陳松青於 1980 年 5 月成立了一間名為 Maximum Entry Ltd. 的空殼公司，透過該公司向裕民財務借款 1.4 億美元（約 10.92 億港元），然後 Maximum 與 Extrawin Ltd. 達成貸款協議，由 Extrawin 出面購入金門大廈，該合約由一名黃姓

| 碧格

| 盧志煊

律師（估計是黃秉乾）辦理，不過文件上沒有簽署。合約訂明以美元還款，由於後來美元兌港元匯價上升，令 Extrawin 在還清款時須多付 51,880,123 港元。但陳松青於 1981 年報中反將這 5,000 多萬當成盈利，並宣稱是從 Extrawin 經營及財政上獲得。

據負責核數的盧志煊（第六被告）供稱，這 5,000 多萬「利潤」是陳松青的私人公司送給佳寧的禮物，且沒有任何書面協議。控方指禮物不應在年報中列為利潤，就算要列出，亦必須公開詳情，但陳松青等隱瞞此事，盧志煊則在知情下縱容其作為。檢控官還提及該交易的另一疑點，從 Extrawin 賬目上，可見公司是由佳寧與益大合股成立，佳寧佔 75%、益大佔 25%，所以還款時益大亦應承擔四分之一差價，但賬目上卻沒有相關項目，即因匯價上升而要多付的 5,000 多萬元，全由佳寧承擔，明顯並不合理（《大公報》，1986 年 3 月 4 日）。

第三宗有問題的交易，是聯合汽水廠的買賣。控方指佳寧在 1982 年 7 月的結算中，聲稱出售聯合汽水廠予楊協成，獲利 15,880,132 元。但實情與買賣僑聯股份的做法相同：這次，陳松青利用名下公司 Smartmoney Ltd. 以高於市價的 2,000 多萬元向佳寧買入汽水廠，然後再以 1,000 萬元售予楊協成，賬面上製造佳寧有 1,000 多萬元利潤的假象（《大公報》，1986 年 3 月 4 日）。

另一宗被指有問題的交易，則與佳寧收購其昌相關。佳寧於 1981 年 12 月 18 日公佈，以 2.3 億多元從 Ayala 手上購入其昌 48.82% 股權，令佳寧持股量增至 97%；同時，又宣佈 Ayala 以 2.1 億元購入其昌名下物業的權益，但控方指兩宗皆為虛假交易，因為當時佳寧收購其昌的資金是從裕民財務借來，卻是以其昌的定期

存款作抵押品。當佳寧從裕民財務取得支票後交予 Ayala，Ayala 便將支票交予其昌作為購買物業的款項，然後其昌將支票存入銀行。表面上，其昌戶口內確實有一筆定期存款，但實際該筆款項早已按押給裕民財務了（《大公報》，1986 年 3 月 5 日）。

根據香港法例，上市公司不容許以本身資產收購自己的股票，即陳松青將其昌的存款轉作抵押，借錢回購公司股份，做法已經觸犯法例。此外，前佳寧董事總經理馬素其後作供時表示，他曾多次追問該筆 2 億多元的存款去向，陳松青回應指要放在銀行，以便將來作為收購之用，但控方指那其實亦是謊言，因該筆定期存款早已全數抵押給裕民財務。簡言之，相關交易只是移花接木的數字遊戲，目的是藉此顯示佳寧實力，以增加公眾信心，其昌在整過個程中沒有收到實質利益，佳寧則不費分毫便獲得了其昌的股票（《華僑日報》，1986 年 3 月 5 日；《大公報》，1986 年 3 月 5 日）。

接下來的 1981 年，佳寧置業在年報中宣稱，公司於 8 月出售其昌的股票予 Multivictory Ltd.，獲利 8,000 多萬元。控方指此交易同樣是買空賣空的，實情是陳松青安排佳寧旗下一間名為 Metin 的公司，以每股 9.34 元購入 1,000 多萬股其昌股票，再以每股 15.4 元轉售予 Multivictory，製造出 Metin 獲利 8,000 多萬元的假象，再以特別禮物的形式贈予佳寧，因此同樣屬於虛假交易。

控方指出，Multivictory 是陳松青名下的私人公司，只有 2 元註冊資本，根本沒能力購入其昌的股票，近 2 億元資金其實都是來自佳寧。賬目顯示，陳松青先安排其控制的另一間空殼公司 Perek 向佳寧貸款，Perek 取得支票後，交予陳松青太

太高景琬，再轉到 Multivictory 手上，由 Multivictory 出面向 Metin 購入股票，最後 Metin 將資金轉回佳寧，令佳寧「獲利」。故所謂的買賣交易，實際只是透過支票在陳松青名下的公司之間不斷轉手，股票從沒過戶，但佳寧卻稱自己賺得巨利（《華僑日報》，1986 年 3 月 6 日；《大公報》，1986 年 3 月 6 日）。

第六宗被指虛構的交易，發生於 1981 年 5 月至 1982 年 7 月間，佳寧置業在年報中稱，公司因代售京華銀行大廈其中數層物業，獲 Landsking Ltd. 支付經紀佣金 8,000 多萬元。但 Landsking 其實是佳寧旗下的全資附屬公司，在陳松青收購美漢企業時，由 Landsking 出面收購了美漢的物業，當中包括京華銀行大廈。至1981 年，Landsking 將大廈部份樓層轉手，售予第三者公司，賺得的 8,000 多萬元，卻在賬目中成為付給佳寧的佣金。

控方指出，經進一步調查後，發現那些所謂購入京華銀行大廈的第三者公司，如 Optimax Ltd. 及 Swiftroad Ltd. 等，其實同樣是陳松青名下的空殼公司。而且京華銀行大廈早已按揭給裕民財務，Landsking 根本無權將之出售，加上沒有任何物業過戶文件，亦沒有 Landsking 曾支付佣金予佳寧的文件，故連物業到底有否成交亦成疑問，就算真有成交，也不能將經紀佣金列為企業盈利（《大公報》，1986 年 3 月 6 日及 1986 年 3 月 21 日）。

第七宗問題交易與林秀峰兄弟有關。1981 年中，陳松青透過旗下公司購入友聯銀行的股票，然後在 11 月宣告兩間附屬公司與百寧順達成協議，百寧順將購入2,100 多萬股友聯銀行的股票，總成交額為 4.8 億元，佳寧宣稱因此獲利 3.1 億元，並取得 30% 現金作首期，餘款獲銀行無條件保證繳付，不過，控方指這些都是虛

假陳述。首先，佳寧並沒收到所謂交易的首期，雖在 1982 年 1 月時，確曾有 1 億多元存入滙豐銀行戶口，但卻是陳松青向裕民財務及美國一家銀行借來的。至 3 月時，陳松青曾向財務總監解釋，指 1 億多元存於裕民財務的戶口內，那同樣不是相關收入（《大公報》，1986 年 3 月 7 日；《華僑日報》，1986 年 3 月 8 日）。

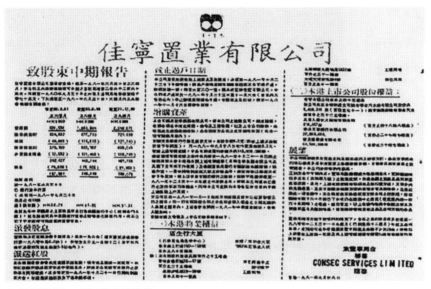

| 《工商日報》，1981 年 9 月 29 日。

| 《華僑日報》，1982 年 3 月 27 日。

佳寧在 1982 年多份業績報告，聲稱公司盈利可觀，都被控方指為不實。

其次，當時百寧順根本沒有足夠現金購買股票，須向銀行尋求支持，陳松青及林氏兄弟曾與多間銀行商討，最後獲西德意志銀行旗下的西德意志亞洲公司答允擔保，但該財務公司開出的條件，是要以百寧順的股權、物業、林氏家族成員以及佳寧控股作擔保，即百寧順無法如期付款時，便由佳寧控股補償佳寧投資的損失，形成循環式擔保。但至 1982 年 3 月，財務公司去函百寧順，指除收到百寧順的股票外，其他貸款條件都沒有履行，故該公司不能作出擔保，可見佳寧宣佈獲銀行無條件保證亦非事實。

控方進一步質疑，當時友聯的股票市值為 16.8 元，百寧順出價 28 元，遠高於當時市場中的股價，但就算購入 2,000 多萬股友聯銀行的股票，亦不能取得銀行的控制權，沒理由會以如此高價買貨，足以佐證這是虛假交易，目的是讓陳松青趕及將本交易的收益在年報中列作盈利，讓公眾以為集團獲得豐厚利潤（《大公報》，1986 年 3 月 7 日；《華僑日報》，1986 年 3 月 8 日）。

後來，佳寧集團財務董事貝爾發現友聯股票沒有轉手，向陳松青追問原因時，陳松青的解釋是因百寧順無法履行合約，交易作廢。按道理，百寧順違反協議未能完成交易，導致佳寧損失，陳松青應向對方追討賠償才對，可他卻沒採取任何行動，主控官指出，這是因為他早知那只是虛假交易而已。而且，既然交易失敗，佳寧應在 1982 年的賬目上扣除當初宣稱的 1 億多元利潤，但佳寧卻沒有這樣做，已屬蓄意瞞騙公眾。若然扣除出售友聯股票的收入，佳寧在 1981 年的獲利，其實較 1980 年足足少了 37%。不過更重要的是，其實佳寧持有的 2,000 多萬股友聯股票，早被分兩次抵押出去，根本無法出售（《華僑日報》，1986 年 3 月 8 日）。

控方指出，由於以上各項交易全都沒有真實進行，不過是支票在陳松青旗下公司左手交右手，所謂的收入盈利自然不存在。因此，陳松青等人發表佳寧集團1981年財政年度報告，宣稱截至1981年12月31日，公司除稅前盈利有7.6億元，是不實陳述，目的是欺騙股東及公眾。

最後一項指控，是陳松青及其控制下的公司以佳寧置業的資產作為抵押品，向財務機構貸款。控方指，佳寧置業在1981年財政年度報告中，宣稱公司有7.732億元資產，但事實上這7億多元早已抵押了給銀行，即在欠債還清前公司無權動用。佳寧作為上市公司，資產屬於所有股票持有人，但陳松青卻擅自挪用公司資產，交由旗下的公司作抵押，明顯是違法之舉。

控方進而舉出一些陳松青私下挪用資產作抵押的例子。其一是佳寧旅業向美國大通銀行貸款5,000萬元時，由佳寧置業作擔保，並以手持的新景豐及友聯股票作抵押。但這些股票是屬於佳寧置業全體股東的，陳松青不能擅自抵押，最後佳寧旅業未能償還大部份欠債，抵押品遭沒收，變成由佳寧置業的股東承擔損失。其二是佳寧置業以維達航業股票作抵押，於1981年向西德意志亞洲公司借款3,000萬美元，之後，佳寧置業又向柏克萊銀行借款3,000萬美元（約2.34億港元），存入西德意志亞洲公司的戶口償債，抵押品卻是佳寧置業的存款。陳松青等沒在股東會上取得許可，佳寧置業的賬目亦沒提及此事，甚至在賬目中虛報為可動用資產，令公眾誤以為佳寧置業資金充足（《大公報》，1986年3月11日；《華僑日報》，1986年3月11日）。

綜合控方資料，各被告在案件中扮演了不同角色：陳松青及何桂全作為佳寧集

團最高決策人，負責策劃及進行所有不實交易（bogus deals）或虛假交易（fictitious transaction）；林秀峰、林秀榮兩兄弟作為百寧順負責人，亦參與了部份不實交易。而各項交易的不尋常之處，在賬目中其實不難發現，但身為行內地位崇高的羅兵咸會計師樓的專業會計師，碧格及盧志煊卻對之視而不見，沒以其專業身份提出任何質問或查核，只是照單全收，任由佳寧將不實賬目公開，揭示這已經不是一時疏忽或普通專業失當，而是故意為之。因此，陳松青等六人的做法是欺騙公眾，不當地利用公眾的信任，犯法違紀，必須受到法律制裁（*South China Morning Post*, 28 February and 4-15 March 1986）。

在佳寧案審訊期間，馬來西亞政府發表了由諾丁委員會（Noordin Committee）對裕民財務的調查報告，厚達 1,000 多頁，並以每本 100 美元（約 780 港元）發售。雖然馬來西亞政府將報告公開，卻不希望內容被報導，表示任何人撰寫有關內容都會被控，似乎是不想公眾知悉當中內情。律政司唐明治亦發出通告，提醒本地媒體若在港發表有關裕民財務的報導，有可能會被控告藐視法庭罪（《大公報》，1986 年 3 月 11 日），此點曾引起社會和傳媒熱議，惟因與本案無關，在此不贅。

1986 年 3 月 10 日，控方終於完成了案情陳述，向陪審員解釋控罪的定義。單是申述案情已長達十天，創下香港司法史上的新紀錄。接下來，先由控方傳召證人，包括多名佳寧的前職員、陳松青的秘書、佳寧控股證券部主管、佳寧屬下多間公司的董事、曾貸款予佳寧的銀行及財務公司高層人員、市場分析專家、投資顧問、其昌總會計、曾與佳寧進行交易的公司代表、羅兵咸會計師樓合夥人，更有前裕民財

務總經理等。其中最受關注的，相信是以特赦證人身份出庭作供的佳寧前財務總監黃國傑、前財務董事貝爾及前董事總經理馬素等，各證人的供詞，可提供更多角度的資料，讓各方更好地了解佳寧內部的情況。

首先是陳松青控制下多間私人公司的情況。控方曾傳召多間公司的董事作證，部份人有收取袍金，部份則一直沒有收取報酬，幾乎是「名義工作」。當中有人供述自己是陳氏旗下多間公司的董事，由於自己不懂英文，而董事會以英語進行，所有文件亦以英文撰寫，自己一概不明白，亦沒有人向自己解說內容，但因確信文件已由專業人員審核，故安心簽署。另一位董事為室內設計師，在替陳松青裝修後獲邀加入一間公司的董事局，但沒有參與公司決策，亦對公司投資毫不知情（《華僑日報》，1986 年 3 月 11 日至 1986 年 3 月 14 日）。

而這數間私人公司的董事，更有不少是佳寧集團的僱員，這些「董事」都異口同聲表示，他們其實從沒參與公司業務的討論或決策，對公司的投資亦不知情。有人表示自己曾簽署巨額支票，但都是由佳寧秘書處預先準備，並不清楚其用途，自己也沒有出席過公司的董事局會議；有人更指會議記錄是「無中生有」，因為根本沒有召開過相關會議，只是事後要求他們補簽作實（《華僑日報》，1986 年 3 月 11 日至 1986 年 3 月 21 日）。

佳寧一位女秘書的供詞，則證實了他們的說法。這位秘書於 1981 至 1983 年間在佳寧工作，負責處理陳松青旗下 200 多間公司的全部文件，包括補辦會議記錄及通知董事簽署，追認文件。她表示，年報聲稱有盈利交易的會議記錄，全是她按上司意思在事後撰寫，然後找相關董事補簽，實際上她沒有出席過相關會議，亦不

知道那些會議是否曾經舉行。將公司員工作為董事的做法在佳寧是常態，她曾多次依照上頭指示，找同事擔任董事，連她自己亦是其中一些公司的董事，包括前文提及的 Perek Co.，她指公司的註冊地址更是自己的家。這種將僱員或公司董事的私人住址登記為公司地址之事，並非偶一為之，而是行之經年，她在法庭上亦列舉出其他例子（《大公報》，1986 年 4 月 12 日）。

顯然，陳松青安排這些人進入不同公司的董事局，應該只是「湊人數」，無意讓他們參與管理，因為他名下的公司至少有 680 間，需要大量順從又容易找到的董事，方便他隨時進行轉賬或各種交易，最理想的人選自然是公司僱員，他們為了保住「飯碗」，不會多問細節，只會好好完成上司吩咐的工作。如其中一人於 1978年才從理工學院畢業，加入佳寧旅業出任秘書，未幾陳松青已聘她為 Multivictory Ltd. 的董事，像她這樣一位年輕又沒有管理或營商經驗之人，能夠成為董事並參與上千億元交易，或會感到「與有榮焉」，同時亦會如橡皮圖章般，聽令行事。

證人供詞中另一個值得留意的地方，就是陳松青在股票市場的買賣情況。據一名佳寧職員的供詞，她出任多間公司的董事，其中一間名為 Meantime Ltd.，是負責佳寧置業的股票買賣。在 1981 年間，這間公司大量買賣佳寧股票，數量多達數千萬股，而且除佳寧置業外從沒購入過其他公司的股份。另一位曾任佳寧證券部主管的證人，稱自己負責為陳松青的私人公司買賣股票及作記錄，每次買賣都是由陳松青指示，一般會透過詹培忠、永勝或莫應基經紀行進行，有次買賣大額佳寧股份時，陳松青曾解釋是代海外買家進行。

據這名證券部主管供述，早期他買賣的是一般藍籌股，後來則多數為佳寧置業

的股票，在 1981 年 7 月至 11 月，陳松青吩咐他以 9 元至 9.2 元大批買入佳寧置業，合共收購了約 1,800 萬股。證人因擔心股價繼續向下，令公司嚴重虧損，曾詢問為何要大量買入，陳松青的解釋是不想股價下跌，導致小股民損失。據他在 1982 年 1 月整理及呈交的報告，當時公司擁有 4.42 億股佳寧的股份，佔佳寧整體已發行的股票 61.99%。他亦承認佳寧股票曾出現多次大額的雙邊買賣，目的是令交投活躍，更曾引起證監處關注（《大公報》，1986 年 3 月 18 日、1986 年 3 月 25 日、1986 年 3 月 27 日）。

此外，控方亦請來不少佳寧的「債主」到法庭作供，有助了解陳松青的貸款情況。如渣打銀行前信貸部經理指出，在 1981 年中，佳寧透過顧問公司向銀行貸款 2,000 萬美元（約 1.56 億港元），抵押品為佳寧的股票。他滿意佳寧的賬目報告，又得知佳寧股票相當活躍，每月交易額有 3.1 億元以上，但由於抵押品只有單一種股票，所以他要求佳寧以四倍價值的股價作押。至 9 月末佳寧股票大跌，銀行即通知要陳松青增加抵押品，此時佳寧表示要再借 5,000 萬美元（約 3.90 億港元），當中 2,000 萬美元用作還款，3,000 萬美元（約 2.34 億港元）用作收購維達航業，並以旗下五間公司的股票作抵押。銀行最後拒絕貸款申請，可算是逃過一劫（《華僑日報》，1986 年 4 月 4 日）。

另一間多次貸款予佳寧的財務公司稱，與佳寧接觸始於 1981 年 4 月，當時公司主動致電何桂全，查詢是否需要貸款，對方表示不需要，還將 1 億元短期存款放於該公司。至 12 月，佳寧首次借了 3,000 萬元，七天後依時歸還。第二次在 1982 年 3 月，借貸額同為 3,000 萬元，以 1,500 萬股佳寧作抵押，該批股票市值為貸款

額的兩倍，後來佳寧股價下跌，證人要求陳松青增加抵押品或償還部份貸款，對方沒有反應，但在 6 月中將貸款全數還清。至 7 月份，佳寧再要求貸款 1,500 萬元，證人指，因上次還款有拖無欠，加上佳寧業績報告理想，故批出借款，而這次收取的抵押品除佳寧股票外，還有怡富、其昌、友聯及維達的股份，市值約 3,000 萬元。但在同年 9 月，由於佳寧已積欠 7,000 多萬元，但只還了 2,000 萬元，故財務公司於 11 月時決定止蝕，將所有抵押股票出售，收回 1,700 多萬元，損手離場（《大公報》，1986 年 4 月 5 日）。

作為佳寧大債主的滙豐銀行，亦有派代表出庭作供。證人表示，初次接觸陳松青是在 1981 年 5 月，當時銀行答應向 Filomena 貸款 1.15 億元，抵押品為五倍市值的佳寧置業股票，他指抵押比率偏高，原因是抵押品只得股票。其後佳寧多次向銀行提出借貸申請，並以股票及物業作押，1981 年 7 月，滙豐、恒生及滙豐財務聯合批出近 7 億元的貸款，部份獲銀行主席沈弼批准（《信報》，1986 年 4 月 11 日）。顯然，由於佳寧在滙豐欠款甚巨，且不少以股票作押，因此滙豐一直支持佳寧的債務重組，不想佳寧清盤後手上的抵押品盡成廢紙。

在控方證人作供期間，辯方律師對每字每句都細心檢核，一旦認為有對己方不利之處，即反覆詰問，又曾多次反對某些證人出庭或反對某些證詞等，加上雙方經常就一些法律觀點起爭辯，[1] 須陪審團避席，進行休庭辯論，屢屢押後聆訊，令這場法庭上的攻防戰一再延長，早已超出當初估計 9 至 12 個月的審訊期。法官宣佈由於案件複雜程度超出預期，對陪審員及法庭工作人員構成嚴重負擔，決定於 8 月份休庭三星期。

1987 年 5 月，聆訊已進行了 15 個月，控方的 105 名證人亦作供完畢（其中 41 位以書面作供），接下來，便由各被告的代表律師綜合控方證人供詞，作不答辯陳詞，相關程序屬法律觀點的爭辯，陪審團無須出席。辯方完成陳詞後，法官先要判定各被告是否需要答辯，若需要，則會輪到辯方證人及被告等作供。由於證人數目難以預料，加上 8 月份會休庭，令案件完結日變得遙遙無期，有報章甚至預測要審足三年（《大公報》，1987 年 5 月 24）。

1　據控方在完成舉證後的初步統計，在 242 天的聆訊中有四分之一的時間是爭辯法律觀點，此點正是法律專業的重要較勁（《信報》，1987 年 6 月 1 日）。

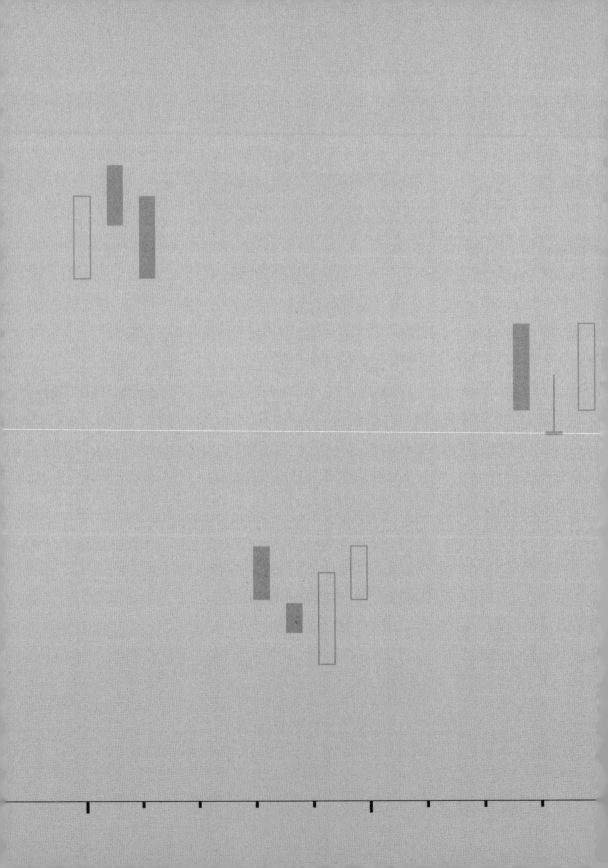

第十三章

出乎意料的判決

● 然而，當重新開庭時，案件卻出現峰迴路轉
的結局——法官柏嘉在 1987 年 5 月 25 日裁定，
六名被告串謀訛騙罪「無須答辯」（no case to
answer），引導陪審團裁定各人無罪，當庭釋
放，並下令將各人的巨額保釋金及旅遊證件發
還，堂費爭議則擇日再訊（《大公報》，1987
年 9 月 16 日；《華僑日報》，1987 年 9 月 16
日；*South China Morning Post*, 16 September
1987）。這樣的判決，不但社會大眾錯愕，連政
府亦被打個措手不及。●

1987 年 9 月 15 日，柏嘉在頒下的 12 頁判詞中解釋其理據，指串謀訛騙罪應涉及兩人或以上串謀者，同意作出非法行為才能構成，但控方卻未能證明本案的第五及第六名被告碧格及盧志煊同意及參與訛騙，因此無須答辯。第二及第四名被告林秀峰及林秀榮，在本案審訊初期被列作證人，後因二人證供不配合才被列為被告，另外據審訊時的證供，二人在友聯銀行交易中亦受蒙騙，且友聯銀行交易只是整項串謀訛騙案的十項事件之一，控罪並不適當，因在一條控罪中有兩項不同的串謀，在法律上屬重複控罪，因此將二人控罪撤銷，二人亦無須答辯。至於被指為案件主腦的首被告陳松青及其副手何桂全，由於控罪已撤銷，二人的罪名自然亦不成立，同樣無須答辯，當庭釋放（《大公報》，1987 年 9 月 16 日；《華僑日報》，1987 年 9 月 16 日）。

　　佳寧案的聆訊期長達 281 天，由初級偵訊至正式審結更歷時四年，創出香港司法史上不少新紀錄，包括保釋金最高、聆訊期最長、證人及提交法庭的文件最多、訴訟費用最昂貴、遴選陪審團的程序最嚴格，陪審員人數亦打破慣例由七人增至九人等等。有報章粗略統計，控方訟費約花了 4,000 多萬元，辯方的律師費估計更上億元，案中文件多達 25,319 頁，以書面或親自出庭的控方證人有 105 人，陪審員共出庭 115 天（《大公報》，1987 年 9 月 16 日；《華僑日報》，1987 年 9 月 16 日）。案件的結局卻竟然以重複控罪和證據不足為由，判一眾被告「無須答辯」，令執法部門的一切偵查與檢控努力付諸流水，這也堪稱香港司法史上的重大紀錄。

　　按香港法例，但凡法官認為證據不足，被告無須答辯的案件，律政司是不能提出上訴的，意味這已是「終極」判決，陳松青等人將不會再因相關罪名受審，各人

自然笑逐顏開，但對判決沒有發表太多回應。如陳松青十分激動，並頻頻抹淚，只簡單回答「謝謝」；有人指案件對自己及家人造成壓力，從此可釋懷；亦有人表示任何中立人士應不會對判決結果感到驚奇，以及對香港司法制度的獨立性更有信心等等（*South China Morning Post*, 16-17 July 1987;《大公報》，1987 年 9 月 16 日），但社會大眾及不少投資者顯然對結果有截然不同的感受。

可以想見，判決並沒平息社會對佳寧案的爭議，反而激起不少餘波，議論紛紛。聞訊初期，不少人指摘政府犯錯，有立法局議員要求政府解釋是否有人失職，動用如此龐大公共資源仍未能將違法者定之以罪，且是因檢控程序出錯令被告無罪獲釋，故考慮在立法局提出質詢。亦有社團發表公開信，要求港府檢討檢控程序，以免浪費納稅人的血汗錢。律政司唐明治在被記者追問時，則指自己剛度假返港，暫時不作評論，要與律政署人員詳細研究判詞後才能回應云云（《華僑日報》，1987 年 9 月 16 日）。

| 報章大篇幅報導佳寧案六名被告無罪釋放。《華僑日報》，1987 年 9 月 16 日。

著名經濟評論員林行止從另一角度，批評政府在佳寧債務重組期間突然拘捕陳松青，導致重組失敗，佳寧在停牌一年後被交易所除牌，股民手上的佳寧股票全成廢紙。他由此推斷，法庭判定陳松青等無罪，代表其經營手法「獨特但不犯法」，並認為「小股東所以『輸清』，完全拜政府『誣告』所致」，甚至建議小股東組織起來，尋求合理補償（《信報》，1987 年 9 月 16 日）。政府副金融司（現稱副財政司）在回答記者相關提問時稱，若股東認為政府檢控失敗而導致其損失，可循民事方式索償。不過，他同時重申，日後若有上市公司涉嫌干犯刑事罪行，仍會提告，這是政府的責任，以維護公眾利益（《香港商報》，1987 年 9 月 16 日）。

　　在社會對判決沸沸揚揚之時，佳寧案部份被告亦開始另一場法庭戰，那就是向政府追索堂費，雙方律師為高昂訟費繼續在高院舌劍唇槍。率先入稟法院的是盧志煊及碧格，他們向政府索償 5,100 萬堂費，半年後獲判勝訴，但金額減至 3,600 萬元（《華僑日報》，1987 年 9 月 18 日及 1988 年 3 月 17 日）。林秀峰兄弟的申請則被否決，二人要自行承擔律師費用（《大公報》，1988 年 5 月 19 日）。至於陳松青、何桂全二人，則由代表律師宣告，為免增加公眾負擔，決定放棄追討堂費（《華僑日報》，1987 年 9 月 23 日）。

　　政府在經過一輪研究後，在 11 月中就佳寧案的判決向高等法院上訴庭請求指引，首被告陳松青的代表律師亦有出庭。由於已不能就被告獲判無罪或審判結果上訴，律政司的律師只能就法律原則提出異議，指原審法官在裁決時有兩項做法在法律上是完全錯誤的，更擔心因此成為壞先例，之後被廣泛引用。律政司代表指，第一項嚴重錯誤，是在控方舉證終結時，原審法官面對辯方律師無須答辯的申請，考

慮後即作口頭宣判，裁定各被告無須答辯，但沒有即時列舉理由。其次，如法官認為控罪有問題或重複，可要求控方作出修正，如將控罪分拆為兩項或三項，再交陪審團考慮，又或者先解散陪審團，待修正控罪後再重新審訊，而不應該在審訊多月後，突然指控罪有問題而撤銷，因為如此一來，無論判決是否適合，控方亦不能反對和上訴，給司法造成無可挽回的傷害（《大公報》，1987 年 11 月 11 日及 1987 年 11 月 12 日）。

同月 19 日，上訴法院作出裁決，判定佳寧案原審法官犯了錯誤。首席按察司（Chief Justice）羅弼時（Denys Roberts）表示，即使原審法官在判決時指控方證據不足以支持各被告串謀，可以裁定第三至第六名被告無須答辯，但卻不能同時將控罪撤銷，令首兩名被告變為無罪可告，因而引導陪審團作出罪名不成立的裁決。上訴庭指出，原審法官做法錯誤，並判定本案不能成為日後案例（《華僑日報》，1987 年 11 月 12 日；《大公報》，1987 年 11 月 12 日）。

事實上，如律政司上訴時提出的理據，就算柏嘉認為證據不足以支持碧格、盧志焜等人串謀詐騙，或政府對林秀峰及林秀榮的控罪重複，仍有很多方法可以處理，如判四人無須答辯並釋放，留下陳松青及何桂全繼續應訊，或修改控罪再進行審訊等，但他卻在辯方律師申請無須答辯時，稍作考慮後即作口頭判決，很難令人不懷疑他早有預設立場，只隨便找一個理由將控罪撤銷。面對海量針對陳松青和何桂全的證據，柏嘉全部置之不理，反而利用檢控的「漏洞」——且後來被上訴庭指在法律上是錯誤的——作出一個沒有任何人能改變結果的判決，以一刀切的方法令六人全數無罪釋放，既無助公義的彰顯，亦浪費大量公帑，令警方花了多年時間搜

集證據的努力付諸流水。從另一個角度看，判決雖幫助陳松青等逃過了牢獄之災，卻沒有證明他們是清白無辜。

上訴法院的裁決一出，社會對佳寧案結果不滿的矛頭，隨即由政府轉向主審法官柏嘉，如時任香港大律師公會主席張健利便發表聲明，指此案令本港司法形象蒙受損害，甚至有可能衝擊整個法律制度：「當局有需要向公眾清楚傳達訊息，消除疑慮，第一、責咎司法制度不公平的，司法的錯誤只因人為而成；第二、主審法官裁定『無須答辯』而終止控罪是嚴重錯誤，指控罪重複亦同樣犯了錯誤……」（《華僑日報》，1987 年 12 月 20 日）。

其中，在司法界中一直較敢言的列顯倫（Henry Litton），對柏嘉的批評最為尖銳，[1] 他指柏嘉在審訊上犯了嚴重過錯，判決「完全令人費解」（wholly inexplicable），他甚至將判決形容為「不理性和怪異」（irrational and bizarre），認為上訴庭的判詞差不多直指柏嘉匆匆結案是故意為之，用意是「迴避」考慮涉及陳松青及何桂全的大量證供，令人質疑柏嘉是否繼續勝任上訴庭按察司，要求其鞠躬下台，引咎辭職（*South China Morning Post*, 19-23 February 1988; Lau, 1988: 24;《華僑日報》，1988 年 2 月 19 日）。當然，亦有法律界人士為柏嘉辯護，如新任的大律師公會主席鄧國楨，便指柏嘉的判決儘管錯誤，但不應以此要求他下台，原因竟然是「其他法官亦會犯錯」（*South China Morning Post*, 24 February 1988）。

| 柏嘉

社會亦就此案的不合常理之處談論不休，如有人質疑柏嘉原是上訴庭法官，卻降級審理高等法院案件（Robinson, 2014: 293）。其次，據說柏嘉自動請纓降級審案（volunteered to hear the high court trial），其毛遂自薦是獲法院最高負責人、首席按察司羅弼時的批准，[2] 但羅弼時在選任法官時卻常被詬病用人唯親，獲委任者不少質素偏低、表現欠佳，甚至令法院蒙污，如曾有法官因被揭虛報資料而要請辭，亦有人在審訊時行為失當（上庭審訊前曾飲酒）而遭譴責，被勒令提早退休等（Lau, 1989: 23-24; Lin, 2016: 14-15）。在洋人法官地位高不可攀的年代，若非犯下大錯，否則沒人能動他們分毫，故這情況相當罕見。

事件在社會和法律界不斷發酵，國際上亦有不少批評聲音，要求首席按察司羅弼時調查事件，甚至將柏嘉革職。為免事件糾纏日久，引申出更多爭議，資深老練的羅弼時一直沒有公開回應，而是私下與港督及柏嘉等人商討斡旋，希望能大事化小、體面解決。

到了 1988 年 3 月，柏嘉向港督提出辭呈，並於 1989 年 1 月 1 日生效，政府聲明指，他離職前的這九個月只會執行非司法性職務及休假，換言之是不會再出庭判案，但仍獲發薪。離職後，柏嘉移居位於地中海的塞浦路斯（Cyprus），[3] 享受退休生活（*South China Morning Post*, 26 February, 12-13 March 1988 and 16 November 1989）。他自動請辭的做法，雖算是為個人的判決失誤承擔責任，免卻港英政府處於尷尬局面，但離任前仍獲得作為上訴庭法官的優厚待遇，令不少人感到不憤。

不過，以「私人理由」下台的柏嘉，並沒享受退休生活太久，即於 1989 年 11

月因車禍喪生（*South China Morning Post*, 16 November 1989）。由於當時距離佳寧案審結只有一年多，大家對事件記憶猶新，柏嘉突然死亡，自然又成為新一輪城中熱話，懷疑他受賄的說法更是無日無之。之後，再傳出柏嘉遺孀拍賣亡夫遺物的消息，指柏嘉生前不但沒留下甚麼遺產，更「欠下大量債務」（left so many debts），連打造墓碑的錢亦沒有，要拿柏嘉生前穿過的法官袍拍賣籌錢，令猜測與傳聞甚囂塵上，柏嘉的遺孀表示，希望事件隨柏嘉去世了結，呼籲社會「停止質疑他可能受賄」（to stop speculating that he may have taken a bribe）（*South China Morning Post*, 18 June 1994）。

當然柏嘉遺孀的願望注定落空。一方面，不少佳寧案的苦主不滿柏嘉「放生」陳松青等人，早對他心懷怨氣，難免會以「報應」等迷信之說作為他受賄的論證。此等言論當然純屬情緒洩憤，不足取信，但柏嘉生前欠下巨債，境況窘迫，連喪事亦不能辦妥，此點的確並不尋常，因為洋人法官向來薪高糧準，福利保障又極為豐厚，柏嘉在香港為官多年，且位至上訴庭法官，按道理應積累了不少財富，卻仍欠下巨債，很可能是因為私下有不良嗜好，例如嗜賭。眾所周知，欠債或不良嗜好俱是滋生罪惡的溫床，令人面對巨額賄賂時更容易心動。加上他無端自動請纓，審理這宗糾纏複雜的案件，純屬自討苦吃，但審案過程粗疏、裁決又犯下嚴重錯誤，社會對他的諸多猜測，實在並非無的放矢。[4] 故柏嘉去世後，對其受賄的猜測仍不絕於耳，因為法律上這群人或許「無罪」，但在社會大眾心目中——尤其一眾蒙受巨大虧損的小股民——另有一把道德之尺，作出了相反的裁決。

當社會大眾對柏嘉仍爭論不已時，與陳松青有關的案件其實尚未完全解決。

因為此案原有兩條控罪，當初決定分開審訊，雖然第二條控罪（佳寧案）在柏嘉審理下以令人意外的判決作結，但第一條控罪（金門詐騙案）則尚未開審，這條控罪指陳松青、何桂全、華里士、林秀峰、林秀榮五人，聯同已失蹤的黃秉乾、潘兆忠及已故的溫寶樹，涉嫌瞞騙及虛報金門大廈交易的真實情況。至 1988 年 5 月——即第二條控罪結案後一年，此案才於高等法院提訊，不過結果同樣令人詫異。一開審，控方即於庭上申請撤銷控罪，解釋因陳松青、何桂全還涉及詭騙裕民財務案，但該案要等待其他被告引渡回港才能開審，若先審理本案便要將裕民案押後，令該案不知何年何月才能開庭。由於該案案情更嚴重，經仔細衡量後，本案決定讓路，作不提證供起訴，五人當庭獲釋（《華僑日報》，1988 年 5 月 21 日）。

| 陳松青

第十三章　出乎意料的判決

上一條控罪的結果早已惹來質疑，這次控方突然撤銷起訴，自然再引起大量抨擊，認為政府「放生」陳松青等人。由於陳松青、何桂全及林氏兄弟均沒追討堂費，只有華里士向法庭入稟並獲批准，故當時有傳言指律政司與陳松青達成協議，若他們放棄追討堂費，政府則不作檢控。相關說法被控方大力否認，指有關猜測令香港司法蒙羞，並強調必須讓裕民財務案盡早開審，認為撤案的做法最能符合公眾利益（《華僑日報》，1988 年 5 月 21 日；《大公報》，1989 年 7 月 11 日）。

經過上一輪交手，政府法律團隊顯然發現，陳松青的法律團隊十分厲害，不但擅長拖延戰術，而且出招刁鑽，難以預料，其與司法界的人脈關係尤其不容低估。或許是為免再吃敗仗，打擊政府威信，削弱市民及國際社會對香港司法的信心，故捨難取易，選擇以證據較充分、案情又較嚴重的案件作檢控。況且，萬一此案如上次一樣耗時經年，就算最後罪成，但花費巨大，仍會對政府財政構成負擔，在衡工量值下決定「止蝕」，做法亦可以理解。不過，在市民及受害人心目中，之前法庭上已揭露了不少佳寧「欺詐」的資料，卻因法官一個錯誤決定讓各人逃脫，早已深深不忿，現在政府又以讓路為由放過眾被告，自然極感失望，不明白各項控罪為何不可輪流上陣，一宗審結再審另一宗，讓陳松青等人為自己每一宗罪行答辯，再判定誰是誰非，並承擔起所有後果。

無論一眾受損失的股民或金融機構有多大的憤懣或不甘心，對於陳松青等人獲無罪釋放、警方檢控全盤落敗的結局，亦無法改變分毫，只能接受佳寧案已走到了終極結局，看著陳松青等笑著離開法庭，甚至不無諷刺地高論香港法庭公平公正，還了他們清白。

若為佳寧案「埋單計數」，未計警方調查及審訊期間所動用的資源，單是辯方的堂費及法庭各項雜費，港府已大幅超支。在 1985 年時，政府預計六個月審訊期的律師費、專業顧問費及證人費等已需要 2,700 萬元，但後來審訊期一再延長，再加上政府敗訴，在 1988 年須向立法局申請追加 3,600 萬元支付部份堂費及 200 多萬元其他開支（《大公報》，1985 年 11 月 7 日及 1988 年 5 月 19 日），令納稅人成為佳寧案的輸家之一。

　　對佳寧的債權人而言，除了關心官司勝負外，更重要的是何時才能取回借款。佳寧案審訊期間，清盤人羅賓信已向債權人發出第二份函件，指清盤工作進展理想，變賣資產物業套現 6 億元，扣除給政府及有抵押債權人的欠款後，無擔保債權人有機會獲得約 24% 的賠償。羅賓信又透露，監察委員會已批准清盤人向羅兵咸會計師樓及前美漢企業董事局的黃創保等人提出訴訟（《東方日報》，1986 年 5 月 16 日）。至金門大廈案審結後的 8 月，無擔保債權人終於收到首次還款，但償還比率只有 7.5 厘，損失仍甚巨（《大公報》，1988 年 8 月 23 日）。

　　在佳寧案訴訟期間，證監處對益大及佳寧集團的調查則有新發展。證監處在 1987 年 2 月宣佈對益大的調查已告完成，並將「益大報告書」呈交當局，由律政司考慮是否作出刑事起訴，但對佳寧的調查則早在 1985 年已暫停，原因是兩案過於複雜，當時認為應先集中火力，對準益大，之後再決定是否繼續調查佳寧，以免顧此失彼，令報告完成之日遙遙無期。至 1986 年 10 月初，益大的調查大致完成時，專責委員會認為警方已對佳寧作出刑事起訴，且調查亦找出了佳寧事件的過錯及問題，達致當初目的，故決定在 1986 年 12 月終止對佳寧的調查，也不會遞交完整

報告，以免再花費大量公帑（《華僑日報》，1987 年 2 月 7 日）。[5]

當然，若政府或社會在事件發生後只懂哀嘆，沒有引以為戒，甚至在經濟復甦後故態復萌，繼續放任股票市場中的大鱷自流，同類事件必然會繼續發生，如陳松青運用循環貸款、「支票輪」（cheque kiting）、上市與非上市公司進行左手交右手的交易、透過第三者機構入市托高股價等套路，要仿效並不困難。幸好佳寧事件令人意識到法例監管的缺失，在事件發生後，政府隨即進行連串修例工作，在 1985 年 8 月通過《1985 年證券（修訂）條例》，進一步加強證券監理專員的權力，其後再通過不少新規定，加強對證券商的規管及上市公司的透明性等。曾任證券監理專員的霍禮義，在一次演說中表明，港府會盡一切努力，「防止佳寧事件重演」（《華僑日報》，1986 年 10 月 15 日）。律政司唐明治在離職前亦聲稱，政府已汲取佳寧案的教訓，將會把內幕交易列作刑事案件處理，亦會加重相關罪行的罰則，同時亦會考慮修改有關訛騙罪的條款（《華僑日報》，1988 年 3 月 31 日）。

1 列顯倫早於 1970 年已成為御用大律師,是《香港法律學刊》創辦人,後獲委任為上訴法院法官。他生於歐亞混血兒家族,母親為羅文錦家族成員。

2 首席按察司即現在的香港首席大法官(Chief Justice of Hong Kong),乃香港司法機關的首長,也是香港法院地位最高的法官。羅弼時曾出任法律政策專員、律政司、輔政司及布政司,於 1979 年獲委任為香港首席按察司,直至 1988 年。

3 羅弼時退休後亦居於塞浦路斯,與柏嘉保持交往,羅弼時的太太曾在柏嘉遭遇車禍離世後,給予柏嘉太太很大協助(South China Morning Post, 16 November 1989)。

4 據說,柏嘉曾因佳寧案判決被廉政公署調查,但未能找到確實證據(Robinson, 2014: 293)。

5 證監處對佳寧及益大的調查工作自 1983 年開始,截至 1985 年 6 月已花費 4,500 多萬元,當時預計要再花超過一年才能完成兩項調查(《華僑日報》,1985 年 6 月 27 日)。

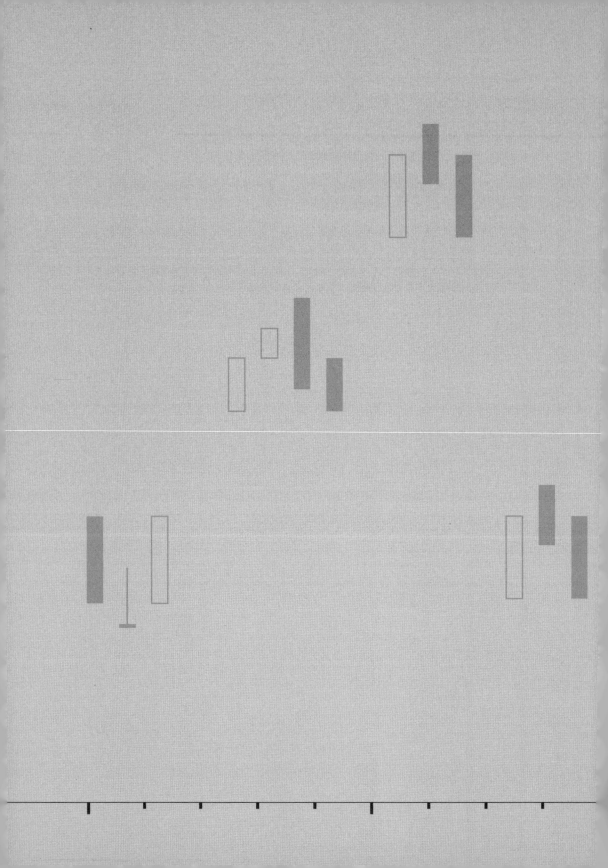

第十四章　廉署精神的勝利

● 商業罪案調查科花了九牛二虎之力，仍未能將陳松青等人入罪，令無數人失望。不過，廉政公署就陳松青牽涉行賄貪污的調查，其實一直沒有停歇。由於警方嚴陣以待仍功虧一簣，加上社會正金睛火眼地盯著事態發展，促使廉政公署必須以更嚴謹、更小心的態度應對，因為被控一方絕非泛泛之輩，而是具極高商業智慧，且有強勁法律專業團隊支援，手段高超，不容等閒視之。 ●

早在 1983 年 4 月，廉政公署已就行賄受賄方向對陳松青、佳寧集團與裕民財務展開調查，當時陳松青獲准保釋，後因投訴人離港，令調查工作一度中斷。直至同年 9 月，當法庭展開揸利被殺案的聆訊時，廉政公署根據新線索——尤其是警方從謀殺案中取得揸利的筆記、搜查陳松青及佳寧集團時取得的文件，以及馬來西亞方面提供的證據，對陳松青行賄之事重新進行更深入的調查。由於陳松青的行賄對象主要為裕民財務，故在討論裕民財務案的審判及其結果前，先簡單回顧陳松青與裕民財務之間的瓜葛。

據佳寧案控方開審時透露，裕民財務早於 1979 年已向陳松青及佳寧集團提供貸款，至 1983 年 2 月，據《遠東經濟評論》雜誌指出，當時馬來西亞政府關注，裕民財務批出的貸款中，竟有七成是借給佳寧、益大及一名經營酒店及珠寶生意的商人許盛（又名許開文），[1] 其中單是佳寧已欠下 1.5 億美元（約 11.7 億港元），但裕民財務在 1981 年時的資本及儲備僅為 2.63 億美元（約 20.50 億港元），即佔其資本逾半（《工商日報》，1983 年 2 月 22 日）。

有研究更稱，截至 1983 年 10 月，裕民財務批出的貸款總數高達 11 億美元（約 85.8 億港元），反映實際情況或較已揭露的更嚴重（Robinson, 2014: 75）。這筆巨額貸款，在益大及佳寧相繼清盤後，[2] 大多化為烏有，更不用說當初以美元計價的債項，後來由於匯率提高，折算為港元時的金額更大（香港金融管理局，2000），可想而知，裕民財務濫批貸款，為馬來西亞人民及母公司裕民銀行帶來極大損失。

廉政公署接到舉報後著手調查，主要方向包括誰人涉案、巨額借貸有否牽涉行

賄受賄等問題；若有，以甚麼方式進行。調查發現，佳寧向裕民財務多次借貸，除了沒有充足抵押品，或是抵押品估值過高，且沒按既定程序申請，甚至陳松青只是以個人名義擔保，顯然是有人利用財務公司不受銀行借貸條例監管的法律漏洞，申請及批出巨款，這些證據令廉政公署有理由相信相關異常交易涉及貪污，成為偵查的主要方向。由於裕民財務乃馬來西亞裕民銀行的子公司，廉政公署因此曾派員到馬來西亞，與當地政府直接接觸，索取更多資料及尋求協助。

1982 年 11 月，裕民銀行派揸利到港，從內部調查裕民財務向佳寧等公司過度借貸之事，想不到事態向不受控的方向發展，揸利被殺害，馬來西亞警方的反貪污部門因此重新啟動對裕民財務的貪污調查。原來，早於該年 3 月，當地警方已接獲報告，指香港裕民財務有人在貸款時收受回佣，但初步調查後並無發現。到揸利被殺後，警方才明白到事態嚴重，認為原來的指控並非無的放矢，因此重新調查（《華僑日報》，1983 年 7 月 27 日）。1983 年 10 月，該國新任首相馬哈蒂爾亦發聲明，決定對裕民銀行及裕民財務進行全面審核，並指該銀行有職員曾收取 330 萬港元作「諮詢費」（《工商日報》，1983 年 10 月 12 日）。

1984 年 1 月，馬來西亞政府委派核賬總長（Auditor General）諾丁（Ahmad Noordin）成立一個三人調查小組，俗稱「諾丁委員會」（Noordin Committee），對案件開展深入調查。

諾丁委員會花了多個月時間，接見過許多位裕民銀行的職員，也翻查過貸款的相關文件，包括金門大廈的估價報告。最令人吃驚的發現是在 1979 至 1983 年間，裕民財務共批出八億美元（相等於港幣六十多億元）予佳寧集團

及由佳寧主席控制的其他公司。而這些貸款，大多數是在沒有足夠抵押或沒有足夠保證的情況下批出，有些甚至是在發出款項之後才補辦文件的。委員會懷疑有權簽發貸款的高級行政人員，包括主席、董事及代理董事，極有可能涉及非法收受佳寧主席提供的利益，作為核准貸款的報酬。可是該三位人士均已於1983年10月底向裕民銀行請辭，並相繼離開了馬來西亞。（廉政公署，沒年份）

顯而易見，據諾丁委員會的推斷，裕民財務高層之所以向佳寧集團批出巨額貸款，是行賄受賄的結果。但不知是馬來西亞政府有意大事化小還是其他政治原因，馬哈蒂爾首相明知有裕民職員收取數百萬港元「諮詢費」，卻沒採取拘捕行動，只任由三名相關高層辭職了事（《工商日報》，1983年10月15日）。三人更於1983年10月後離開了馬來西亞，不但顯示事件異乎尋常，且令廉政公署日後的起訴工作變得困難及耗時更久。

1983年底，由於揸利被殺案仍在審理當中，廉政公署只是知會法庭，該署正在調查與陳松青及佳寧集團有關的事宜，沒透露進一步消息。到被告麥福祥罪名成立，完成了上訴等程序後的1985年4月，諾丁委員會派出代表到香港，正式向廉政公署作出貪污舉報並提交更多資料，廉政公署因應案件複雜、牽涉層面甚廣，特別成立專案小組，與警方對陳松青等人的檢控分途並進。

｜諾丁

佳寧神話──陳松青的造神毀神

為此，廉政公署偵騎四出，展開更深入調查，抽絲剝繭，對案件發展有了更具體的掌握：由於裕民財務高層握有批出借貸的酌情權，「他（陳松青）利用行賄手段，誘使裕民財務的高層人士，在沒有足夠抵押或保證的情況下批出巨額的貸款」，並利用那些資金炒賣物業股票，「從而在生意上『搵快錢』」（廉政公署，沒年份）。

廉政公署還發現，陳松青不只透過行賄取得裕民財務的借貸，亦曾採取相同方法，對其他銀行或財務高層誘之以利。他除以佳寧集團的名義申請貸款外，還利用集團旗下的子公司、他自己名下的公司，或是其他公司職員出面借貸。廉政公署指出：「為了掩飾款項的最終受益人是佳寧集團，佳寧主席命集團的職員以個人名義開設多間公司作為貸款的申請人」（廉政公署，沒年份），但相關的貸款最後還是會輾轉回到佳寧集團高層手中，由其運用支配。這種手法，與洗黑錢常見的「分層隱藏」（layering）十分相似。

當調查有了結果，廉政公署正式展開拘捕行動。先是在 1985 年 12 月 7 日，透過英國警方拘捕了辭職後移居英國的裕民財務前主席羅寧及前執行董事夏士炎；與此同時，又以行賄罪名拘捕陳松青、何桂全，以及另一名佳寧董事鄔開莉，落案起訴他們串謀行騙裕民財務，及向該公司職員提供利益等 23 條罪名（《華僑日報》，1985 年 12 月 8 日）。[3] 由於陳松青、何桂全涉及的另一宗串謀詐騙案（佳寧案）開審在即，加上要等待英國引渡二名疑犯回港受審，裁判官應控方要求，將此案押後至 1987 年 1 月，待佳寧案審結後再作處理，三人因此獲准保釋候審（《華僑日報》，1986 年 2 月 1 日）。

但等到 1987 年 1 月，佳寧案卻未如期審結，涉嫌訛騙裕民財務的其中一名

被告率先被送上法庭，那就是裕民財務前執行董事夏士炎。他 1985 年底在英國被捕，1986 年底同意回港受審（*South China Morning Post*, 18 November and 26 December 1986）。案件在高等法院開審，他被控四項串謀訛騙罪及收受賄款等罪，其中串謀訛騙罪發生在 1982 至 1983 年間，控方指他與陳松青等人在隱瞞佳寧的真實情況下，先後批出 9,700 萬及 4,000 萬美元貸款予佳寧集團；至於收受賄款罪發生在 1981 及 1982 年，他分別接受陳松青 1,372 萬及 200 萬元的賄賂，作為批出貸款的報酬，夏士炎承認控罪。

法官羅弼時認為被告罪行非常嚴重，串謀訛騙裕民財務的金額高達 1 億多美元（約 7.8 億港元），而他收受的賄款亦高達 1,500 多萬港元，但考慮到被告自願接受引渡及認罪，並交還 1,000 多萬元予銀行及支付 20 萬元堂費，故將八年刑期減至 4.5 及 3.5 年，同期執行。辯方求情時指，被告在英國期間已被扣押了一年多，實質上刑期已剩餘六年，他又自願償還賄款，加上他很早即在該行工作，是該行職員腐敗，他在耳濡目染下才會同流合污。這宗案件還有一個小插曲：由於當時佳寧案仍在審訊中，香港律政司曾向法庭申請禁止傳媒報導本案，但羅弼時以本案關乎公眾利益而拒絕（*South China Morning Post*, 14-16 January 1987；《大公報》，1987 年 1 月 15 日）。

| 夏士炎

不過，律政司認為夏士炎的罪行是訛騙罪中最嚴重的，應判以最高刑罰，因此向上訴庭提出刑期覆核，結果改判入獄十年（*South China Morning Post*, 24 April 1986）。夏士炎自然不滿，上訴至英國樞密院，最後仍維持十年刑期（*South China Morning Post*, 10 October 1987），令他成為陳松青相關案件中入獄的第一人，刑期亦最長。他在港服刑完畢後，於 1993 年回到英國生活（*South China Morning Post*, 21 September 1996）。

除了裕民財務外，廉政公署發現陳松青亦有向其他財務機構的職員行賄，故在等待裕民財務案被告引渡及開審期間，逐一作出拘捕及檢控。早在 1986 年 1 月，廉政公署曾以涉貪為由，約談西德意志亞洲公司經理江超（Paul Kiang），並於 1988 年 6 月以收受利益罪正式落案起訴（《華僑日報》1988 年 6 月 18 日；*South China Morning Post*, 6 July 1988）。一個月後，廉政公署再拘捕並落案起訴陳松青，控告其六項罪名，包括分四次給予江超共 200 多萬元、兩次給予該銀行董事余威（Uwe Rameken）共 200 多萬元，作為銀行給予佳寧貸款方便的報酬（《大公報》，1988 年 7 月 6 日）。可惜的是，余威早已聞風先遁，潛逃到妻子祖國秘魯，因香港與秘魯沒有刑事引渡安排，他得以逃過法律制裁，廉政公署一直無法將之捉拿，遑論告上法庭（Robinson, 2014: 300）。

在江超案開審前，還有另外一宗與陳松青相關的受賄案先行開庭。被告是巴克萊亞洲公司前執行董事端納（Stuart Leslie Turner），他於 1987 年 6 月在倫敦落網，1988 年 1 月底被引渡回港受審。他被控兩項收受利益罪，包括於 1981 年收受陳松青 88.8 萬元及另一名男子 30 萬元，作為對兩間公司申請貸款予以方便的報酬。由

於端納認罪，案件很快審結，法官指因他不是主動收賄，加上坦白認罪及借貸過程中沒有不當行為，故每罪輕判入獄一年，同期執行，並須償還該筆賄款予佳寧集團清盤人及 30 萬元堂費予政府（《華僑日報》，1988 年 8 月 13 日）。端納及控方均對刑期提出上訴，上訴庭指每罪判囚一年合理，但應分別執行，考慮到被告認罪，故將每罪判刑改為九個月，即端納最後須入獄 18 個月（《華僑日報》，1989 年 2 月 16 日）。

在端納上訴完成後約兩個月，江超受賄案正式開審，他被控五項罪名，分別是在 1981 年 8 月收受鍾正文 50 萬元賄款，以及在 1981 年 1 月至 1982 年 6 月間，四次收受陳松青合共 2,374,660 元的賄賂，作為西德意志亞洲公司對其提供優惠的報酬。據法庭文件顯示，雖然江超沒有權力批出貸款，但在處理貸款申請時具相當影響力，而財務公司在他的推薦下，向益大集團批出 2.9 億元貸款，向佳寧集團批出的貸款更高達 25 億元（《華僑日報》，1989 年 5 月 3 日）。

江超自辯時指出，他在 1981 年新年收到陳松青 30 萬元利是後，曾向上級滙報，上級指示他買些貴重禮物作回禮即可。其餘的款項，則是因為陳松青之前讓他投資佳寧股票，並保證不會有損失，但後來佳寧股價大幅下跌，令他虧蝕甚多，陳松青便給他百多萬元為「賠償」（《華僑日報》，1989 年 4 月 14 日）。不過，法庭沒有信納江超的說法，判他罪成入獄三年，並須向佳寧及益大兩間公司清盤人償還所收取的賄款（《華僑日報》，1989 年 5 月 3 日）。江超不服提出上訴，但最終被上訴庭駁回（《大公報》，1989 年 7 月 15 日）。

至於被律政司指為案情更嚴重、甚至要金門大廈案「讓路」的涉嫌行賄及詐騙

裕民財務案，涉及陳松青的部份卻遲遲未開審。原因一方面是仍有被告未能成功引渡回港，包括裕民財務前主席羅寧，他雖於 1985 年已在倫敦被捕及拘留，廉政公署隨即申請將他引渡回港，接受 42 項與佳寧有關的欺詐、行賄及盜竊控罪的審訊（《大公報》，1987 年 6 月 3 日），但對方先後十次向英國法庭申請人身保護令，拒絕引渡，擾攘逾七年，至 1992 年底才成功將他送回香港（廉政公署，沒年份）。另一方面，是因為陳松青還涉及上文提到的其他賄賂案，而他又不斷透過司法程序拖延進程，導致審訊一再押後。

　　直至 1993 年 1 月，即距離陳松青被捕及佳寧被清盤近十年後，陳松青與羅寧終於被帶上高等法院，就裕民財務案接受審訊，二人各被控 16 項串謀詐騙及貪污罪（廉政公署，沒年份）。至 6 月 25 日，羅寧選擇承認一項串謀詐騙罪，以換取撤銷其他控罪，獲得接納，結果被判入獄一年（*South China Morning Post*, 26 June 1993）。由於他在英國被捕後已被扣押七年，是英國史上未經定罪而服刑最長之人（《華僑日報》，1991 年 1 月 13 日），所以獲扣減刑期，真正在港服刑的時間甚短，於同年 8 月 17 日便獲釋（*South China Morning Post*, 17 August 1993）。他隨後到英國生活，並在愛爾蘭捲入另一宗貪污醜聞，最後於 2011 年被法庭頒佈破產，並於該年 8 月在倫敦去世（Robinson, 2014: 299-300）。

　　另一名涉案的被告，是裕民財務前代理董事雷斯（Rais Saniman）。雷斯多年前逃往法國，被法國警方拘捕後亦一直以各種理由反對引渡，至 1994 年 2 月，廉政公署才成功將其引渡回港，解上法庭。他被控以串謀及貪污受賄罪，指他在 1980 至 1983 年間，串謀以不誠實手段詐騙裕民銀行及裕民財務，在沒有足夠抵押

及保證下批出共 2.3 億美元（約 17.94 億港元）的貸款予陳松青及其相關公司，在同年 3 月被判入獄五年（*South China Morning Post*, 15 March 1994）。

最後一名被告，也是本案主角陳松青，他的控罪於 1996 年 1 月於高等法院再次開庭。至 3 月 21 日，法官突撤銷了他的保釋安排，下令將他還押監房看管，陳松青隨即提交醫學證明，指他在 1992 年底曾輕度中風（Robinson, 2014: 317），獲安排到羈留病房等待審訊。未知是否因為覺得自己今次在劫難逃，陳松青透過律師表示願意承認兩項串謀詐騙罪，[4] 換取撤銷其他控罪，申請獲法庭接納。至 9 月 27 日，法官宣判陳松青入獄三年，禁止擔任公司董事五年（*South China Morning Post*, 28 September 1996）。

陳松青入獄後，仍有與他相關的行賄貪污案未審結，被告是獲多利前總裁劉達（Ewan Launder），案件顯示，連滙豐銀行旗下的證券與財務公司高層亦涉貪。劉達於 1993 年 9 月在倫敦被捕（*South China Morning Post*, 12 September 1993），但他與羅寧等人一樣，一直利用法律程序阻止引渡，甚至曾以香港快將回歸為抗辯理由，聲稱若然被引渡到香港，不會獲得公平審訊的權利（*South China Morning Post*, 3 and 8 April 1994）。

拖延至 1997 年香港回歸後，劉達終於被引渡回港，案件於 1999 年 5 月開審，

| 雷斯

| 羅寧

佳寧神話──陳松青的造神毀神

過程甚有波折，爭拗不斷，到 2000 年 3 月底審結，其中一項控罪成立，被判入獄五年（*South China Morning Post*, 26 March and 8 April 2000）。劉達不服上訴，結果終審庭以原審法官從錯誤方向引導聆訊為由，撤銷定罪（Ewan Quayle Launder v HKSAR, 2001; *South China Morning Post*, 14 December 2001）。劉達成功擺脫貪污指控，當然令廉政公署多年努力付諸流水，不過從另一面看，這反駁了劉達當年指香港回歸後他不會獲得公平審訊的說法，在一定程度證明了香港司法仍維持高度獨立。

1998 年 3 月，陳松青獲釋，此後的生活變得低調但仍相當富裕。他與妻子女兒住在西貢清水灣道一間獨立屋，根據土地註冊處記錄，該物業是由陳松青女兒陳婉玲、陳秀玲及陳美玲等三人擔任董事的公司所持有，於 1992 年以 4,000 萬元購買（《東方日報》，2012 年 1 月 15 日）。另一方面，據林秀峰在一次訪問中透露，陳松青當時仍是三間家族公司的董事，這些公司經營投資及地產業務，大多以陳氏的女兒及海外公司名義持有，其中一間是倫敦的上市公司 China Western Investments，陳松青持有兩成六股權，公司在蘭州擁有地產項目（《壹週刊》，2009 年 7 月 30 日）。

毫無疑問，以陳松青及裕民財務為關鍵的連串貪污案，與佳寧案一樣，都是

| 劉達

「世紀大案」，不但情節複雜，且涉案人數眾多，包括不少國際金融機構的前高層。據廉政公署統計，該系列案件牽涉的問題貸款達 66 億元，為了偵查案件而採集過的證物文件達 400 萬頁，接見過的證人達 450 人，參與調查的廉政公署人員達 44 人，工時達 102,292 小時，踏足的國家包括馬來西亞、新加坡、英國、法國、美國、瑞士、澳洲及德國，由正式立案調查至案件審結，時間長達 17 年（未包括劉達案），有涉案人物的保釋期長達 13 年，最高保釋金達現金 5,000 萬元，另加人事 200 萬元，政府訴訟費達 1.2 億元。正因如此，該系列案件被視為「破紀錄的案件」，直至今天仍屬「廉政公署之最」（廉政公司，沒年份）。

廉政公署花了大量精力、時間和金錢辦理本系列案件，但被告不是被撤銷控罪就是無罪獲釋，就算被判罪成，刑期亦甚短，陳松青只是入獄三年，羅寧只有一年，難免予人雷聲大雨點小之感，如有不願透露姓名的股票經紀曾以此案與李福兆案作比較，[5] 認為兩案在懲罰上不成比例。此外，干犯如此嚴重罪行的陳松青，不但入獄年期不長，且以健康理由一直住在醫院的羈留病房中，環境自然較監獄舒適。佳寧這場騙局以這樣的結果告終，當然不符合大眾心目中對罪有應得和合理懲罰的期望，甚至認為法律是「有錢判生，沒錢判死」、「為有錢人服務」。

雖然判決結果令人不滿，但中外社會一致對廉政公署那份鍥而不捨的辦案精神表示欣賞，認為哪怕犯法者逃到天涯海角，執法機構無論花費多少時間和精力，亦會將其緝拿歸案，送上法庭受審。有報紙作出如下評論：「不管是多有錢的商人、不管有多精明的律師隊伍、多麼懂得鑽法律的空隙，用上多長的時間來拖延，只要是犯了香港的法律，最終還是要受到法庭的制裁。這十三年裏付出的努力和金錢，

其意義就在於此」（《明報》，1996 年 9 月 21 日）。事實上，正因執法機構及司法機關在打擊罪行上的這份執著，令香港廉潔的營商環境逐步建立，有助金融業的長遠發展，奠下香港國際大都會的地位，也讓社會朝著更美好的方向前進。

作為陳松青連串法律訴訟的一個註腳，他於 2011 年又捲入官非，這次是遭到當年一起被告的林秀峰入稟，向他追討多件古董花瓶，林秀峰稱該批古董是在 1982 年借給他的，當時價值逾億元。最後，法官裁定陳松青證供不可信，判林秀峰勝訴，陳松青須歸還相關古董或等值金錢（《大公報》，2011 年 5 月 7 日）。但陳松青似乎未有照辦，於是林秀峰在翌年向法庭申請頒令，那時將近 80 歲的陳松青因此破產（《大公報》，2012 年 2 月 17 日），成為其是非不斷的人生中另一個污點。[6]

1　資料顯示，許盛亦有經營地產業務，且曾與陳松青有合作關係，如佳寧在 1981 年便是從許氏手中購入帝后酒店六成業權。許氏的生意在佳寧清盤後仍有發展，至 1984 年初被滙豐等銀行入稟追債後再不見其消息（《工商日報》，1984 年 1 月 24 日）。

2　當中大部份貸款都是借予佳寧集團或陳松青相關公司，小部份則借予益大集團。就算只佔小部份，據 1987 年裕民財務的入稟狀，向益大擔保人鍾正文追討的金額亦高達 3,800 萬美元（2.96 億港元）。雖然裕民獲判勝訴，但鍾正文早已潛逃離港，款項亦無法追回。

3　何桂全及鄔開莉後來獲撤銷控罪（《華僑日報》，1988 年 11 月 5 日）。

4　坊間另有說法，指陳松青知道香港回歸在即，害怕若然案件拖過 1997 年，他到時被判刑可能更重，所以寧可及早認罪了結。

5　李福兆為前香港交易及結算所主席，1988 年被廉政公署拘捕，指控他出任聯交所主席時，在審核公司上市過程中收受利益，被判罪名成立，入獄四年。

6　不過，林秀峰亦於 2014 年因拖欠貸款連利息約 600 萬，遭財務公司入稟申請破產，報導指林秀峰於爭奪古玩案勝訴後向財務公司借錢，用作繳付律師費（《星島日報》，2014 年 11 月 25 日）。其實，涉及佳寧案後，林秀峰的發展亦多遇挫折，其公司百寧順於 1984 年申請清盤，負債達 2.6 億多元（《工商晚報》，1984 年 2 月 17 日）。到 2002 年，他又因涉及一宗 48 億元的偽造文書案，被判入獄 20 個月（《東方日報》，2002 年 11 月 26 日）。

第十五章

商人、賭徒、奇才或騙子

● 看過了眾多資料、聽過上百證人的供詞，當然可以用事後孔明的角度，指佳寧是一場騙局，但若一口斷定陳松青從一開始便立心行騙，恐怕亦有欠公允，須有更多證據支持。到底他原本是否一名充滿雄心壯志的商人，但在經營過程中，發現到法例的漏洞，開始打擦邊球賺錢，結果錢愈滾愈多，他也離正道愈來愈遠，變成一個罪犯？又或者他其實只是一個善於蠱惑人心卻志大才疏的賭徒，憑其舌燦蓮花的魅力獲得巨額資金揮霍，卻無能力好好經營生意，最後為求脫身，只能不擇手段？還是以上二者均非，他另有身份任務，但因潛藏極深，難以窺見？另一個值得深思的問題，若佳寧神話只是騙局，那除陳松青外，還有甚麼人參與其中並應付上責任？制度上又出現哪些漏洞才會讓他有機可乘？陳松青驟升暴亡又帶來哪些值得思考之處？有甚麼地方可汲取教訓？在本書最後這部份，且作出扼要討論。 ●

要回答陳松青到底是商人抑或賭徒、是奇才還是騙子，又或者他是從何時開始走上歪路的問題，便需要綜觀全局，從頭到尾梳理所有資料，其中，資金流向相信是最有力的線索。回頭看，可以說陳松青對其資金來源從頭到尾都沒說出真相——至少隱瞞了真相最重要的部份。如在 1981 年 8 月接受《南華早報》的訪問時，他說過，創業時的起動資金 500 萬元（後增至 1,000 萬元）是來自四個在馬來西亞及新加坡的陳氏家族，其他高層接受訪談時均有相近說詞，反映此說法是佳寧的「官方版本」。

此外，陳松青在非公開場合曾有另一說法。在收購美漢期間，證監專員曾約見陳松青，要求提供資料，陳氏於 1980 年 1 月 14 日在律師陪同下，曾作證說集團是「由他和一個大家族控制及擁有重大權益，該大家族散居於新加坡、馬來西亞、菲律賓、印尼等地……佳寧的資金，大部份來自紐約市場，有一筆大信貸額，年期為 15 年，利息 9 厘」。在購買金門大廈時，集團高層曾說資金一半是由佳寧內部的香港人士提供，其餘由公司內部及一名華僑提供，收購美漢亦是由集團內部支付，沒有向銀行借貸（霍禮義，1992：75-76）。

1981 年投資美國加州物業時，何桂全接受訪問，亦曾談及資金來源。他指購入價雖高達 8 億美元（約 62.4 億港元），但集團動用的現金不多，「用股票及（與）當地銀行界或地產暨實業發展（商）攜手」（《華僑日報》，1981 年 4 月 20 日），意思是這筆龐大資金的投入，是從股票市場集資、銀行借貸及與其他商人合作得來。另一次，當陳松青回答為何資金用之不竭時，指是因為集團「不斷地買入也不斷地沽出物業……大量的沽出物業回籠的現金，便支持了進行收購活動」，即

是資金來自以戰養戰，他因此認為，最理想是在短時間內達成有利可圖的交易，買入賣出數以十億元的物業，甚至短至兩三天內便可拍板（《大公報》，1981 年 8 月 25 日）。

總括來說，據陳松青及集團高層的說法，佳寧資金主要有以下三個來源：陳氏家族提供的第一筆資金、不斷買賣物業或資產獲得的盈利，以及大額信貸。前文已討論過，資金來自家族此一說法有引人疑竇之處：如有資金創業，為何無力還債而破產；500 萬元或 1,000 萬元資金在地產投資中根本不值一哂等。至於經營地產獲利之說，陳松青在一開始時確實曾取得亮麗成績，喝到香港地產業在 1970 年代中後期復甦的「頭啖湯」，如 1975 年的養和醫院地皮，他與鍾鴻生以 250 萬元購入、620 萬元售出，雖然不清楚二人投資佔比，但相信進賬不少。惟相對於進軍地產業界需要投入的資金，那些盈利其實都只是小數目而已，他之後的巨額投資，大多是買入而甚少真正成功賣出。

若盤點一下佳寧地產投資的盈利，在 1979 至 1981 年間，有赤柱濱海花園、灣仔多銀隆商業大廈、堅尼地道富麗台、界限街騰龍閣，據佳寧在廣告中宣稱是「全數售罄」；金門大廈以 9.98 億元買入、16.8 億元售出；1980 出售周大福商業大廈賺得 8,000 多萬元，再加上陳松青在 1980 年 2 月的記者上指集團有 30 多個樓盤，若地產市道持續向好，的確可賺得巨利，支撐公司持續投資發展。

不過，一如前文討論，樓盤全數售罄的說法，恐怕只是宣傳技倆，出售金門大廈亦已證明屬虛假交易，就算陳松青等高層多次在記者面前強調，即將有大筆現金回籠，最後都是子虛烏有。因此可以肯定，在基本上「有出無入」的情況下，佳寧

的資金來源並非盈利，而是借貸及股市集資，而且其借貸手法可謂相當高明：

　　　　1978 年，佳寧集團以 1,850 萬港元購入元朗一幅土地，即將其按揭給馬來
　　　　西亞的裕民財務公司，取得 6,000 萬港元的貸款；同年又將數月前以 170 萬港
　　　　元購入的一幅土地向交通銀行按了 2,000 萬港元，比成本高逾十倍。就這樣，
　　　　陳松青利用「滾雪球」的原理，藉銀行按揭套取大量資金，再利用這些資金購
　　　　入貴重物業，在短短兩年間購入了約 30 個地盤，樓面面積達數百萬平方呎。

（馮邦彥，2013：45）

　　從以上例子可見，陳松青以低價購入地皮，然後向銀行或財務公司抵押，取得
相對巨大的貸款後，再出擊作下一筆投資。由於地產買賣涉及巨額資金，不少地產
商都會以借貸籌集，以確保現金流穩定，做法與陳松青無異，但問題是為何陳松青
可從金融機構中取得異常巨大的貸款呢？部份相信與他的包裝技巧及善於提高抵押
品估值有關，部份則涉及貪污等行為了。

　　在正常情況下，借貸時必須提供抵押，抵押品價值愈高，獲批借貸額愈大。
負責批出貸款的主管，對抵押品的估值亦有依據，不能任意而為。就以最為核心的
地皮為例，估價基本上有三項準則：一、以落成物業的估值為依據，二、以落成物
業的租金為本，三、以投資回本為本，三者均會估計該地皮上蓋物業落成時的市值
（增值），再扣除建築成本、顧問費、利息支出、應佔利潤等，得出地段未來市值。
最後再採用會計公式，將未來市值還原現值，即是地段現價估值。

　　然而，評估雖有準則，但始終存有灰色地帶及酌情權，因為無論採用哪個原
則，未來樓價及利息走勢這兩個因素，皆為帶主觀成分的預測，如物業市道向好、

銀行資金充裕、利息走低時，便會令估價偏向樂觀。1970 年代末香港地產市場回暖，金融機構急欲為資金找出路，陳松青明顯看通當中契機，在申請借貸前多做一步，把地皮包裝好再抵押，將資產增值，讓金融機構批出更高的貸款。

例如，陳松青會先開展一些簡單工程，令地皮不再是空地一片，而是「快將出售」的物業建築，銀行或財務公司將地皮連同未完成的物業一起估值，批出的借貸金額自然高於地皮原來價值了。陳松青購入地皮，隨即包裝、借貸，取得巨額貸款後再出擊投資，在槓桿原理下，發展資金自然倍增。一位舊僱員指「陳松青的經營技倆是邊做邊學回來的，他為人非常機警敏銳」（齊以正，1983：41），可看到他善於鑽空子及「醒目」的一面。

由於公司表現亮眼，強化陳松青投資有道的形象，令他獲得更多金融機構貸款支持，能在物業市場搶購更多具發展潛力的地皮，等如運用別人的金錢為自己創造財富；他四出開拓收購的動力，又予人財力雄厚、不斷發展的觀感，令下一輪借貸更容易、條件更寬鬆。當公司資產不斷增加，除了土地外，他還利用公司的股票作抵押，獲得更大量的借貸額度，形成一個不斷膨脹的循環。到了後期，願意為他提供貸款的，不少更是本地及國際具實力的著名銀行，甚至有財務公司主動與佳寧接觸，表示有意向他提供貸款 （《大公報》，1986 年 4 月 5 日），令他有用之不竭的資金，可以無所抑制地東征西討，以配合他快速開疆闢土、建立個人或家族龐大商業帝國的野心。

無論是包裝土地後再作抵押，還是以公司股票作抵押，當然都是常見且合法的做法，但前提是公司提供的財務資料必須正確無誤。陳松青惹人質疑甚至引起法

律訴訟的地方，是他一方面隱瞞了與裕民財務的關係，將借回來的錢當成公司盈利或自己的資金，再以這份「亮麗」業績對外借錢。由於金融機構評估借貸申請時，除抵押品外，亦會審核公司的財務及資產狀況，當看到佳寧賬目健全，自然以為公司有足夠的還款能力，便給予正面信貸評級，甚至批出較為寬鬆的透支額度。但事實上佳寧的賬目隱瞞了實情，公司根本沒有巨額存款或流動資金，一切都是靠裕民財務的借貸支撐。換言之，佳寧是以沒向外界公開的暗層面借貸，取得明層面的借貸。這樣弄虛作假，明顯已越過了「營商手法創新」的界線，變成欺詐；至於以行賄方式誘使銀行及財務公司高層放貸，更是難辭其咎，無可辯解了。

從一開始，陳松青的資金來源便是裕民財務的巨額貸款。據悉，他是於 1979 年初認識裕民財務的總經理伊伯拉希・賈法，對方金融經驗有限，卻手握龐大資金的借貸權，打算在香港發展業務（霍禮義，1992：72）。雙方首次合作便是上文提及的元朗地皮，從此不斷向陳松青提供巨額借貸。從日後法庭文件可見，兩者的信貸條款極不尋常，不少巨額貸款都沒抵押品，或是只由陳松青作私人擔保而已，雙方更簽署了保密協議，不向外人透露彼此的信貸關係（Robinson, 2014: 41）。

正是從裕民財務獲得了大額秘密借貸，再用掩眼法將之轉為集團盈利，於是才出現了佳寧賬目上的風光無限，但風光背後，暗地裏其實是債台築得更高，利息開支更大，日後利率不斷攀升時，集團負擔的債務更是大幅飆升。直至揸利被派來港「查數」，最後卻引來殺身之禍，且遭棄屍蕉林，因此又招來馬來西亞與本港執法機關鍥而不捨的調查，加上佳寧「爆煲」，真相才暴露人前。即是說，若非惹上謀殺案，相關的貸款甚至能瞞天過海，等待營商環境或股票市場好轉後，不排除陳松

青可以繼續封神。

　　裕民財務不但為陳松青提供極大額借款，借貸條件也異常寬鬆，據裕民銀行職員作供時稱，裕民財務的文件顯示，試過在未收到抵押品時款項已經貸出，或容許佳寧以期票作擔保，但期票銀碼不足以彌補借款，甚至申請貸款的公司未成立或未作申請，款額亦可批出（《信報》，1986 年 9 月 4 日）。1982 年 10 月，當佳寧宣佈現金流不足，周轉困難時，裕民財務仍單憑陳松青個人名義的擔保，繼續發放 3,000 多萬美元（約 2.34 億港元）貸款，直至揸利被殺當天，400 萬美元（約 3,120 萬港元）貸款亦如常批出。如此寬待陳松青，除了後來被揭發的行賄受賄外，亦令人懷疑當中涉及更多黑幕。

　　須指出的是，裕民財務是一家獨立於馬來西亞裕民銀行的子公司，不是裕民銀行的分行，令千里之外的裕民銀行難以作更緊密監管，有很多灰色地帶可以大動手腳，[1] 但當總貸款額高達 8 億美元（約 62.4 億港元）時，不可能在沒有母公司的財力支持下獨力提供，更不可能連年出現巨額虧損，母公司仍不聞不問。馬來西亞政府曾委任獨立委員會調查裕民事件，完成的報告中有多項強烈指控，可惜因種種政治原因被禁止報導，政府也沒有將報告提交馬來西亞國會，或是進行深入刑事偵查，背後顯然牽涉強大勢力的拉扯。由此角度看，佳寧及裕民財務可能也只是幕前代理人而已。

　　正因如此，就像諾丁報告書中所言，他們（裕民財務香港負責人及陳松青等）敢如此明目張膽，將公家的錢放進私人口袋，唯一可以解釋的，就是幕後還有更強大的黑手在操控，將資金透過陳松青的生意交易或借貸「漂白」，再回流到背後人

物的口袋。不過,由於此部份並非發生於香港,目前亦無法找到確切證據證實相關指控,因此陳松青與裕民財務的資金流向及不尋常關係,只能以存疑視之,或者留待歷史作出解答。

回到陳松青的討論上。在 1970 年代末至 1980 年代初,香港股票及地產市場持續興旺、銀行資金充裕,急需尋找出路,佳寧便在運氣、時局及人脈等因素的推動下高速發展,可是,當利息大幅飆升、股市及樓市逆轉之時,這種發展模式的致命缺點便顯露出來。首先,利用借貸購入資產是雙面刃,在好市時當然會將盈利加倍,但在逆市時亦會將虧損放大。其次,由於佳寧有明暗兩個層面的借貸,利息支出龐大,息率上升時的壓力亦倍增。此外,當地價股價下跌時,集團不能將資產貶值出售,因為這會予人集團資金不足、要賤賣資產之感,破壞陳松青辛苦建立的「財源不絕」形象,影響信貸評級,亦可能導致股價進一步下跌,銀行要求增加抵押品等。過去,或許陳松青能「以債養債」,但當市況逆轉、大小金融機構包括裕民財務亦收縮信貸時,[2] 為了令資金鏈不致斷裂,挽救集團於既倒,陳松青乃直接採用犯法手段。即是說,到了後來,佳寧已變成完全由造假、欺詐、行賄等違法行為來支撐。

從法庭資料看,陳松青早在 1981 年初已經開始以「送禮」等手段與不同銀行或財務公司高層打交道,如被判罪成的江超,便於 1981 年收到對方 30 萬元的「利是」。之後香港市道進一步轉差,佳寧的投資失利漸多,且逐步浮面,加上 1982 年馬來西亞大選後的政治角力,裕民銀行主席被更換,新主席著手調查裕民財務,促使裕民財務收緊了借貸,陳松青只好轉向其他銀行或財務公司「度水」

（借貸），賄賂銀行高層批出貸款，繼續擴張。另一方面，他亦利用名下公司向銀行或財務公司貸款，再左手交右手把錢回到佳寧，或利用名下公司購買佳寧的物業，然後謊報獲利，塑造新亮點以吸引一般股民的支持，反映他在追逐擴張的道路上已愈陷愈深。

股市集資方面，陳松青在 1979 年購入美漢企業、1981 年購入其昌保險及維達航業時，除看中這些公司的資產外，更大原因顯然是它們都是上市公司，陳松青可以透過它們在股票市場吸納資金、以股票作抵押品借貸，或直接將公司股票當成現金，購買更多資產。不過，股票市場不會永遠暢旺，1981 年中股市開始下跌，這部「印鈔機」開始失靈，沒法為陳松青吐出更多現金，甚至因股價下跌而被銀行要求追加抵押品時，他唯有投入資金進行大規模的「托市」。

當時市場已察覺，在恒生指數及各公司股價急跌時，唯獨佳寧置業股價企穩，是因為有知名領隊做莊力托股價。佳寧案審訊時，負責佳寧投資項目的證人，亦證實曾在陳松青指示下，持續大手購入公司股票。廉政公署深入調查佳寧集團時，發現「款項從一間公司轉到另一間公司，每筆款項的金額都很龐大但又全部不是整數」，調查員靈機一觸，「將銀碼轉為港幣，然後除以 101，竟然全部變為整數」，由於透過經紀購買股票需付 1% 佣金，推斷「款項極有可能是用作投資股票」，隨後的進一步追查更「發覺多筆款項透過股票買賣從佳寧名下轉到涉嫌受賄人或其親人的公司或私人戶口，反映出他們之間存在不尋常關係」（廉政公署，沒年份）。

毫無疑問，陳松青的商業帝國是靠明層面與暗層面的借貸、正規的股市集資與不正規的托市打造起來，但公平點說，他的所作所為在商業世界相信並非新鮮特例

之事，只不過他做得更過份、更誇張，牽涉的金額也更巨大。可是，為何有以相近手法起家的人能全身而退，甚至成為受人欣羨的商業鉅子，他卻身敗名裂，佳寧神話短短數年便破滅告終？

導致陳松青失敗的，除了社會及市場的大環境突然逆轉、以非法手段攫取的財富難以持久等因素外，陳松青自己亦應負上很大責任。若細心分析陳松青的投資，可發現當中有不少錯誤決定，反映他目光欠準，根本沒有媒體塑造的點石成金能力。如他在香港地產高位時仍瘋狂入貨，沒有做好風險對沖的準備，當時不少人與他一樣「看錯市」，但有能力者今天仍屹立於香港商界。可見他只知冒險擴張，缺乏冷靜籌劃的營商能力。

除本港地產外，陳松青其他投資亦可發現相當多問題。或許是以為自己財源不絕，或許是其他原因，他收購公司時，出價遠高於該公司當時的股價，如美漢的股價在 12 月中為 1.5 元，至月末因收購消息傳出漲至 3.8 元，但佳寧的收購價是 6 元，差不多高出一倍。又如收購維達航業時，其股價在整個 1981 年時多為 3 元至 4 元而已，到 9 月時因收購傳出，升至 6 元停牌，佳寧的出價則高達 7.6 元。以上兩者的收購，在那個年代，需要付出這麼高的溢價嗎？

當然，陳松青可能因志在必得才會開出如此高價，但作為商人本應「銖錙必較」，他表現出來的卻是不計價錢，只求成功「掃貨」，「像貪婪的主婦跑進超級市場，看到合適的東西就掃在籃內，絲毫不理會標價」（譚隆，1982：29）。齊以正曾引述佳寧職員的話：「在公司全盛時期，陳松青會斷然決定大量投資某行業，

似乎金錢完全不在他的考慮範圍之內」（齊以正，1983：42）。即是說，他其實缺乏精打細算的商人本質，反而像一個擔心饑荒將至、急忙在市場大量掃貨的無知之徒。陳松青自己在接受訪問時亦說過，買賣數以十億元的物業甚至在短至兩三天內便可拍板（《大公報》，1981 年 8 月 25 日），一點不需專業估值或從長計議。顯然，由於佳寧不愁資金，才會在生意投資初期「任信心和直覺做他的主人」（齊以正，1983：42），看中甚麼買甚麼。

除高價購貨外，陳松青不少投資都是虧大本的生意，那更顯然是他的問題了。先說航運業，當時航運業已走向低潮，陳松青卻逆流而上，在 1980 年成立佳寧航業，運作一年仍未見盈利，便再收購負債甚巨的維達航業，後來維達業績欠佳，為集團帶來沉重的財務負擔。又例如進軍本地的士業，他從未經營過出租車生意，卻大手一揮，以近 8,000 萬元收購一間有 300 輛的士的公司，「每部的士的平均收購價高達 37 萬元，比當時市價高出 10 萬元」（齊以正，1983：42）。[3] 進軍飲食業開設的佳寧娜餐廳，經營同樣「蝕大本」（《文滙報》，1987 年 9 月 16 日）。[4] 另一個失敗投資，是購入繽繽集團三分一股權，後來陳松青發覺這間公司的財困猶如無底洞時，少有地選擇壯士斷臂，全身而退，但估計近 2,000 萬元的投資亦血本無歸。

陳松青投資海外地產亦是賠本告終，如投入資金超過 5 億美元（約 39 億港元）的「美國之香港」計劃。消息公佈時，已有人提醒他，指計劃投機成分太高，風險難以預料，而且該市經濟前景欠佳，沒有投資上的吸引力，但陳松青卻不予理會，

甚至將投資額增至 8 億美元（約 62 億港元），他「一意孤行，目的似乎是要拯救另一名中國投資者」（齊以正，1983：53）。至 1981 年 11 月，美國國安銀行（Crocker National Bank）就此投資項目進行可行性研究，報告結果非常負面，銀行更拒絕為項目提供融資（霍禮義，1992：83）。至 1983 年陳松青出售在美國的全部資產時（已知的包括「美國之香港」及加州 El Dorado 項目），只收回 7,530 萬美元（約 5.87 億港元），虧損極大。而他在東南亞的地產投資，亦差不多全軍盡墨，購入的樓房銷情慘淡（齊以正，1983：55）。

此外，陳松青的旅遊業務亦欠理想，據佳寧前董事總經理馬素的供詞表示，他於 1982 年上任後整頓公司賬目時，發現旅遊部虧損高達 2,800 萬元，當中旅行社、的士及停車場業務均表現不佳，他曾草擬一份備忘錄，建議作出改革，但陳松青表示不要緊，最重要是相關業務能令佳寧打好名聲，便對集團未來發展有利（《大公報》，1986 年 6 月 5 日）。雖說不少大企業為建立品牌，往往願意付出巨款在媒體上賣廣告、做宣傳，或是大做慈善，但像陳松青這樣明知某些生意不理想，卻不思如何改進或「止蝕」，反而將數千萬的虧損當「做宣傳」，相信甚為少見。

| 晚年的陳松青

佳寧神話──陳松青的造神毀神

總而言之，陳松青從暗中借貸獲得「用不完的資金」完成天價買賣，吸引市場目光，令股價成為不墜的「鐵股」，再利用股票購入更多資產，或作為抵押品向更多銀行借貸，然後又再「掃貨」，快速創造出「佳寧神話」。但靠掩眼法或投機創造出來的泡沫假象，始終是空中樓閣，稍有差池便會爆破幻滅。當然，高明的魔術師能在魔法失效前脫身、有能力的商人則會見好即收，將公司做大後利用優勢「棄暗投明」，減低投機比率，走上踏實經營之路。但很顯然，陳松青並不是這兩類人，他根本不善經營、投機炒賣的心態濃烈，且貪勝不知輸，一心只想著快買快賣，欠缺從商業經營上創造真正價值的能力。故當市場突然逆轉，運氣在 1981 年中離他而去時，他便旋即被自己的所作所為吞噬，甚至拉上不少金融機構與小投資者「陪葬」。

人們常說「十賭九騙」，大家明白賭局猶如騙局，明知風險亦選擇參與，期望自己是眾神眷顧、百中選一的幸運兒，那失敗賠本亦是理所當然，與人無尤。但從來沒有人說「十商九騙」，大家相信在制度監管下，商人的行為是有規有矩的，發放的資訊就算不是全部真確無誤，但至少不會虛假失實，這是營商與行騙的分別，也是一條絕不能逾越的界線，否則當信任崩潰，無論是國家、經濟、社會、企業或個人，均難以維持。當陳松青的作為已經不是所謂「經營手法獨特」，而是明顯越過了界線時，最後便會受到法律制裁，更高層次則是社會道德的批判。

1　其實，裕民財務母公司裕民銀行亦是一盤爛賬，不計佳寧、益大事件導致的十多億元損失，在 1988 至 1989 年的財政年度中，該銀行便虧損多達 3.7 億美元（約 28.86 億港元），導致銀行最後要進行重組（《華僑日報》，1989 年 10 月 8 日）。

2　裕民財務收緊信貸，除因市場環境變差外，更可能是當時母公司裕民銀行已有人起疑，故香港管理層不敢再明目張膽大額放貸。

3　另有報導指購入價為 1.1 億元（*Financial Times*, 22 September 1981）。

4　此生意最後由詹培忠和馬介章等人接手，在他們專心經營下，才做出成績，且不斷擴張、延續至今。

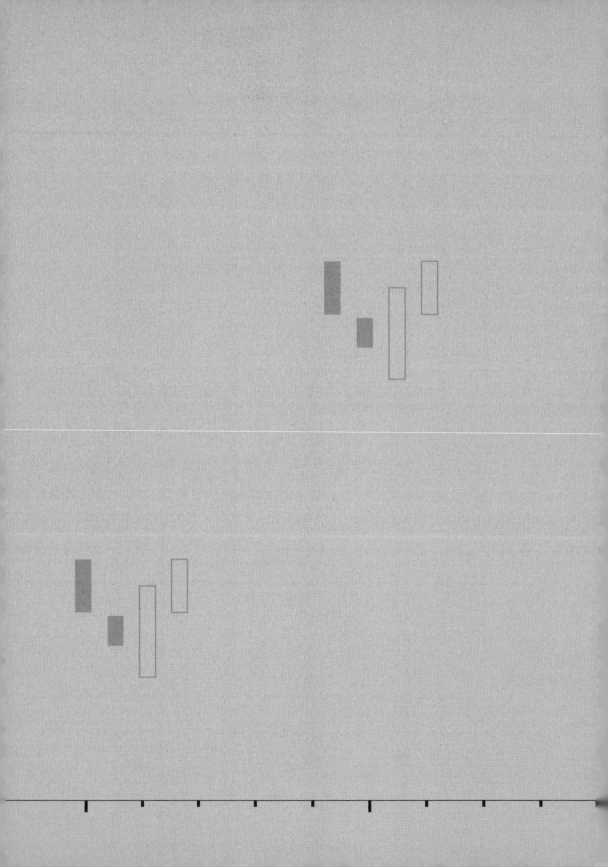

第十六章
貪污洗錢套路的猜想

● 裕民財務與陳松青的案件，或會令不少心水清的人聯想到 2018 年的一馬發展公司（1Malaysian Development Berhad, 簡稱 1MDB）詐騙案。該公司由馬來西亞首相納吉布（Najib Razak, 原為財政部長）在 2009 年成立，作為馬來西亞主權基金，目的是推動馬來西亞經濟發展，把該國發展成為地區金融中心（《BBC News 中文》，2015 年 7 月 11 日）。1MDB 由祖籍廣東的馬來西亞人劉特佐（Jho Low）管理，並透過多家美國投資大行進行投資融資。但至 2018 年，納吉布競選敗北後，新上任的首相隨即調查 1MDB，發現涉及大量詐騙、貪污與洗黑錢等犯罪行為，納吉布被送上法庭，最終判囚，另一位主角劉特佐則潛逃至今。事件甚至涉及美國頂級投資大行高盛（Goldman Sachs），有高層因此被判監，公司亦被罰巨款。無獨有偶，那次力主調查事件的，正是 1981 年一上任便整頓裕民銀行的首相馬哈蒂爾，那時他再度在選舉中獲勝。●

就像陳松青與佳寧案一樣，一馬發展公司的詐騙事件牽涉證人死亡、涉案人物在逃、糾纏不清的訴訟、國家政黨的權力鬥爭等傳聞，目前曝光的肯定不是事實之全部。但有一點可以肯定，這宗貪污案有政府高層參與其中，甚至可能是貪污的源頭，因此牽涉的金額極巨，像這樣天文數字的貪污贓款，需要一種堂皇高效的洗黑錢機制，才能神不知鬼不覺。

循此方向思考，或許能為陳松青與佳寧集團眾多有違現實或商業運作邏輯的投資找到合理原因，有助解開整個事件的謎團。即是說，若假設佳寧事件同樣涉及馬來西亞政府高層貪污，再藉由代理人將貪污的黑錢「漂白」，便能解釋陳松青藏頭露尾的行為及眾多不符常理的投資，因為他只是代理人之一，亦會驚訝地發現，當

| 納吉布

| 劉特佐

佳寧神話——陳松青的造神毀神

時香港那個規管較為寬鬆、資金流動量龐大且能自由進出的股票市場，正是能堂皇高效地洗黑錢的最佳選擇。

若從馬國政府高層一開始已有貪污意圖的猜想出發，便能解釋他們為何要捨近就遠，不選擇政治及金融管制較嚴格的新加坡而來香港；為何申請較簡單便捷的財務公司牌照，而非規條較多的銀行分行牌照，出發點可能便是為了讓授權管理者有更大空間「做手腳」，有更大酌情權批出大額借貸，再將錢轉入自己口袋，然後宣稱貸款者無法還款，便能當作壞賬處理掉。由於只是財務公司，這樣的「商業行為」較容易在政府眼皮子底下堂而皇之地進行。

同樣，這亦解釋了為何裕民財務明明有大筆資金可供借貸，卻沒有如其他放貸公司一樣積極拓展業務，而是高度集中於陳松青的佳寧集團、鍾正文的益大集團和許盛的許盛集團三家機構，且放貸金額往往極為龐大、抵押品不足、手續未辦妥，甚至在申請貸款的公司未成立或單以個人名義擔保而沒有抵押品時，款項已匯進相關公司戶口。更不尋常的是，裕民財務竟願意簽署保密協議，容許客戶不對外披露相關債務，等同代其隱瞞負債情況，令自己的借貸更無保障。

假若大額借貸只是為了貪污洗錢，借出去的巨款是如何可以冠冕堂皇地回流？這相信便是靠股票市場的操作了，因為上市公司股票的價格波動是資金轉移的最好方法，而且該公司的股票成交量愈大，買賣雙方的身份愈不易被鎖定或發現。透過低買高賣，以獲利形式令資金從一方轉向另一方，因股票買賣的過程可獲充份證明，較難引人懷疑，借貸出去的大量資金便可洗得乾淨潔白，最後回到貪污者手上。正因如此，無論陳松青、鍾正文、許盛均持有上市公司，運作上又以陳松青操弄得

最出神入化，令他成為裕民財務的最大借貸客戶。

假設佳寧真的涉及貪污，那具體運作方面，負責在香港「洗錢」者，先選擇一間價位低迷的上市公司，在收購前先讓貪污者從市場中低價吸納該公司的股票，再公開高價收購的消息，令相關公司股價上揚，貪污者便可藉出售手中股票謀取巨利，例如在陳松青收購美漢企業、其昌及維達航業時均可看到近似的手法。他不斷利用出其不意的收購合併消息，如以天文數字收購金門大廈、以 1 元將物業轉給佳寧置業等，刺激佳寧股價大幅飆升，讓貪污者可更大量地套現，把黑錢洗淨，有效地回籠到幕後人物手中。這亦解釋了為甚麼陳松青要持續「托市」，那是要維持貪污者的套利空間，亦是利用股票市場的多重操作轉移金錢的例子。

正因整個集團運作的目的，在於如何將從裕民財務借貸得來的資金，通過股市「洗白」，再轉回貪污一方，而非一般重視盈利與效率、講求扎根發展的商業經營，所以當時任董事總經理馬素發現旅遊部嚴重虧損，建議改革時，陳松青的回應是「不要緊」，最重要是相關業務能令佳寧打好名聲。這種似是而非的回應，折射出集團的營運原則或目標，並非一般意義上把利潤最大化或成本最小化，而是為貪污和漂白資金服務。事實上，陳松青眾多不計商業成本或原則，但求買下「心頭好」的收購合併行動，亦可從以上邏輯出發，找到合理的解釋。

基於貪污洗錢的猜想，當貪污源頭發生變化，如高層換人或遭人查核檢舉時，毫無限制地批出貸款的行為必會停止，利用股票市場洗錢的流程無法進行，集團的運作馬上會受到影響。正因如此，當馬哈蒂爾於 1981 年 7 月出任馬來西亞新首相，政治環境驟變，在一朝天子一朝臣、人脈關係與政治權利更迭牽引下，裕民財務向

陳松青、鍾正文及許盛的大量借貸近乎全數煞停，實力較弱的鍾正文及益大集團、許盛及許盛集團立即陷入資金斷裂而倒閉，實力最強的陳松青及佳寧集團，尚能稍撐一時，且爭取到裕民財務的貸款，如揸利被殺那天便取得 400 萬美元，惟與之前動輒過億元的情況已截然不同。

失去了裕民財務巨大借貸的支持，無論陳松青、鍾正文或許盛，均須透過其他方法尋找資金，如陳松青轉向獲多利、西德意志等財務機構借貸，甚至以行賄方法收買相關財務公司高層以獲取批核，反映資金緊絀；鍾正文則是抓住陳松青的「痛腳」，違反早前投資承諾，將債務及資金壓力推給陳松青；許盛被迫以旗下香港第一財務的「支票輪」應對，但三人最終均無法解決失去裕民財務「大水喉」的困局而走向敗亡。

巨額的、近乎無抵押的借貸，大部份被清洗乾淨後流入貪污者口袋，小部份成為中介者費用（agency cost）。接著的問題是：裕民財務的欠債怎麼善後？那就交由炒賣物業或股票「接火棒」的最後接棒人，或「支票輪」的最後填數者收尾。由於裕民財務的欠債由相關集團的負責人以個人擔保，龐大欠債最後便落到他們的公司及個人身上，當相關公司及個人破產，就如用完的工具般報廢，債務欲追無從，裕民財務的巨大財富便在這樣的情況下光明正大地蝕個清光，不留任何「手尾」或後遺症，這無疑亦是一記「絕招」。

若從貪污洗錢的假設推斷，亦能解釋為何陳松青一直保持低調神秘，且主要以代理人、空殼公司模式註冊，個人名下鮮持有大量財富，佳寧集團亦是透過買殼得來。不排除他早已把作為中介人獲得的財富轉移到親人或可信賴者名下，哪怕他的

企業或事業做到那麼大，妻子及三名女兒卻長期留在新加坡，刻意保持距離，沒有把家人轉來香港團聚或發展，很可能正是考慮到貪污與洗黑錢乃不見得光、不可能長遠之事，最終定會破局的問題。諷刺的是，他為集團起了 Carrian 的名稱，在接受傳媒訪問時指那是寄意 Carry On——讓企業可以代代相傳下去，但這個名字或許是其說漏了嘴（slip of tongue）的願望，反映他渴望充當中介洗黑錢的遊戲可以繼續，永不爆破。

概括地說，若從馬來西亞政府高層早已圖謀貪污的假設出發，便能替「佳寧神話」除魅，亦能看到陳松青只是一個代理人，他沒有點石成金的神秘力量，其收購合併的多家企業及發展項目，乃至對企業的經營管理，大多表現欠佳，虧損不少，因為說到底，他不是從生產與經營中崛起的實幹型企業家，缺乏實際商業經營和管理「搵石仔」生意的能力，其早年的建築生意失敗破產便是很好的說明。所以，若說佳寧是神話，作為集團領軍人的陳松青，實在「神又係佢、鬼又係佢」——因為他一度把集團捧上天，最後卻又將之打落地獄，不但破產清盤，讓無數股東蒙受巨大損失，他個人也從巨富淪落為囚犯，留下罵名，整體社會都為他付了沉重代價。

西方諺語有云：歷史不會重複，但會押韻。詐騙、貪污與洗黑錢的違法行為古已有之，禁之不絕，陳松青的佳寧騙局不是前無古人，一馬發展的罪行也不會後無來者。就在陳松青被判入獄的五年後（即 2001 年），連一向被視為規管嚴格、民主典範的美國，亦爆出震驚全球的「安然醜聞」（Enron Scandal），事態與佳寧案更是驚人相似：小公司在極短時間內成長為龐大企業、利用複雜的財技瞞騙眾生、透過歪曲收益和資產賬目以顯示良好業績、倒閉後颳起金融風暴、遺害社會等

等。顯然，就算再嚴謹的法例，亦未必能應付金融市場不斷衍生的投資投機工具，若再加上日新月異的科技，尤其得到有才無德的專業人士的協助，監管部門終會百密一疏。作為一般投資者或小股民，務必打醒十二分精神，借鑒前人走過曲折道路的教訓，在作出投資決定前思考再三，才是現實可行之道。

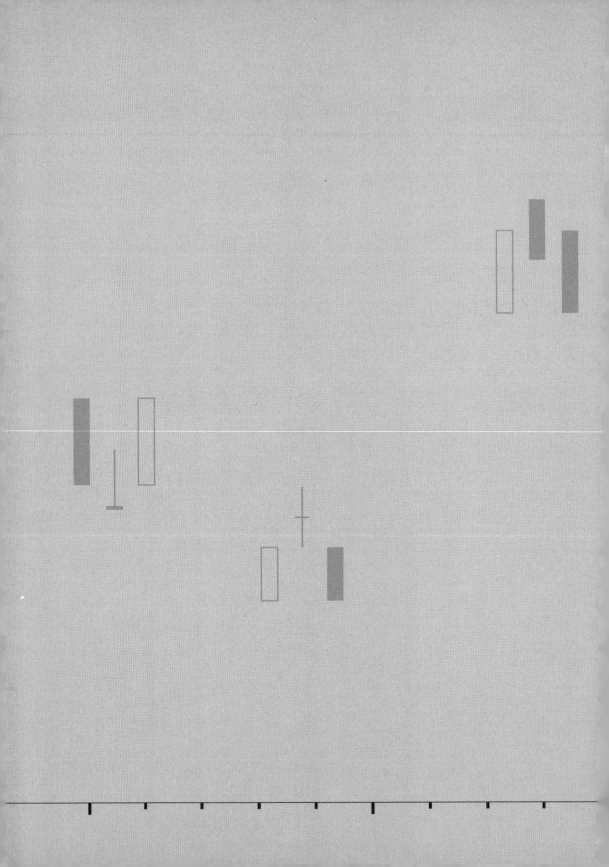

第十七章 神話幻滅的思考

● 陳松青與佳寧的故事，就如霍禮義所言「所有戲劇元素盡在其中」（霍禮義，1992：68），來歷不名的身份、神秘的資金來源、龐大的金錢交易、驟升急滅的商業帝國、連串的死亡與逃亡、唇槍舌劍的法庭攻防戰、破紀錄的司法訴訟，留下種種疑慮和猜測……。事件引起極大討論，讓大眾在茶餘飯後更添談資。不過，若只注視當中戲劇化的部份，甚至將之當成娛樂節目，為高潮迭起的情節而喝采，之後卻水過鴨背、過目即忘，那未免白白浪費了當中極有意義、值得反思的教訓。故在本書的最後部份，從不同角度出發，粗略地整理出十個要點，讓大家細思。 ●

一、時勢與英雄。長久以來，一直有時勢造英雄或英雄造時勢兩種說法，陳松青與佳寧的成敗盛衰，明顯都有時勢使然的痕跡。陳松青在香港經濟復甦時乘勢而起，與人合夥投資地產，並因當時股市樓市火紅，利用借貸套路大舉擴張，建立自己的事業王國，甚至躋身香港十大企業之一。但當時勢突然逆轉，其資產大幅貶值、集團的資金鏈即將斷裂時，陳松青並沒能力挽狂瀾於既倒，只想用行賄欺詐等手段應對，露出「狗雄」本象，最後不但斷送了事業，更留下了罵名。

由此可見，時勢確實能造就英雄。但在時勢推動下，能登頂的未必都是才智之士，反而在逆風時仍能屹立不倒、逆轉大局的，才是真正的強者。若被一時成功衝昏頭腦，以為成功全靠自己本事，誤判自己的斤兩，自詡可以隻手遮天，最後只怕會跌得更重，慘敗收場。由此應汲取的重要教訓是，無論做人做事，均應認清方向、看好大勢，當然亦應認清自己的本事，這樣才能事半功倍。

二、資本的力量。在資本主義社會，資本是決定企業或企業家命運的核心力量。陳松青能迅速崛起，關鍵是掌握了資本供應的竅門，透過借貸獲取資金，在槓桿作用下推動大規模投資，然後將同樣手法套用在股票市場上，先「借殼上市」，建立汲取資本的管道，再將自己的股票炒成只升不跌的「鐵股」，之後便能予取予求，一方面可以大量發行新股、供股及配股等方法集資，另一面則可以股票作抵押借貸，或代替現金交易。

但是，當大市向下，他為了維持股價穩定，透過托市方式刺激成交量，則扭曲了正常情況下股票價格反映企業發展好壞的功能，亦令領導層養成「不務正業」的心態，把精力放到刺激成交量與維持股價而非生意營運之上，本末倒置。陳松青的

失敗證明錯誤運用資本力量，只會導致投資失誤頻頻，低估資本的潛在成本，或高估物業與企業的升值潛能等，結果便是反噬自身。

三、穩紮穩打與乘勢擴張。在企業發展進程中，這兩個方針常令人難以取捨，佳寧集團的故事便展示了兩者各有優劣。可以想像，若選擇穩紮穩打，那佳寧的發展很可能就如美漢被收購前的情況：買一塊地、建一座樓，待資金回籠再作下一次投資。這種發展模式導致企業增長緩慢，財富積聚有限，在市道向好時，或會被批評為太過保守，浪費機遇。

陳松青選擇大肆擴張，集團因此進展驚人，在兩三年間由中小型企業變成香港其中一家著名旗艦公司，與不少老牌英資洋行、華資巨企分庭抗禮。惟這樣的企業，卻可能因發展過速令根基欠穩，遇上逆市便兵敗如山倒。而且佳寧集團不只擴張過度，還涉及不良與違法套取資金的交易，加速其在市道逆轉時的敗亡，更留下罵名，難怪批評者指佳寧集團看似財雄勢大，其實「只是一家紙牌屋」而已（*South China Morning Post*, 28 February 1984）。

四、集中抑或分散。與穩紮穩打或乘勢擴張一樣，集中或分散亦是一個兩難的選項：到底企業應集中一種生意，做強做專；抑或分散投資、多元發展？陳松青並非沒有創業經驗的人，他早年的失敗，應與集中單一生意有關，促使他認為不能「獨沽一味」。事實上，不少創業者均有這種思維，當生意做大了，便盡量作多元發展，分散風險。當陳松青在物業投資中取得成功，加上龐大資金支持下，即朝多元方向發展，生意包括交通、航運、旅遊、保險、金融、飲食、酒店、娛樂等，且眼光不只集中香港，還分散至全球不少角落，包括中國台灣、新加坡、馬來西亞、

泰國、菲律賓、日本、澳洲、新西蘭及美國等。

但是，深入分析後不難發現，集團的業務混雜且缺乏配合，達不到分攤投資成本、風險對沖及協同效應，往往是資本投入多，但盈利有限。此外，在新增業務時，本應秉持「不熟不做」的原則，要充分了解行業明細、周期等，但陳松青似乎輕視此點，只著眼估算生意的「買賣」價值，即純粹是炒賣資產，因此集團的戰線雖多，卻不能帶來可觀利潤與收穫，更不足以支撐集團在強風吹襲下穩住陣腳，反而如沒扎根的骨牌，一推即全數倒下。

五、人脈與商業網絡。民間有句戲言「識人好過識字」，意思是人脈關係比知識更重要。陳松青有突出學歷，又能言善道，中（包括廣東話、福建話、潮州話）英、馬來話皆通，具人格魅力，曾與他接觸過的人都對他的言行留下深刻印象，甚至連香港不少商界老手亦被他所惑，相信他描繪的空中樓閣。這個既深且廣的人脈與社會網絡，是他成就事業極重要的助力，例如來自南洋的鍾正文家族，是他走上火紅事業之路的引路人；又如馬來西亞裕民銀行及香港裕民財務的管理層，願意為他提供巨額而隱秘的貸款，他之後在這個基礎上不斷結交更多具實力的華洋家族與財團，如泰國的黃子明家族、上海的李平山家族、本地的林炳炎家族、馮景禧家族，以及怡和洋行、滙豐銀行（獲多利）的大班等等，不少生意都有其他家族或財團參與，如收購美漢、金門大廈、僑聯地產、美麗華酒店等，商業網絡不斷擴大，生意也愈做愈多。

不過，人脈與商業網絡應建基於良好的名聲與實力之上，且前者重於後者，當公司出現困難，聲名良好者尚有人願意雪中送炭、扶上一把；若聲名狼藉，網絡便

會急速萎縮，甚至一沉百踩、眾叛親離，晚年的陳松青最後亦落得遭林秀峰追債，破產收場。

六、家族企業與專業管理。陳松青強調佳寧集團重視專業管理，認為企業要長存久遠，須吸納非家族專才為我所用，才能脫離家族企業的窠臼，成就公司 Carry On（延續下去）的目標。但事實上，無論股權結構、利益考慮，甚至行政管理上，佳寧仍未擺脫信任「自己人」的家族企業作風，如董事局內陳松青家族成員佔比不少，兩名胞弟及兩名姻親都處身其中。不過，若說佳寧集團是以家族企業模式經營，不如說是由陳松青一人在專業團隊協助下帶領集團疾馳。眾所周知，企業能否長久，關鍵不在管理而在領導，強勢領導當然能令公司急速前進，問題是若方向錯誤，公司只會更快掉進深淵。

按霍禮義的說法，如果在金門大廈交易陳松青堅持不能撤回聲明時，專業團隊沒想方設法助他「交易成功」，令佳寧更上層樓、神話更受吹捧，他日後不至於跌得那麼重，對香港經濟和商業的打擊亦沒那麼大（霍禮義，1992），反映專業人士「當頭棒喝」的吃重地位，或者說不同流合污的重要性。即是說，假如 1980 年佳寧與百寧順交易失敗，佳寧股價就不會狂飆、物業會呈現真正市值、股市樓市泡沫不會狂漲……雖不能預計陳松青會否冷靜下來，停止瘋狂收購，但受害的投資者絕對會減少，損失也不會那麼慘重。由此可見，家族企業模式或專業管理模式，均非企業成敗的重點，既不須將其中一方捧上天，也毋須視任何一方如蛇蠍，反而應客觀配合發展進程，適時調整運用。

七、犯法與懲罰。任何希望行穩致遠、歷久不衰的企業，都絕不應做出違規犯

法的行為，哪怕是灰色地帶亦應盡量遠離，更不要抱有僥倖心態，以為「過了海便是神仙」。如陳松青的個案，的確一時風光無限，全世界都對他吹捧有加，視之為財神爺，但其罪行一旦被揭發，接下來面對纏繞不斷的調查、曠日持久的審訊、社會輿論、各方目光，所受的身心壓力之巨大，可想而知，惶恐不安的時間較其當主席的時間還長。

此外，就算他能逃過部份刑責，但天網恢恢，在執法人員鍥而不捨的追查下，最終還是鋃鐺入獄，終身背負罪犯之名。犯了法，受到懲罰，這只是法律層面的制裁。如民間諺語所云：「人人心中有把秤」，在社會層面，大眾自會作出道德判決，令這些「罪人」再難在商場立足，亦因受人唾罵而難以出現在公眾之前，甚至令自己的祖先後代蒙羞、遭人詛咒。

八、風險與回報。在商業投資中，風險與回報是正關係，風險愈大，可能獲得的回報便會愈大。從陳松青的投資行為看，他顯然是對此深信不疑，不惜以巨額貸款高價入貨，以為在上升的股市樓市中，只要能快買快賣，賺得的差價便足以獲利及填補開支，令公司業績更亮眼。他利用槓桿原理令佳寧急速擴大，吸引更多資金流入，可動用的資本也愈多。

可惜，他忘記高風險只是高回報的必要條件，但不是因果關係，於是在集團最風光但時局出現逆轉勢頭時，仍沉醉於不斷擴張，以為這是「別人恐懼我貪婪」的精神。此外，他在對沖風險、降低損失方面尤其做得不足，缺乏應急計劃或「兩手準備」，導致危機出現時病急亂投醫，做出不少錯誤決定，如在高息率的情況下

仍以債養債、投入更多資金「托住」股價、資金鏈快斷裂時仍宣佈派息等，甚至做出詐騙、行賄等違法行為，結果害人害己。因此，在渴求回報前，必須考慮各方面的風險，並準備好應對的方案，否則那便不是投資，而是賭博，而眾所皆知的現實是：十賭九輸。

九、小股民與大股市。在陳松青與佳寧集團的神話中，小股民可說是任由大鱷魚肉的犧牲者。佳寧置業股價在短短一年內勁升數倍，吸引不少小投資者入市，股東人數由千多增至超過二萬。惟他們只能看到佳寧風光一面，卻不知道一切不過是幻象，內裏其實藏污納垢，結果蒙受巨大損失，積蓄付諸流水。據報章引述一位佳寧投資者的故事：「當年佳寧被捧為神仙股（即有升無跌），富商初期持有約二、三十萬股；至 1982 年，股價下挫，他一心趁低吸納，再購入數百萬股；誰知股價不斷下滑至最終停牌。他的千萬元投資，瞬間化為烏有」（廉政公署，沒年份）。有人或許會用「貪字成貧」或「天下沒有不勞而獲之事」作為故事的教訓，但事實上，在現今社會，買賣股票是正常投資，是應對通脹、安享晚年之道。小投資者當然「貪婪」，但正是這份貪婪支撐著股票市場，令不少公司能穩步發展，令香港成為金融中心。

因此，當民眾發覺自己投資的公司竟是一場騙局，公然謊報獲利，虛構不存在的投資，負責監管的機構卻恍如全程缺席，就算最終執法機構將相關人等逮捕，定罪入獄，已損失的金錢也不會回來，大家自然會對投資股票卻步，或轉投其他更可靠、監管更嚴謹的市場。資金流失是任何經濟體發展進程中的致命傷，故查找漏洞、

完善體制法規、加強監管以確保市場公正，便是政府及監管機構最重要的任務，也是香港能繼續成為國際金融中心的最重要基石。

十、王者或代理人。綜觀佳寧集團眾多的官司訴訟，與陳松青人生的是是非非，很難判斷他到底是整個商業王國的開創者、是主角，抑或如麥福祥般只是代理人、屬配角。若果他真是創基立業者，應有打江山的氣魄，但他卻一直表現得神神秘秘，甚至有點藏頭露尾，明明他是一個能言善道、具性格魅力之人，卻一直不願曝光。

若果他只是代理人，便能解釋為何他會如此低調，因為背後另有老闆、有導演，他只是參與「五鬼運財」的小鬼而已，隨時需要全身而退，自然不願公開露面，更不想揭露底牌，讓人追蹤。而且，這也能解釋為何揸利會被殺；為何裕民財務會如此信任他，差不多將公司全部儲備借予他及其同夥鍾正文；為何他會作出那些不合理的天價投資，以及集團售出的多項物業，買家都恍如「隱形人」。惟受資料所限，目前仍難以斷言其真面目。有人說「真相是時間的女兒」，但到底陳松青與佳寧倒閉的內幕會隨著時間愈揭愈多，還是因知情人物日漸消亡而成為無法證實的傳聞，令真相胎死腹中，恐怕還是要留待時間來解答。

第十八章

玩味與感想

● 自 1841 年英國對香港實行殖民管治開始，由於高舉自由市場旗幟，華洋移民先後湧入，很多人為了多快好省地發財致富，不但不重對錯、不講是非，撈偏門也不計較，甚至各種偷扼拐騙，不同背景或持不同資本者各師各法、各顯神通，成為學者口中的「暴發戶社會」（Lethbridge, 1978）。二戰之後，在仍然高度自由的社會環境下，儘管相關不擇手段的行為已逐漸減退，但深層次的那種意識仍是揮之不去。 ●

陳松青在 1970 年代到港謀生創業時，顯然仍帶有那種只求發財、不擇手段的「暴發戶社會」意識。他見證了股市樓市的起落興衰與當中可以致富的市場空間，在 1970 年代末那個經濟復甦的大勢中抓緊機會，迅速崛起，然後又獲得了裕民財務連續多年無抵押巨額借貸的支持，令他有如神助，更為急速發展起來，創造神話。惟他貪勝不知輸，加上火頭點得太多，戰線拉得太長，本身又缺乏真正的創富經營實力，結果在經濟環境逆轉時兵敗如山倒，更因其崛起及應對危機時不擇手段，違紀犯法，因此自種苦果，不但個人事業與財富歸零，名聲掃地，年過半百後的人生更長期為官司訟訴纏繞，難以安心，最終成為階下囚。

華人社會強調家族名聲，講求積德以傳後世。若取 1933 年出生的說法，到了耄耋之年的陳松青，[1] 回首前塵過去，從 1970 年代初到港闖蕩，做到風生水起，創造神話，到 1983 年事業急轉直下、是非不斷、官司連連，晚年思考人生教訓時，不知會否在上文總結的十個要點中做出與之前不同的選擇？星雲大師曾云「一念天堂、一念地獄」，可以肯定的是，若陳松青當年闖蕩江湖時多一點善心、少一點貪念，他的人生與事業必會截然不同。

從某角度上，重商依商且高舉自由市場的香港，既創造了經濟奇蹟，塑造了陳松青與佳寧集團的神話，但同時亦滋生了各種為求「搵快錢」而炒賣造市與弄虛作假，以及行賄貪污、洗黑錢等等違法行為，破壞市場和社會秩序。更讓人吃驚的是，在陳松青與佳寧集團的一系列起訴案件，牽涉其中者不只是老闆，更有不少專業人士，或世界級金融機構的高層，揭示哪怕是中上層社會，廉潔意識亦十分薄弱，間接說明「暴發戶社會」的某種意識仍然殘留。

廉政公署當年鍥而不捨，堅持多方偵查及嚴厲打擊，不論涉案者多富有、逃得多遠，或是引渡手續遭遇過多少挫折，也要將之緝拿歸案，送上法庭受審。在這個漫長的追捕、引渡與審訊過程中，香港決心建立廉潔社會的意志，獲得了中外社會的確認與肯定，同時成為活生生的真實教育，社會因此逐步樹立起廉潔風氣和正確價值觀，不再輕易掉進行賄貪污的險地，也對貪污舞弊不再容忍，香港的廉潔指數從此與日俱升，並贏來了世界公認廉潔城市的美譽，廉政公署實在居功至偉。

1　據 2024 年 1 月底詹培忠接受《經濟一週》「經一折局」欄目視頻專訪時談及，陳松青已於數年前去世，估計去世時已年近 90 歲。

陳松青與佳寧集團大事記

日期	重大事件
1933 年 12 月 10 日	陳松青於福建出生，另有說法指他於 1938 年於砂拉越出生
1960 年代	陳松青在新加坡從事土木工程生意，另有說法指公司設於砂拉越
1966 年	陳松青投資的公司倒閉
1972 年	陳松青到香港，同年，其新加坡護照過期，沒再續期 (陳自稱於 1971 年到港)
1974 年	陳松青被新加坡法院頒佈破產
1975 年	陳松青與鍾鴻生合創德力生公司，購入養和醫院現址地皮
1977 年 11 月	陳松青註冊成立多間公司，包括佳寧代理人有限公司
1979 年 10 月	推出赤柱濱海花園項目
1979 年 12 月	以 3,000 萬港元購入澳洲華爾登酒店
	收購美漢企業，後易名佳寧置業
1980 年 1 月	陳松青與鍾正文以 9.98 億元購入金門大廈
1980 年 7 月	金門大廈以 1 元轉售佳寧置業
	宣佈與置地及遠東發展合作發展觀塘工業用地
1980 年 9 月	宣佈以 16.8 億元將金門大廈售予百寧順
	成立佳寧航業
	以 1.6 億港元購入赤柱豪宅 Stanley Knoll 28 個單位
	購入泰國 Rama Tower 25% 股權
	與益大聯手，動用 5 億美元接管「美國之香港計劃」
	美漢企業正式易名為佳寧置業
1980 年 10 月	購入日本岡三證券公司香港分部的部份股權
	宣佈與馮景禧、鍾正文及邱德根合夥成立僑聯地產，再購入港九海運有限公司並借殼上市
1980 年 11 月	佳寧置業公佈中期業績，股價升至歷史最高位 17.9 元
1980 年 12 月	以 1.42 億港元購入上市公司捷聯企業 35% 股權
	以 1 億港元購入日本電影製作公司日活株式會社 21% 的股權
1981 年 2 月	以每股 6.3 港元將捷聯股份全數售予鍾正文，捷聯改名為益大投資
1981 年 6 月	以 8,500 萬元購入友聯銀行一成股權
	以佳寧置業 6% 股權換取其昌人壽約 46% 控股權
1981 年 7 月	與楊協成公司合作收購聯合汽水公司 68.1% 股權，同時以 1.2 億元購入該公司觀塘廠房

日期	重大事件
1981 年 8 月	與置地、美麗華及新景豐合作，以 28 億元收購美麗華酒店舊翼土地
1981 年 9 月	收購灣仔廣生行大廈，易名為佳寧中心
	以換股方式將維達航業與佳寧航運合併
1981 年 10 月	維達航業發行新股，認購率只有約六成
1981 年 11 月	以佳寧股票換取新西蘭一家保險公司 50% 股權
	以 2,000 萬元購入位於九龍灣的工業及貨倉用地
1981 年 12 月	以 2.12 億元購入其昌人壽 48% 股份，後增購至 97%
1982 年初	益大退出與佳寧所有合作計劃，估計佳寧須向益大退回 13 多億元
1982 年 1 月	將 17.7% 友聯銀行的股份，以遞延付款方式售予百寧順
1982 年 9 月	佳寧置業公佈中期業績，指在 1982 年上半年盈利近 2.7 億元，派發股息
1982 年 10 月	宣佈因短期流動資金困難，不派股息改送紅股
1982 年 11 月	益大停牌
	裕民銀行派揸利到香港調查裕民財務
1983 年 1 月 3 日	佳寧系三家上市公司停牌
1983 年 4 月	證監會宣佈調查佳寧集團
	廉政公署開始調查陳松青等人
1983 年 7 月 18 日	揸利與佳寧集團有約，但沒出現，後證實於當天被殺，一天後發現其屍首
1983 年 8 月	拘捕揸利謀殺案疑兇麥福祥
1983 年 9 月	警方搜查佳寧總部
1983 年 10 月 2 日	警方於家中帶走陳松青，又於機場帶走何桂全
1983 午 10 月 3 日	警方落案檢控陳松青及何桂全
1983 年 10 月	佳寧集團被多間金融機構入稟清盤
1984 年 1 月	馬來西亞政府成立委員會，調查裕民銀行及裕民財務
1984 年 3 月至 5 月	揸利謀殺案聆訊，被告麥福祥指陳松青才是主謀。麥福祥最後被裁定罪名成立，判處終生監禁
1984 年 4 月	涉「金門詐騙案」之的近律師樓資深合夥人溫寶樹自殺
1984 年 5 月	警方以串謀訛騙罪，落案起訴陳松青、何桂全、華甲十、碧格及盧志煊五人
	警方向涉「金門詐騙案」的律師黃秉乾及潘兆忠發通緝令，但二人已逃往海外

日期	重大事件
1985 年 4 月	馬來西亞派員到港，向廉政公署作出陳松青等人貪污的舉報
1985 年 5 月	警方拘捕林秀峰及林秀榮
1985 年 6 月	警方拘捕獲多利前高層戴維斯
1985 年 12 月	廉政公署拘捕陳松青、何桂全及鄔開莉
	裕民財務前主席羅寧、前董事夏士炎在英國倫敦被捕
1986 年 2 月	「佳寧案」正式在高等法院聆訊，由柏嘉法官主審
1987 年 1 月	裕民財務前董事夏士炎被判入獄四年半，上訴後改判為十年
1987 年 5 月	柏嘉宣判「佳寧案」六名被告無須答辯，當庭釋放
1987 年 11 月	上訴庭裁定柏嘉判決錯誤
1988 年 3 月	柏嘉向港督請辭獲接納

1982 年 7 月佳寧集團主要組織

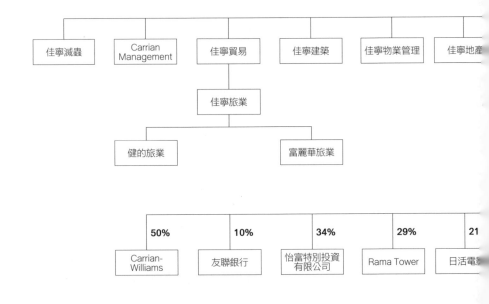

日期	重大事件
1988 年 5 月	控方撤銷「金門詐騙案」控罪，陳松青等無罪釋放
1988 年 8 月	巴克萊亞洲公司前高層端納因收受陳松青賄款，被判囚一年，上訴後改成八個月
1989 年 5 月	西德意志亞洲公司經理江超因收受陳松青及鍾正文賄款，被判囚三年
1993 年 6 月	裕民財務前高層羅寧承認一項串謀詐騙罪，被判入獄一年
1994 年 3 月	裕民財務前高層雷斯被引渡回港受審，被判入獄五年
1996 年 9 月	陳松青承認兩項串謀詐騙罪，被判入獄三年
1998 年 3 月	陳松青刑滿出獄
1999 年 5 月	獲多利高層劉達被引渡到港，被判入獄五年，後上訴成功撤銷控罪
2011 年	陳松青被林秀峰入稟追債，於 2012 年被法庭頒令破產

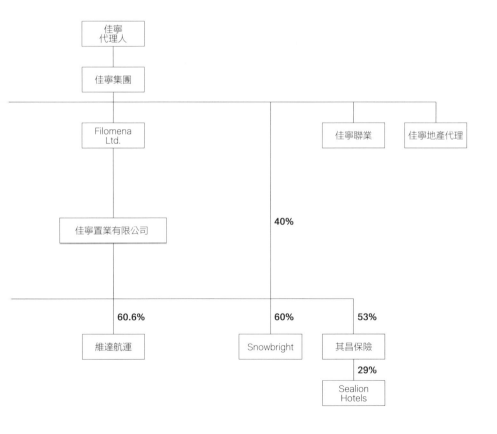

人物及主要案件關係列表

一、揸利謀殺案

人物	機構	關係 / 結果
揸利 · 伊巴謙 Jalil Ibrahim	馬來西亞裕民銀行高級職員	被殺
麥福祥 Mak Foon Than		兇手，判終身禁監
申 Shin		殺手 (未證實)
拉沙里 Razaleigh Hamzah	馬來西亞財長暨裕民銀行執行董事	涉案 (未證實)
納瓦威 Nawawi Mat Awin	馬來西亞裕民銀行主席	涉案 (未證實)
羅寧 Lorine Osman	香港裕民財務主席	涉案 (未證實)
陳松青	佳寧集團有限公司主席	涉案 (未證實)

二、串謀詐騙佳寧案

人物	機構	結果
陳松青	佳寧集團有限公司	無罪釋放
何桂全	佳寧集團有限公司	無罪釋放
林秀峰	百寧順	無罪釋放
林秀榮	百寧順	無罪釋放
盧志烜	羅兵咸會計師樓	無罪釋放
碧格 David Begg	羅兵咸會計師樓	無罪釋放

三、串謀詐騙金門大廈交易案

人物	機構	結果
陳松青	佳寧集團有限公司	控方撤銷控罪，無罪釋放
何桂全	佳寧集團有限公司	控方撤銷控罪，無罪釋放
林秀峰	百寧順	控方撤銷控罪，無罪釋放
林秀榮	百寧順	控方撤銷控罪，無罪釋放
華里士 Richard A. Wallis	的近律師樓	控方撤銷控罪，無罪釋放
溫寶樹 John Wimbush	的近律師樓	自殺
黃秉乾	的近律師樓	潛逃
潘兆忠	的近律師樓	潛逃

四、串謀詐騙裕民財務案

人物	機構	結果
陳松青	佳寧集團有限公司	認罪，入獄三年
何桂全	佳寧集團董事	控方撤銷控罪
鄔開莉	佳寧集團董事	控方撤銷控罪
羅寧	裕民財務前主席	入獄一年
夏士炎 Hashim Shamsuddin	裕民財務前董事	入獄四年半，加刑至 10 年
雷斯 Rais Saniman	裕民財務前代理董事	入獄五年

五、其他與陳松青相關的行賄案

人物	機構	結果
端納 Stuart Leslie Turner	巴克萊亞洲公司前執行董事	入獄 18 個月
江超	西德意志亞洲公司經理	入獄三年
余威 Uwe Rameken	西德意志亞洲公司董事	潛逃
劉達 Ewan Launder	獲多利前總裁	判入獄五年，上訴後獲撤銷控罪

1979 年 12 月至 1982 年 12 月佳寧股價與成交量統計

一、數據資料

日期	股價	成交股數	成交量排名	恒指	恒指總成交（億）	日期	股價	成交股數	成交量排名	恒指	恒指總成交（億）
1979-12-31	3.60	1509200		879.38	2.26	1980-02-22	6.05	530880		929.55	1.89
1980-01-02	5.75	1994600	8	889.13	3.69	1980-02-25	5.90	341360		902.20	2.35
1980-01-03	5.45	671680		862.06	3.37	1980-02-26	5.95	516480		894.99	2.28
1980-01-04	5.45	748200		848.84	2.80	1980-02-27	5.85	222400		876.15	3.06
1980-01-07	5.35	868720		816.18	2.89	1980-02-28	6.00	348560		918.74	3.11
1980-01-08	5.55	1032700	10	848.32	2.56	1980-02-29	5.95	477200		914.91	2.38
1980-01-09	5.60	1867800	3	850.75	2.72	1980-03-03	6.10	1206440	3	891.62	1.95
1980-01-10	5.92	1942080	4	835.21	2.43	1980-03-04	6.10	1249320	5	878.97	2.22
1980-01-11	6.00	1030040	7	846.47	2.54	1980-03-05	5.95	2048000	2	857.51	2.14
1980-01-14	6.00	872680	8	802.51	1.92	1980-03-06	6.05	1944000	2	865.28	1.72
1980-01-15	5.95	765400		833.86	2.12	1980-03-07	5.90	370000		833.69	2.82
1980-01-16	6.00	1314370	4	842.49	2.11	1980-03-10	5.70	356000		816.60	2.27
1980-01-17	6.00	972710	10	860.94	2.41	1980-03-11	5.55	418000		832.86	1.95
1980-01-18	5.95	638360		854.87	3.03	1980-03-12	5.50	570000		835.63	1.87
1980-01-21	5.95	1523800	5	873.82	2.66	1980-03-13	5.15	268000		800.96	1.98
1980-01-22	5.95	1621040	5	884.91	3.21	1980-03-14	4.80	262000		767.43	2.60
1980-01-23	6.00	872000		878.39	2.76	1980-03-17	5.10	370000		783.30	2.07
1980-01-24	6.00	538720		901.27	3.19	1980-03-18	4.70	86000		747.76	1.73
1980-01-25	6.00	1264000		920.01	4.12	1980-03-19	缺			738.92	1.81
1980-01-28	6.00	690000		926.08	4.02	1980-03-20	5.00	74000		766.49	1.48
1980-01-29	6.00	295440		936.83	3.63	1980-03-21	5.45	332000		764.68	1.45
1980-01-30	6.35	1007320		913.59	3.19	1980-03-24	5.65	476000	9	765.33	0.97
1980-02-01	6.40	856240	10	893.77	2.53	1980-03-25	5.65	278000		758.13	0.91
1980-02-04	6.45	645220	10	920.61	2.69	1980-03-26	5.60	376440	8	762.96	0.91
1980-02-05	6.35	472000		927.40	3.01	1980-03-27	5.55	224000		766.23	1.16
1980-02-06	6.20	337640		914.95	2.24	1980-03-28	5.50	118000		783.22	1.16
1980-02-07	6.05	638000		911.35	1.98	1980-04-01	5.60	164000		784.95	0.98
1980-02-08	6.10	352200		907.78	1.95	1980-04-02	5.60	102000		791.93	0.82
1980-02-11	6.10	208200		969.67	1.84	1980-04-03	5.55	186000		786.98	0.83
1980-02-12	6.15	234480		934.03	2.18	1980-04-08	5.45	24000		773.82	0.60
1980-02-13	6.20	250200		937.24	2.12	1980-04-09	5.35	20000		775.19	0.48
1980-02-14	6.25	303240		961.21	3.51	1980-04-10	5.20	32000		785.04	0.92
1980-02-20	6.10	152200		949.89	1.82	1980-04-11	5.40	129000		800.20	1.34
1980-02-21	6.15	795120	6	943.44	2.04	1980-04-14	5.30	64000		806.81	1.33

日期	股價	成交股數	成交量排名	恒指	恒指總成交（億）	日期	股價	成交股數	成交量排名	恒指	恒指總成交（億）
1980-04-15	5.20	36000		791.70	1.34	1980-06-09	5.15	18000		950.05	2.59
1980-04-16	5.10	160000		798.27	0.79	1980-06-10	5.10	84000		955.94	2.61
1980-04-17	5.15	110000		814.71	1.28	1980-06-11	5.10	84000		951.99	2.24
1980-04-18	5.60	166000		822.86	1.15	1980-06-12	5.30	174000		971.30	2.82
1980-04-22	5.60	196000		840.12	2.18	1980-06-13	5.15	142000		969.16	2.99
1980-04-23	5.50	78000		844.88	2.11	1980-06-16	5.10	92000		981.12	2.23
1980-04-24	5.45	90000		866.37	2.39	1980-06-18	5.10	28240		983.24	2.54
1980-04-28	5.40	66000		863.15	1.25	1980-06-19	5.15	48000		967.94	2.79
1980-04-29	5.40	330240		875.85	1.95	1980-06-20	5.05	34000		987.96	2.75
1980-04-30	5.50	222600		867.90	1.32	1980-06-23	5.50	1406240		1012.01	4.91
1980-05-01	5.50	222000		863.88	1.42	1980-06-24	5.80	828000		1014.20	3.10
1980-05-02	5.40	58120		854.22	1.37	1980-06-25	6.20	708584		1007.51	4.21
1980-05-05	5.45	24000		858.40	0.74	1980-06-26	6.60	1014480	10	1026.69	3.51
1980-05-06	5.55	62000		867.81	1.20	1980-06-27	6.90	1658600	7	1041.43	3.82
1980-05-07	5.50	46000		861.56	0.96	1980-06-30	6.95	2322000	4	1066.84	4.33
1980-05-08	5.45	28000		878.88	1.39	1980-07-02	6.50	888000		1037.71	3.71
1980-05-09	5.45	78000		883.85	1.59	1980-07-03	6.60	258000		1067.22	3.28
1980-05-12	5.50	120000		889.62	1.58	1980-07-04	6.50	313240		1057.19	3.25
1980-05-13	5.50	896000		902.48	2.63	1980-07-07	6.60	550000		1085.75	4.08
1980-05-14	5.45	273800		900.78	2.01	1980-07-08	6.60	246000		1071.84	3.42
1980-05-15	5.45	278000		910.84	2.23	1980-07-09	6.65	1006000	10	1081.44	2.94
1980-05-16	5.35	55000		900.29	1.78	1980-07-10	6.65	1105400		1083.79	3.10
1980-05-19	5.35	34000		897.80	1.16	1980-07-11	7.10	924000		1101.14	4.04
1980-05-20	5.20	54400		890.42	1.15	1980-07-14	7.30	1830000	5	1104.56	3.56
1980-05-21	5.40	62000		890.98	0.98	1980-07-15	7.60	3302000	1	1097.04	3.78
1980-05-22	5.30	112000		900.77	1.38	1980-07-16	7.60	2696000	2	1059.89	3.80
1980-05-23	5.30	50400		897.07	1.67	1980-07-17	7.50	882000		1077.74	3.15
1900-05-26	5.30	46000		898.38	1.89	1980-07-18	7.35	211800	2	1090.84	3.01
1980-05-27	5.05	24000		876.54	1.64	1980-07-21	7.55	1977200	2	1106.37	3.27
1980-05-28	5.20	24000		884.96	1.58	1980-07-23	7.80	2366000	3	1128.07	3.69
1980-05-29	5.30	168200		883.43	1.13	1980-07-24	8.00	2440000	3	1130.37	3.69
1980-05-30	5.26	46000		894.32	0.93	1980-07-25	8.20	2100000	5	1147.10	4.36
1980-06-02	5.20	84000		901.67	1.59	1980-07-28	8.70	2590000	3	1156.62	5.13
1980-06-03	5.20	42000		899.39	1.05	1980-07-29	8.95	780000		1158.13	3.99
1980-06-04	5.25	60000		906.07	0.95	1980-07-30	8.90	1394000	10	1168.74	4.56
1980-06-05	5.20	16400		925.49	2.21	1980-07-31	9.20	1623200	8	1166.55	4.77
1980-06-06	5.20	18200		931.76	1.88	1980-08-01	9.50	1664000	8	1144.27	4.07

日期	股價	成交股數	成交量排名	恒指	恒指總成交(億)	日期	股價	成交股數	成交量排名	恒指	恒指總成交(億)
1980-08-05	9.50	786000		1120.38	3.78	1980-09-23	15.90	2375168	6	1308.12	6.83
1980-08-06	9.65	1189240	10	1142.92	3.87	1980-09-25	15.60	725000		1283.76	4.88
1980-08-07	9.75	1112410		1140.26	3.53	1980-09-26	15.40	881832		1261.76	5.28
1980-08-08	9.70	419400		1129.49	3.27	1980-09-29	15.60	1059800	10	1227.22	4.85
1980-08-11	9.40	1172000	6	1135.76	2.63	1980-09-30	15.40	1140400	8	1213.68	5.03
1980-08-12	10.50	4350240	1	1136.41	3.25	1980-10-01	15.60	1734400	5	1240.60	5.02
1980-08-13	11.00	353464		1162.80	4.37	1980-10-02	15.60	1537120	4	1243.87	4.58
1980-08-14	11.80	4459240	1	1172.84	4.49	1980-10-03	15.70	1436000	5	1256.16	3.54
1980-08-15	9.30	1838000	6	1177.37	4.45	1980-10-06	16.00	1813000	4	1296.15	5.22
1980-08-18	9.55	1982110	4	1180.96	5.75	1980-10-07	16.20	1890800	5	1318.47	5.59
1980-08-19	9.70	1646000	8	1168.16	4.10	1980-10-08	16.30	1386400		1318.46	5.96
1980-08-20	10.20	1990000	5	1168.42	4.13	1980-10-09	16.60	2181400	8	1340.46	5.97
1980-08-21	10.10	1306000	8	1195.04	5.19	1980-10-13	16.30	1254800		1368.82	6.27
1980-08-22	10.10	3307000	4	1213.32	5.47	1980-10-14	16.10	1459200		1364.83	6.81
1980-08-26	9.90	1304000		1226.03	6.18	1980-10-15	16.60	1344624		1404.00	6.91
1980-08-27	10.40	2380000	2	1218.53	5.53	1980-10-16	16.60	1658400	8	1430.04	7.43
1980-08-28	11.00	2300000	4	1201.16		1980-10-20	16.10	1173000		1439.35	7.09
1980-08-29	11.70	2158000	4	1221.12	5.51	1980-10-21	15.60	1455400	9	1394.43	6.80
1980-09-01	13.60	2782000	3	1239.85	5.71	1980-10-22	16.00	1697000	8	1451.82	6.62
1980-09-02	13.50	1803000	6	1224.56	5.11	1980-10-23	16.20	1677400	5	1434.54	6.00
1980-09-03	13.90	1811200	7	1237.15	5.50	1980-10-24	16.40	2041457	3	1462.11	5.47
1980-09-04	13.60	1941000	6	1216.62	5.01	1980-10-27	16.30	1702125	9	1479.36	6.48
1980-09-05	14.30	2948000	2	1212.71	4.88	1980-10-28	15.80	2487000	4	1471.93	6.26
1980-09-08	14.70	5015000	1	1174.50	4.79	1980-10-29	15.70	1687344	8	1451.38	6.72
1980-09-09	15.50	4560000	1	1169.72	5.02	1980-10-30	15.80	1893520	5	1436.50	6.64
1980-09-10	16.10	2712000	4	1211.13	5.43	1980-10-31	16.50	3631384	3	1498.96	7.99
1980-09-11	15.20	2094000	5	1212.37	5.40	1980-11-03	17.20	3449000	4	1557.49	14.24
1980-09-12	15.50	3087400	2	1220.35	4.48	1980-11-04	17.30	2828000	9	1556.44	8.35
1980-09-15	15.40	3005200	3	1230.73	5.16	1980-11-06	17.60	1815000		1582.85	8.19
1980-09-16	15.20	2364600	2	1222.93	4.86	1980-11-07	17.30	1705200		1545.77	7.34
1980-09-17	15.20	1638720	5	1244.83	5.30	1980-11-10	17.10	1482400		1542.53	7.28
1980-09-18	15.20	1856400	8	1253.76	6.77	1980-11-11	17.30	1853600		1586.39	10.05
1980-09-19	15.40	1593788	8	1282.88	6.13	1980-11-12	17.10	1521000		1628.13	8.72
1980-09-22	15.70	4417200	1	1313.78	7.74	1980-11-13	17.00	1335000		1654.57	10.04

日期	股價	成交股數	成交量排名	恒指	恒指總成交(億)	日期	股價	成交股數	成交量排名	恒指	恒指總成交(億)
1980-11-14	16.90	1575000		1639.25	9.28	1981-01-07	10.40	2020000	4	1610.56	6.60
1980-11-15	16.90	1312000		1611.98	7.02	1981-01-08	10.10	1480000	4	1570.04	5.00
1980-11-18	16.60	1628000	9	1587.83	9.77	1981-01-09	10.20	1625800	3	1605.63	6.70
1980-11-19	16.60	774000		1614.61	9.21	1981-01-12	10.20	1304000		1630.72	7.07
1980-11-20	12.30	3547000	3	1546.28	8.73	1981-01-13	9.85	1650000	4	1596.27	5.98
1980-11-21	12.50	1878000	6	1569.18	8.13	1981-01-14	9.75	1276600	4	1589.83	4.99
1980-11-24	10.80	1511000	9	1481.51	6.62	1981-01-15	9.90	1453000	4	1612.08	5.29
1980-11-25	11.30	1436000	9	1494.41	6.44	1981-01-16	9.90	1071880		1619.47	5.67
1980-11-26	11.50	1945000	4	1523.69	7.46	1981-01-19	9.70	1365000	7	1591.14	5.40
1980-11-27	11.10	1702000	5	1466.09	6.07	1981-01-20	9.70	1479480	4	1591.66	3.90
1980-11-28	10.80	1278000	8	1445.51	6.76	1981-01-21	9.40	1305000	6	1546.06	4.56
1980-12-01	10.60	1099000	10	1441.82	6.06	1981-01-22	9.00	1302000	8	1532.27	5.57
1980-12-02	10.60	2125000	8	1361.39	6.03	1981-01-23	8.90	772360	10	1531.42	4.33
1980-12-03	10.80	4003000	1	1308.01	7.68	1981-01-26	8.95	1073433	8	1540.85	3.44
1980-12-04	11.20	4426000	1	1373.76	7.14	1981-01-27	9.10	1208800	6	1580.19	4.69
1980-12-05	11.00	4470000	1	1382.51	6.47	1981-01-28	9.10	1396000	5	1593.40	5.59
1980-12-08	10.60	1856000	1	1398.51	5.38	1981-01-29	8.80	1008000	10	1584.43	4.71
1980-12-09	10.40	1764000	2	1385.08	5.08	1981-01-30	8.90	1275000	6	1588.08	4.43
1980-12-10	10.10	2078000	4	1340.28	4.46	1981-02-02	9.00	1666000	4	1608.70	4.43
1980-12-11	9.00	1797240	4	1262.20	5.07	1981-02-03	9.15	1300000	8	1641.00	6.51
1980-12-12	7.40	3824000	1	1221.16	5.87	1981-02-09	9.30	1616000	3	1635.14	2.28
1980-12-15	8.65	1950000	1	1307.38	5.90	1981-02-10	9.10	983200	7	1622.15	3.79
1980-12-16	8.05	2063000	2	1265.30	5.00	1981-02-11	8.95	1091000	7	1604.05	3.87
1980-12-17	7.65	1548300	5	1253.66	3.90	1981-02-12	8.80	1079000	5	1575.95	4.11
1980-12-18	7.35	1985248	2	1250.76	3.25	1981-02-13	9.00	989260	7	1573.67	4.21
1980-12-19	7.85	1827000	2	1291.93	3.62	1981-02-16	8.50	981000	8	1537.46	4.27
1980-12-22	8.10	1333000	9	1359.37	5.83	1981-02-17	8.40	1091800	7	1526.51	4.61
1980-12-23	9.00	1798000	8	1446.18	7.19	1981-02-18	8.50	1092200	8	1550.29	3.68
1980-12-24	9.40	1946000	5	1462.72	7.49	1981-02-19	8.50	1069200	8	1547.42	4.14
1980-12-29	9.05	1499200	2	1445.08	4.52	1981-02-20	8.30	1399000	3	1502.08	3.88
1980-12-30	9.40	1612000	4	1486.74	4.63	1981-02-23	7.90	1562000	4	1492.21	4.71
1980-12-31	9.20	1321800	2	1473.59	5.65	1981-02-24	7.90	1289920	5	1519.24	3.45
1981-01-05	9.80	1851240	6	1599.91	7.66	1981-02-25	7.80	1471000	6	1532.20	4.31
1981-01-06	10.30	1784000	6	1604.68	7.66	1981-02-26	7.40	1332000	4	1500.19	3.90

日期	股價	成交股數	成交量排名	恒指	恒指總成交（億）	日期	股價	成交股數	成交量排名	恒指	恒指總成交（億）
1981-02-27	7.50	2267000	3	1487.88	4.32	1981-04-21	8.00	619448	8	1353.94	1.61
1981-03-02	9.35	1657000	In	1451.04	4.10	1981-04-22	7.95	2360400	3	1344.94	1.48
1981-03-03	7.30	1142000	8	1420.03	4.44	1981-04-23	8.35	1791000	4	1374.55	3.13
1981-03-04	7.50	1742480	5	1459.35	4.27	1981-04-24	8.50	2344000	4	1428.31	4.77
1981-03-05	7.10	163960	5	1392.42	3.80	1981-04-28	8.75	3397040	3	1442.08	5.14
1981-03-06	7.15	2046960	1	1390.68	4.73	1981-04-29	8.85	2271000	2	1441.42	2.90
1981-03-09	6.80	901000		1347.35	3.61	1981-04-30	8.65	3221500	2	1424.25	3.78
1981-03-10	6.85	993800	10	1371.42	3.49	1981-05-01	8.60	3033600	2	1439.23	3.47
1981-03-11	6.30	1762000	2	1295.44	4.31	1981-05-04	8.40	1295400	5	1425.56	3.09
1981-03-12	6.40	1977880	3	1347.48	4.45	1981-05-05	8.20	1125000	5	1413.47	2.61
1981-03-13	6.15	1288000	7	1323.26	4.28	1981-05-06	8.15	1013000	3	1420.34	1.84
1981-03-16	6.05	1010000	5	1344.37	2.69	1981-05-07	8.20	1929000	2	1413.49	2.46
1981-03-17	6.15	740000		1375.32	3.45	1981-05-08	8.35	1909000	3	1431.11	3.10
1981-03-18	6.10	892600	5	1390.85	2.53	1981-05-11	8.30	1550000	5	1450.91	3.77
1981-03-19	6.50	987000	10	1439.76	4.11	1981-05-12	8.35	1717000	3	1450.49	3.81
1981-03-20	7.00	1550000	3	1426.87	5.07	1981-05-13	8.50	1427800	4	1482.62	3.33
1981-03-23	8.00	3106000	3	1467.88	4.77	1981-05-14	8.65	2243200	7	1532.05	5.80
1981-03-24	8.35	1859400	3	1445.71	5.14	1981-05-15	8.90	3577200	3	1546.21	7.15
1981-03-25	9.00	3651800	1	1468.30	4.21	1981-05-18	8.85	4533000	2	1562.29	6.07
1981-03-26	9.30	6920506	1	1450.51	5.14	1981-05-19	8.85	3785000	2	1554.37	5.51
1981-03-27	9.25	5198400	1	1441.66	5.05	1981-05-20	8.80	2080000	4	1585.10	4.56
1981-03-30	8.15	2002480	3	1377.79	3.88	1981-05-21	8.55	2249800	5	1606.63	6.95
1981-03-31	8.00	1755800	3	1369.65	3.51	1981-05-22	8.35	1679800	8	1596.62	5.40
1981-04-01	8.20	747800	6	1387.76	2.24	1981-05-25	8.40	1346200	5	1588.90	4.41
1981-04-02	8.25	1054900	7	1402.35	3.41	1981-05-26	8.50	947000	9	1633.35	5.03
1981-04-03	8.20	621000	10	1409.06	1.90	1981-05-27	8.60	1048000		1636.27	4.50
1981-04-07	8.30	1095400	4	1380.08	2.33	1981-05-28	8.55	1371000	10	1624.34	5.33
1981-04-08	8.30	1080400	5	1347.11	2.69	1981-05-29	8.60	1329000	9	1667.34	6.92
1981-04-09	8.30	1076400	6	1325.05	2.05	1981-06-01	8.60	3555200	5	1718.01	8.39
1981-04-10	8.30	941000	8	1356.06	3.34	1981-06-02	9.00	3034400	2	1731.11	7.90
1981-04-13	8.15	981200	7	1350.85	2.47	1981-06-03	9.60	4496000	2	1711.87	5.20
1981-04-14	7.75	775000	4	1332.81	1.96	1981-06-04	9.65	5495000	1	1681.17	6.89
1981-04-15	7.70	735000	4	1338.89	1.15	1981-06-05	10.00	8004600	1	1715.81	7.08
1981-04-16	8.00	1287900	5	1360.34	2.41	1981-06-08	10.50	5299680	2	1697.50	6.55

日期	股價	成交股數	成交量排名	恒指	恒指總成交（億）	日期	股價	成交股數	成交量排名	恒指	恒指總成交（億）
1981-06-09	10.50	3954450	2	1718.07	6.79	1981-07-31	9.55	6376820	2	1719.84	5.23
1981-06-10	11.00	5840400	1	1734.25	5.99	1981-08-04	9.35	4250060	2	1696.52	3.60
1981-06-11	11.30	5474000	2	1754.53	8.40	1981-08-05	9.30	2031600	1	1689.67	3.00
1981-06-12	11.60	8091200	1	1780.55	9.92	1981-08-06	9.40	3226200	2	1722.46	4.41
1981-06-15	11.70	12372680	2	1752.35	8.74	1981-08-07	9.30	2187000	3	1718.15	4.81
1981-06-16	11.60	2984768	3	1761.15	8.18	1981-08-10	9.05	2684268	1	1683.82	3.94
1981-06-17	11.60	1760800	2	1728.57	5.18	1981-08-11	8.80	5125320	2	1644.94	4.13
1981-06-18	11.50	4924800	2	1743.11	7.07	1981-08-12	9.00	3474720	2	1668.15	3.38
1981-06-19	11.30	2453871	3	1705.48	6.26	1981-08-13	8.95	2853640	2	1679.32	4.13
1981-06-22	11.30	2413000	2	1677.35	6.56	1981-08-14	9.00	2421420	2	1694.75	4.00
1981-06-23	11.30	4980680	3	1706.95	6.17	1981-08-17	8.90	1592424	3	1689.27	3.26
1981-06-24	11.50	4727000	2	1708.90	4.47	1981-08-18	9.00	2208820	2	1706.54	4.42
1981-06-25	12.10	5264480	3	1685.09	5.76	1981-08-19	9.00	1555100	4	1728.71	3.69
1981-06-26	12.60	14369800	1	1707.67	6.36	1981-08-20	8.50	1205104	6	1716.55	3.66
1981-06-29	12.60	8014200	1	1739.94	6.30	1981-08-21	9.60	1566820	1	1715.84	5.35
1981-06-30	12.40	3358889	3	1734.36	4.97	1981-08-24	9.50	6519740	1	1717.27	5.08
1981-07-02	12.20	3505000	4	1727.78	6.80	1981-08-25	9.45	5129280	2	1705.16	4.64
1981-07-03	12.30	5868464	1	1745.72	5.97	1981-08-26	9.45	3803360	2	1689.78	3.51
1981-07-08	12.30	3942880	2	1741.04	4.39	1981-08-27	9.50	4805400	1	1674.47	4.25
1981-07-09	12.20	4513820	2	1747.20	5.77	1981-08-28	9.40	2260800	4	1672.84	4.78
1981-07-10	8.65	7772000	1	1777.13	7.22	1981-09-01	9.30	2266824	3	1647.65	4.22
1981-07-11	8.60	1896000	2	1781.07	6.41	1981-09-02	9.40	1726000	2	1611.57	3.20
1981-07-14	8.50	3150000	4	1779.37	5.79	1981-09-03	9.25	9617600	1	1587.63	8.38
1981-07-15	8.65	2404000	3	1780.69	4.31	1981-09-04	9.45	4154599	1	1597.54	6.28
1981-07-16	9.35	6264000	2	1781.62	6.39	1981-09-07	9.40	5565000	2	1564.12	4.62
1981-07-17	9.90	10916000	1	1810.20	8.76	1981-09-08	9.20	7969500	2	1518.90	4.53
1981-07-20	10.00	4890000	1	1777.92	7.95	1981-09-09	9.20	4222880	2	1519.49	3.72
1981-07-21	9.70	4445000	2	1732.38	7.77	1981-09-10	9.15	2456600	2	1515.88	4.24
1981-07-22	9.65	2512000	1	1732.94	4.91	1981-09-11	9.25	3448000	2	1533.85	4.30
1981-07-23	9.45	3147000	2	1698.73	6.98	1981-09-15	9.30	2788000	4	1554.92	4.37
1981-07-24	9.45	4306000	1	1688.56	7.29	1981-09-16	9.35	1630900	5	1563.09	2.80
1981-07-27	9.30	1321000	2	1664.81	6.55	1981-09-17	9.20	3993400	3	1502.79	4.26
1981-07-28	9.30	4301000	1	1660.52	5.68	1981-09-18	9.25	7011200	2	1493.15	4.49
1981-07-30	9.30	1064000	1	1699.39	4.69	1981-09-21	9.35	1130198	1	1431.68	5.36

日期	股價	成交股數	成交量排名	恒指	恒指總成交(億)	日期	股價	成交股數	成交量排名	恒指	恒指總成交(億)
1981-09-22	9.20	6681560	1	1404.71	4.32	1981-11-11	6.35	2147000	3	1436.44	3.11
1981-09-23	9.25	21740780	1	1331.01	6.02	1981-11-12	6.10	1809920	8	1413.43	3.02
1981-09-24	8.20	2632000	7	1322.69	7.62	1981-11-13	6.10	3030000	4	1432.82	3.22
1981-09-25	8.90	4655000	4	1351.01	5.31	1981-11-16	6.05	2001300	6	1443.06	3.48
1981-09-28	8.20	2099100	9	1245.26	4.52	1981-11-17	5.80	1915000	6	1386.31	3.40
1981-09-29	7.70	3619000	3	1218.20	5.77	1981-11-18	5.90	852000	9	1397.80	1.85
1981-09-30	8.00	1547000	7	1280.13	3.52	1981-11-19	5.85	1030600	7	1395.39	2.03
1981-10-01	7.90	1541000	7	1259.16	3.36	1981-11-20	5.90	680000		1401.75	2.10
1981-10-02	7.55	1882000	6	1233.26	3.10	1981-11-23	6.10	1757400	6	1416.18	2.32
1981-10-05	6.00	2293000	9	1113.77	5.46	1981-11-24	6.00	1550184	5	1398.08	1.64
1981-10-07	6.85	2601500	4	1179.83	3.38	1981-11-25	6.05	1284000	6	1428.68	2.21
1981-10-08	7.70	2472000		1266.52	5.78	1981-11-26	6.10	1543000	9	1439.95	3.67
1981-10-09	8.00	3399000	5	1302.42	6.54	1981-11-27	6.23	2614200	4	1451.07	4.53
1981-10-12	8	1716000	9	1355.21	4.14	1981-11-30	6.25	2299320	6	1450.22	3.30
1981-10-13	7.80	1418000	10	1312.97	3.90	1981-12-01	6.15	1013648		1431.10	2.38
1981-10-14	7.65	1492000	5	1289.24	2.64	1981-12-02	6.05	679000		1420.19	1.62
1981-10-15	7.60	1972000		1265.72	3.96	1981-12-03	5.90	1574720	5	1399.82	2.24
1981-10-16	7.55	812000		1249.47	2.64	1981-12-04	5.90	1947000	3	1409.92	1.72
1981-10-19	7.55	880000		1230.87	2.46	1981-12-07	5.85	2199720	4	1423.82	2.18
1981-10-20	7.40	900000	9	1227.72	1.75	1981-12-08	5.70	1389988	4	1414.71	1.74
1981-10-21	7.45	1232900	4	1252.81	1.67	1981-12-09	5.70	2387400	3	1403.86	1.33
1981-10-22	6.10	1930000	3	1236.12	2.31	1981-12-10	6.00	5432800	1	1412.99	2.22
1981-10-23	5.90	1097000	10	1227.24	2.17	1981-12-11	5.90	2500000	4	1413.19	2.13
1981-10-26	5.55	1053000	6	1223.06	1.33	1981-12-14	5.70	1252000	8	1376.39	2.04
1981-10-27	5.40	2077000	2	1231.54	1.66	1981-12-15	5.65	1258000	6	1381.18	1.90
1981-10-28	5.65	1850000	5	1270.28	2.12	1981-12-16	5.60	991000	5	1376.16	1.20
1981-10-29	5.80	2082000	4	1281.71	3.25	1981-12-17	5.36	1326000	4	1342.98	2.24
1981-11-02	6.50	3546824	3	1370.90	5.16	1981-12-18	5.40	1966480	3	1334.75	1.62
1981-11-03	6.60	300600	4	1377.51	5.58	1981-12-21	5.60	950200	7	1370.13	9.07
1981-11-04	6.50	176900	6	1380.16	3.32	1981-12-22	5.45	1169000	7	1353.11	2.72
1981-11-05	6.50	2348000		1420.05	4.73	1981-12-23	5.40	809000	8	1316.48	1.56
1981-11-06	6.45	3052300	3	1392.92	4.41	1981-12-24	5.40	979000	5	1375.59	1.56
1981-11-09	6.25	2097000	5	1384.29	4.21	1981-12-28	5.45	1206000	5	1406.11	2.63
1981-11-10	6.40	3199000	1	1435.47	4.82	1981-12-29	5.45	1313000	5	1412.78	2.56

佳寧神話——陳松青的造神毀神

日期	股價	成交股數	成交量排名	恒指	恒指總成交（億）	日期	股價	成交股數	成交量排名	恒指	恒指總成交（億）
1981-12-30	5.60	1474720	5	1415.31	1.58	1982-02-22	4.45	2570000	2	1277.01	1.48
1981-12-31	5.50	2081000	1	1405.83	1.66	1982-02-23	4.20	1530000	2	1255.33	1.63
1982-01-04	5.40	1407000	4	1376.65	1.25	1982-02-24	4.30	1575560	5	1267.12	0.95
1982-01-05	5.40	909000	10	1386.78	1.34	1982-02-25	4.30	2398560	1	1265.00	1.75
1982-01-06	5.35	929000	7	1358.72	1.19	1982-02-26	4.25	1282000	4	1271.60	1.34
1982-01-07	5.45	1816600	6	1409.40	1.97	1982-03-01	4.05	1018000	5	1237.61	1.31
1982-01-08	5.40	1095000		1415.79	2.43	1982-03-02	4.08	1516360	4	1231.77	1.39
1982-01-11	5.40	694483		1436.57	2.46	1982-03-03	3.93	1000000	6	1196.69	1.44
1982-01-12	5.40	1630520	8	1445.32	3.49	1982-03-04	3.80	2025000	8	1140.58	2.93
1982-01-13	5.35	773006	7	1423.57	1.48	1982-03-05	3.80	1553000	8	1158.92	1.96
1982-01-14	5.25	891560	8	1396.82	1.86	1982-03-08	3.50	1306000	10	1126.36	1.93
1982-01-15	5.30	880000		1410.00	1.51	1982-03-09	3.40	1441000	9	1129.83	1.99
1982-01-18	5.15	1880610	3	1386.04	1.54	1982-03-10	3.50	1112600	6	1127.46	1.46
1982-01-19	5.15	920000	8	1398.57	1.33	1982-03-11	3.63	2365600	4	1179.78	2.25
1982-01-20	5.05	739000	10	1397.08	1.25	1982-03-12	3.65	2303000	4	1196.90	2.49
1982-01-21	5.00	1165400	8	1380.46	1.64	1982-03-15	3.50	993000	9	1161.93	1.45
1982-01-22	5.10	1709000	4	1405.23	1.55	1982-03-16	3.70	2603000	2	1185.13	1.43
1982-01-28	5.05	721000	7	1398.30	1.05	1982-03-17	3.80	1675000	2	1191.76	0.89
1982-01-29	5.10	743288		1417.42	1.47	1982-03-18	3.80	2209000	4	1188.29	1.52
1982-02-01	5.05	477000		1416.02	1.44	1982-03-19	4.05	2997560	1	1207.21	2.05
1982-02-02	4.90	1477840	5	1390.15	1.54	1982-03-22	4.13	2709800	1	1223.19	1.44
1982-02-03	4.90	422000		1385.15	0.92	1982-03-23	4.15	2244464	2	1221.18	1.76
1982-02-04	5.00	2138000	3	1368.38	1.81	1982-03-24	4.23	1727000	1	1223.38	1.00
1982-02-05	5.00	1695800	4	1365.70	1.40	1982-03-25	4.23	3523000	2	1210.18	1.47
1982-02-08	4.85	1034200	9	1322.39	2.14	1982-03-26	4.20	248000	2	1188.18	1.53
1982-02-09	4.73	1110400	9	1292.47	2.34	1982-03-29	3.98	2373400	1	1174.72	0.93
1982-02-10	4.70	825000		1286.40	1.49	1982-03-30	3.95	2074300	2	1167.16	1.11
1982-02-11	4.50	1236000	9	1256.57	2.39	1982-03-31	3.95	990000	3	1160.96	0.83
1982-02-12	4.50	1370000	8	1270.04	2.63	1982-04-01	3.95	1647620	1	1174.30	0.91
1982-02-15	4.23	1956000	4	1248.35	2.32	1982-04-02	4.05	2015000	3	1196.27	1.40
1982-02-16	4.00	1579000	4	1230.62	1.97	1982-04-06	4.05	1381300	5	1200.12	1.26
1982-02-17	4.00	2034000	2	1233.46	1.42	1982-04-07	4.00	1027000	6	1187.22	1.22
1982-02-18	4.08	2077400	2	1257.94	2.16	1982-04-08	4.08	1704000	5	1206.86	1.61
1982-02-19	4.40	2608000	1	1280.92	2.20	1982-04-13	4.10	1206000	5	1210.45	1.37

日期	股價	成交股數	成交量排名	恒指	恒指總成交(億)	日期	股價	成交股數	成交量排名	恒指	恒指總成交(億)
1982-04-14	4.10	803340	5	1203.81	0.79	1982-06-03	3.60	1676000	7	1371.30	2.34
1982-04-15	4.10	1164000	6	1201.26	1.18	1982-06-04	3.55	1193000	8	1367.36	2.07
1982-04-16	4.10	789000	7	1182.48	1.10	1982-06-07	3.56	2047600	2	1337.48	2.06
1982-04-19	4.05	1038128	5	1180.65	0.82	1982-06-08	3.53	1610835	4	1337.48	1.46
1982-04-20	4.05	1198912	4	1193.77	1.03	1982-06-09	3.65	1978900	5	1327.77	1.55
1982-04-22	4.15	2506000	2	1220.13	1.79	1982-06-10	3.48	1917360	4	1306.21	2.36
1982-04-23	4.15	2759000	2	1235.84	2.57	1982-06-11	3.50	2527560	4	1336.98	2.00
1982-04-26	4.25	5603300	3	1279.27	20.64	1982-06-14	3.45	1108600	3	1321.10	1.09
1982-04-27	4.38	8111000	3	1306.08	6.72	1982-06-15	3.40	1244670	4	1306.27	1.40
1982-04-29	4.35	3852524	3	1303.09	3.89	1982-06-16	3.40	913000	3	1311.76	0.94
1982-04-30	4.30	6000400	1	1323.36	3.82	1982-06-17	3.43	3334000	1	1319.08	1.24
1982-05-03	4.30	6178400	2	1320.20	3.23	1982-06-18	3.38	1991000	1	1305.38	1.08
1982-05-04	4.33	3279000	3	1319.36	2.21	1982-06-21	3.20	2063900	2	1266.61	1.47
1982-05-05	4.30	2565360	3	1316.20	1.70	1982-06-22	3.20	1730800	6	1274.10	1.54
1982-05-06	4.55	4512000	2	1351.09	3.32	1982-06-23	3.25	1469900	3	1274.55	1.00
1982-05-07	4.55	6733000	1	1368.97	3.87	1982-06-24	3.25	1545200	4	1279.62	1.09
1982-05-10	4.45	4037600	2	1377.55	3.30	1982-06-28	3.20	1264000	5	1268.75	1.34
1982-05-11	4.40	2691000	3	1381.26	3.14	1982-06-29	3.20	1136320	5	1269.39	0.92
1982-05-12	4.40	2296000	3	1387.35	2.28	1982-06-30	3.25	1574646	4	1278.56	0.84
1982-05-13	4.43	5001000	1	1383.85	3.30	1982-07-02	3.23	729000	9	1274.29	1.18
1982-05-14	4.45	5091000	2	1362.36	3.07	1982-07-05	3.20	941620	6	1266.71	1.00
1982-05-17	4.45	3188960	2	1361.50	2.47	1982-07-06	3.20	596128		1268.38	1.01
1982-05-18	4.25	2672580	5	1334.05	2.38	1982-07-07	3.20	943200	4	1271.58	0.73
1982-05-19	4.30	269800	3	1360.10	1.77	1982-07-08	3.10	2098000	3	1252.24	1.57
1982-05-20	3.75	4774000	1	1358.37	2.25	1982-07-09	3.20	6728404	1	1251.86	1.50
1982-05-21	3.70	4246000	1	1359.51	2.41	1982-07-12	3.45	6834000	1	1293.98	2.12
1982-05-24	3.63	1086000	6	1353.93	1.81	1982-07-13	3.53	7250800	1	1294.85	2.48
1982-05-25	3.70	3350000	2	1383.32	2.63	1982-07-14	3.55	3209280	1	1299.42	1.54
1982-05-26	3.75	3758000	3	1413.47	3.21	1982-07-15	3.55	1937200	2	1313.37	2.26
1982-05-27	3.68	2312000	6	1395.29	3.29	1982-07-16	3.48	1173000	8	1300.98	1.57
1982-05-28	3.65	2487000	5	1392.81	3.17	1982-07-19	3.48	1028000	9	1295.75	1.45
1982-05-31	3.63	2108000	8	1407.58	2.96	1982-07-20	3.45	1412500	8	1300.95	2.11
1982-06-01	3.70	4484000	1	1404.27	2.31	1982-07-21	3.43	921028	9	1307.74	1.53
1982-06-02	3.63	2721500	2	1377.62	1.80	1982-07-22	3.43	1264922	8	1299.52	2.44

日期	股價	成交股數	成交量排名	恒指	恒指總成交(億)	日期	股價	成交股數	成交量排名	恒指	恒指總成交(億)
1982-07-23	3.45	3427000	1	1283.56	2.18	1982-09-14	2.55	1717000	4	1092.69	1.19
1982-07-26	3.48	3038720	3	1271.20	2.06	1982-09-15	2.55	1995000	2	1090.26	1.08
1982-07-27	3.43	3310020	1	1254.47	1.47	1982-09-16	2.55	2413300	1	1090.10	1.13
1982-07-28	3.35	767800	9	1233.13	1.52	1982-09-17	2.55	2154000	1	1088.28	1.43
1982-07-29	3.30	5113000	1	1185.86	2.51	1982-09-20	2.65	256900	2	1117.78	1.84
1982-07-30	3.25	2835800	4	1182.75	2.51	1982-09-21	2.60	2664960	1	1113.54	1.63
1982-08-03	3.13	1749100	4	1147.28	2.01	1982-09-22	2.60	1183000	2	1121.85	1.55
1982-08-04	3.10	4433320	1	1146.51	1.78	1982-09-23	2.60	2693716	1	1096.12	2.07
1982-08-05	3.18	1108500	9	1142.02	1.82	1982-09-24	2.50	2069200	2	1096.36	2.07
1982-08-06	3.20	1885200	4	1169.62	2.10	1982-09-27	2.30	2353000	3	1012.62	2.97
1982-08-09	3.05	3155000	2	1089.87	2.38	1982-09-28	2.23	3339700	3	988.66	3.12
1982-08-10	2.95	3328582	6	1074.14	2.96	1982-09-29	2.25	1422000	4	986.36	1.55
1982-08-11	2.95	1485200	5	1066.67	1.95	1982-09-30	2.13	2455000	4	927.18	2.27
1982-08-12	2.65	4261400	3	966.36	3.34	1982-10-01	1.93	2377000	4	862.06	2.78
1982-08-13	2.70	4934500	3	994.34	3.13	1982-10-04	1.82	2491300	3	816.23	2.41
1982-08-16	2.43	1896420	6	937.28	2.07	1982-10-05	1.98	4792920	3	881.96	3.21
1982-08-17	2.50	3957878	4	978.66	2.95	1982-10-06	1.96	2537800	3	865.88	1.68
1982-08-18	2.63	4278000	2	1041.03	3.00	1982-10-07	2.00	2097972	5	888.11	2.97
1982-08-19	2.58	4012607	1	1035.55	2.54	1982-10-08	1.99	2873300	2	883.86	2.47
1982-08-20	2.45	4167000	1	1034.68	2.59	1982-10-11	1.85	1645000	5	864.35	1.59
1982-08-23	2.55	4944000	2	1067.65	3.00	1982-10-12	1.84	2082000	3	857.74	1.63
1982-08-24	2.45	2290000	3	1034.88	1.83	1982-10-13	1.82	1810000	2	867.25	1.13
1982-08-25	2.40	1708400	3	1012.00	1.41	1982-10-14	1.86	3232000	2	884.56	2.14
1982-08-26	2.35	1564000	5	1005.92	1.52	1982-10-15	1.82	2562000	1	880.46	1.61
1982-08-27	2.48	3330000	3	1048.63	2.16	1982-10-18	1.79	2407384	1	878.89	1.04
1982-09-01	2.38	1876000	4	1035.33	1.16	1982-10-19	1.76	3192200	2	886.65	1.57
1982-09-02	2.43	1592000	2	1039.03	0.83	1982-10-20	1.72	2711000	1	873.70	0.71
1982-09-03	2.60	4056200	2	1076.26	2.23	1982-10-21	1.56	5687000	1	833.60	1.65
1982-09-06	2.58	3687500	2	1084.82	2.59	1982-10-22	1.54	3612400	1	832.68	1.40
1982-09-07	2.48	2670000	2	1056.29	2.11	1982-10-26	1.05	4402500	1	753.76	2.00
1982-09-08	2.55	1293200	3	1077.94	1.17	1982-10-27	1.13	2714078	1	774.91	1.14
1982-09-09	2.63	2634640	3	1105.44	2.34	1982-10-28	1.16	5441100	1	792.50	1.64
1982-09-10	2.53	1795200	6	1080.58	1.57	1982-10-29	0.95	6316000	1	771.90	1.37
1982-09-13	2.53	1867109	3	1080.37	1.12	1982-11-01	0.94	5336000	1	771.85	1.36

日期	股價	成交股數	成交量排名	恒指	恒指總成交（億）	日期	股價	成交股數	成交量排名	恒指	恒指總成交（億）
1982-11-02	1.03	3473000	1	822.54	2.29	1982-12-20	0.79	6300000	1	754.12	0.99
1982-11-03	1.12	2673122	1	864.55	1.76	1982-12-21	0.75	5894974	1	753.16	0.72
1982-11-04	1.01	8027000	1	851.92	3.37	1982-12-22	0.69	5631050	1	748.26	0.50
1982-11-05	0.99	4100000	2	859.92	2.06	1982-12-23	0.80	965840	1	758.14	0.69
1982-11-08	1.08	3605460	1	851.65	1.52	1982-12-24	0.82	7036757	1	765.66	0.57
1982-11-09	1.05	2159409	2	843.77	1.13	1982-12-28	0.90	7061400	1	780.80	0.72
1982-11-10	1.03	2218500	2	857.79	1.12	1982-12-29	0.88	5138000	1	776.22	0.59
1982-11-11	1.10	6192000	1	875.83	2.83	1982-12-30	0.90	6998340	1	783.18	0.89
1982-11-12	1.08	4279200	1	860.07	1.43	1982-12-31	0.88	4718310	1	783.82	0.58
1982-11-15	1.02	3275282	1	824.04	1.34						
1982-11-16	1.03	2744000	1	831.80	1.12						
1982-11-17	0.99	1923000	1	810.79	0.77						
1982-11-18	0.88	3511000	1	787.87	1.60						
1982-11-19	0.98	3837000	1	820.05	1.48						
1982-11-22	0.96	2382000	1	801.70	0.75						
1982-11-23	0.93	1974200	1	792.57	1.09						
1982-11-24	0.92	1335293	2	789.92	0.57						
1982-11-25	0.81	5572346	1	773.33	1.01						
1982-11-26	0.79	4626530	1	747.92	1.29						
1982-11-29	0.73	4010273	2	731.32	1.35						
1982-11-30	0.67	3702728	2	704.03	1.67						
1982-12-01	0.68	2194916	1	710.34	1.01						
1982-12-02	0.62	3808186	2	676.30	1.49						
1982-12-03	0.64	3029248	3	698.62	1.39						
1982-12-06	0.77	4491329	1	734.96	1.45						
1982-12-07	0.82	7245609	1	752.21	1.86						
1982-12-08	0.87	6246800	1	751.93	1.15						
1982-12-09	0.98	1017500	1	771.34	1.74						
1982-12-10	0.97	11485000	1	754.40	1.67						
1982-12-13	1.01	8710840	1	777.04	1.31						
1982-12-14	1.04	7437520	1	803.84	2.14						
1982-12-15	1.02	3974000	1	802.89	1.54						
1982-12-16	0.88	6888000	1	772.86	1.34						
1982-12-17	0.82	8264850	1	757.73	1.21						

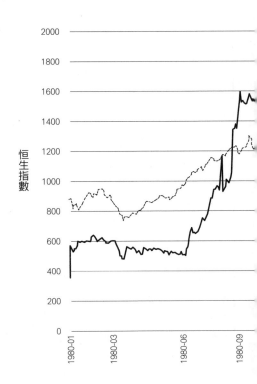

恒生指數

2000
1800
1600
1400
1200
1000
800
600
400
200
0

1980-01　1980-03　1980-06　1980-09

二、股價走勢圖

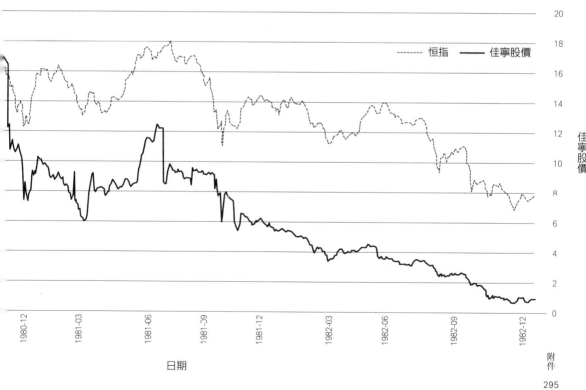

日期

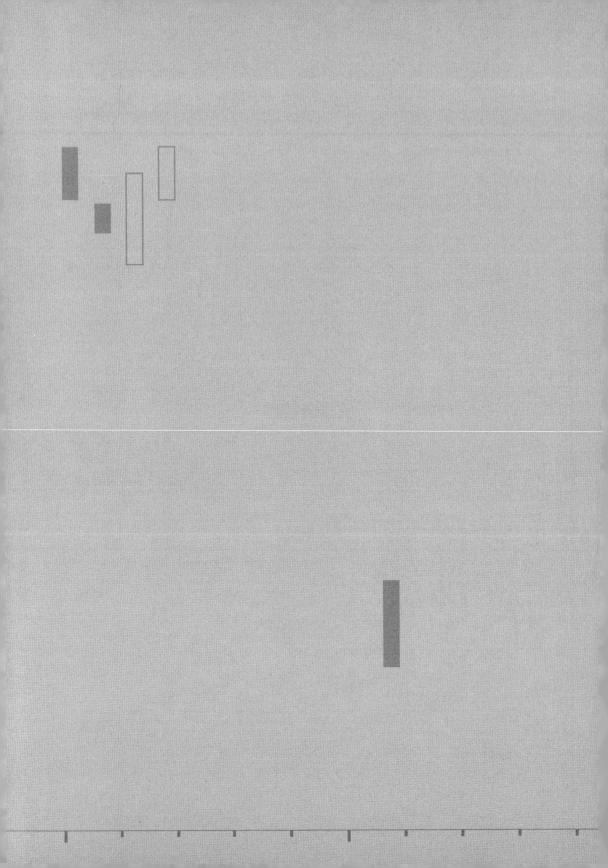

Aliran Monthly. 1989. "Confusing personalities with issues Tunku, Razaleigh and Mahatir", Vol. 9, No. 11, pp. 2-4. https://m.aliran.com/past-issues/1989Vol9No.11.pdf.

Asia Sentinel. Various years. https://www.asiasentinel.com/p/bank-bumi-mystery-figure-dies.

Asiaweek. Various years.

Financial Times. Various years.

Insight. Various years.

Malaysia Today. Various years. https://www.malaysia-today.net/2019/01/08/the-banker-who-knew-too-much/

South China Morning Post. Various years.

Straits Times. Various years.

Barley, N. 2002. *White Rajah: A Biography of Sir James Brooke*. London: Little Brown.

Bowring, P. and Cottrell, R. 1984. *The Carrian File*. Hong Kong: *Far Eastern Economic Review*.

Course, L. 1984. "Malaysian Mr Fix-it", *South China Morning Post*, 18 May 1984, p. 22.

Ewan Quayle Launder v HKSAR. 2001. Hong Kong Court of Final Appeal. 13 December 2001. https://legalref.judiciary.hk/lrs/common/ju/ju_frame.jsp?DIS=20116.

Lau, E. 1989. "Scandals dog the colony's judiciary: The wobbly bench", *Far Eastern Economic Review*, 20 April 1989, p. 23-24.

Lethbridge, H.J. 1978. *Hong Kong: Stability and Change: A Collection of Essays*. Hong Kong: Oxford University Press.

Lin, F. 2016. "The expatriate judges and rule of law in Hong Kong: Its past, present and future", Centre for Judiciary Education and Research City University of Hong Kong Working Paper Series, No. 1, May 2016. Hong Kong: City University of Hong Kong. https://www.cityu.edu.hk/jeri/lib/doc/paper/WK1_The_Expatriate_Judges_and_Rule_of_Law_in_HK_Its_Past_Present_and_Future.pdf

Liu, Y. 2014. "A golden decade for the construction industry", *South China Morning Post*, 10 June 2014.

Lo, Y. 2017. "The kings of industrial buildings: the Chung brothers of E. Wah Aik San", *The Industrial History of Hong Kong Groups*, 11 December 2017. https://industrialhistoryhk.org/the-kings-of-industrial-buildings-the-chung-brothers-of-e-wah-aik-san/.

Robinson, I. 2014. *The Joker's Downfall: Carrian, A True Story of Murder, Mystery and Mayhem*. Hong Kong: Gold Willow Limited.

Semack, F. 1980. "Probing the mysteries of Carrian", *South China Morning Post*, 13 January 1980, p. 1.

Vickers da Costa. 1981. "Special Review: Carrian Investments Limited", *Hong Kong Research*. Hong Kong: Vickers da Costa Co. Hong Kong Limited.

《信報》。各年。

《南洋星州聯合早報》。各年。

《壹週刊》。各年。

《大公報》。各年。

《工商日報》。各年。

《工商晚報》。各年。

《文匯報》。各年。

《明報》。各年。

《星島日報》。各年。

《東方日報》。各年。

《經濟日報》。各年。

《華僑日報》。各年。

《BBC News 中文》。各年。

《香港商報》。各年。

《東方日報》。各年。

《經濟一週》。各年。

石民。1982。〈大富豪與股市大經紀〉，載齊以正、郭峯（編）《這裏講的就是錢錢錢！》，頁 127-135。香港：文藝書屋。

香港金融管理局。2000。《香港的聯繫匯率制度》。香港：香港金融管理局。

袁求實。1997。《香港回歸大事記》。香港：三聯書店（香港）有限公司。

張妙華。1984。〈香港房地產投機風潮淺探〉，《世界經濟研究》，1984 年第 4 期，頁 40-47。

張賽娥。1981。《佳寧置業有限公司：分析報告》。香港：新鴻基資料研究有限公司。

郭峯。1983。〈維達航業為何走上困局？〉，載齊以正（編）《香港巨富家族的興衰》，頁 117-127。香港：文藝書屋。

陳兆祥。1998。〈瞞天過海：香港「佳寧事件」回顧〉，《稅收與企業》，1998 年 8 月號，頁 59-60。

陳克振。2004。《安溪華僑華人風采錄》。出版地不詳：國際華文出版社。

陳克振。2010。〈祖孫三代的鄉梓情：僑胞鍾銘選家族三代熱愛家鄉紀事〉，《福建炎黃縱橫》，2010 年 4 月 21 日。http://fjsyhzh.cn/zh/ywyh/808.html。

陶世明。1983。〈從林炳炎到林氏兄弟〉，載齊以正（編）《香港巨富家族的興衰》，頁 74-78。香港：文藝書屋。

馮邦彥。2013。《香港企業併購經典》。香港：三聯書店（香港）有限公司。

廉政公署。沒年份。〈佳寧詐騙案〉，載《執法：重大案件》。https://www.icac.org.hk/icac/landmarkcase/carrian/chi/index.html。

楊協成公司網頁。沒年份。《品牌故事》。https://www.yeoschina.cn/index.php?s=/Home/index/intro.html。

齊以正。1983。〈陳松青論〉，載齊以正（編）《香港巨富家族的興衰》，頁 39-50。香港：文藝書屋。

鄭宏泰、黃紹倫。2006。《香港股史：1841-1997》。香港：三聯書店（香港）有限公司。

鄭宏泰、鄭心翹。2018。〈暴發速亡的盧亞貴與文武廟〉，載鄭宏泰、周文港（編）《荷李活道：尋覓往日風華》，頁 204-242。香港：中華書局。

霍禮義。1992。《危機與轉機》。香港：三思傳播有限公司。

譚隆。1982。〈活躍香港的四大「南洋幫」〉，載齊以正、譚隆（編）《商場如戰場》，頁 27-41。香港：文藝書屋。

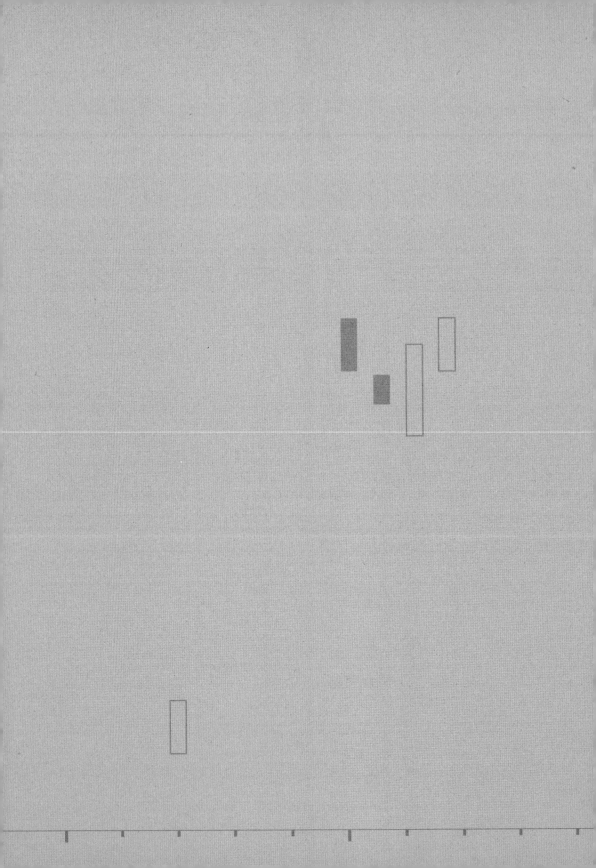

佳寧神話——陳松青的造神毀神

鄭宏泰、李潔萍著

責任編輯　　寧礎鋒
書籍設計　　Kaceyellow
插　　畫　　許婉萍

出　　版
三聯書店（香港）有限公司
香港北角英皇道四九九號北角工業大廈二十樓
Joint Publishing (H.K.) Co., Ltd.,
20/F., North Point Industrial Building,
499 King's Road, North Point, Hong Kong

香港發行
香港聯合書刊物流有限公司
香港新界荃灣德士古道二二〇至二四八號十六樓

印　　刷
美雅印刷製本有限公司
香港九龍觀塘榮業街六號四樓 A 室

版　　次
二〇二四年四月香港第一版第一次印刷

規　　格
十六開（170mm × 230mm）三〇四面

國際書號
ISBN 978-962-04-5439-4

三聯書店
http://jointpublishing.com

JPBooks.Plus
http://jpbooks.plus